本书承蒙
泉州师范学院桐江学术丛书
泉州师范学院中国语言文学重点学科
资助出版
谨此志谢！

桐江学术丛书

现代汉语表达格式研究

谢英 著

厦门大学出版社
XIAMEN UNIVERSITY PRESS
国家一级出版社
全国百佳图书出版单位

序 一

谢英的《现代汉语表达格式研究》书稿完成后，来信要我为该书写序。谢英曾于2002—2003年来北大中文系研究访学一年，由我负责指导。有这一层关系，我就不好推脱。再说，自上个世纪80年代之后，随着对外汉语教学的不断推进，格式研究越来越受到重视。现在谢英推出这方面的新著，我乐意获得“先睹为快”之享受。这样，我就一口答应了。

我仔细阅读了她的书稿，觉得这是当今有关现代汉语格式研究的具有一定创新性的一部专著。

就语言句法层面而言，格式大致可以分为这样几类：

一、无论从认知的概念结构、语言的语义框架还是表达格式看，为人类语言所普遍具有。如句法上“主—谓—宾”、语义上“施—动—受”这样的表达格式(如：“张三喝了一杯咖啡”)。当然，各个语言可能在语序上会有差异，如汉语和英语都是“主—谓—宾”、“施—动—受”语序，而日语、韩语则是“主—宾—谓”、“施—受—动”语序，不过这种差异按照乔姆斯基(N. Chomsky)“原则与参数”理论，那只是参数的差异。

二、某概念结构及其投射到人类语言所形成的语义框架全人类都有，但投射到各个语言的具体表达格式并不相同。譬如，全人类都有表“存在”的概念结构，各个语言都有表存在的语义框架——作为存在一定包含三部分内容：存在物、存在处所和二者之间的链接。如果以存在处所作为说话的话题，不同的语言所形成的表示“存在”的表达格式可能不同。例如：

汉语：a. NP_L＋ 有 ＋ NP ［表示存在的格式］例如：

桌上有三本书。

床上有病人。

b. NP_L＋ V ＋ 着 ＋ NP ［同时表存在方式的表示存在的格式］

例如：

桌上放着三本书。

床上躺着一个病人。

英语：There + be + NP + PP ［表示存在的构式］例如：

There are three bookson the table.

三、某种语言中所特有的但并非熟语的表达格式。例如：

汉语：a. QP_1 + V 了/能 V/V 不了 + QP_2 ［表容纳关系格式］例如：

十个人吃了/能吃/吃不了一锅饭。

一锅饭吃了/能吃/吃不了十个人。

b. NPs +把 + NP + VP ［表示处置的“把”字格式］例如：

张三把帽子挂在衣帽架上。

张三把衣服洗干净了。

英语：Every one + can't + be + NP ［强调“并非全部，只有部分”的表达格式］例如：

Every one can't be a professor.

（不是每个人都能成为教授）

四、某种语言所特有的、类似熟语但能类推的固定构式。例如：

汉语：a. ……爱 + V + 不 + V 例如：

（你）爱吃不吃。/她呀，老爱理不理的。

b. X +是 + X，Y + 是 + Y 例如：

昨天是昨天，今天是今天。

她是她，你是你。

c. ……V_1 + 多少 + V_2 + 多少 例如：

要多少拿多少。

d. V + O + V +的 例如：

睡觉睡的。/看电视看的。

英语：Some +（NP）+ VP_1，other +（NP）+ VP_2 例如：

Some are Watching TV, other are playing on theground.

（一些人在看电视，一些人在操场上玩儿。）

Some students went to Shanghai, other students went to Hangzhou in this summer vacation.

（这个暑假，有些学生去了上海，有些学生去了杭州。）

五、任何语言中都会有许多为该语言所特有的、不能类推的、纯熟语性的格式。这种结构具有不可分析性，不可类推性。例如：

汉语：哪里哪里/不管三七二十一/哪儿的话/意思意思

英语：by the way（置句首引起另一话题，意思大致相当于“顺便说一下”）

eat away（渐渐侵蚀）

in other words（换句话说）

而就修辞层面而言，拣最常见的来说，也有比喻格式（包括明喻格式、暗喻格式、借喻格式），有移情格式，有拈连格式，有对偶格式，有排比格式，有顶针格式，有回环格式，等等。

以往的格式研究只就上述某一类格式进行研究，如汉语语法学界进行的“把”字句、“被”字句、“比”字句等格式研究，修辞学界进行的比喻格式、顶真格式、拈连格式等研究；再如武柏索等编写的《现代汉语常用格式例释》（北京：商务印书馆，1988年）只举例解释现代汉语里一个个凝固或半凝固格式；陈昌来、李传军等所著的《现代汉语类固定短语研究》（上海：学林出版社，2012年）就部分可类推的凝固格式进行研究与论述。而本书则综合研究各类格式，而且明确说明“不管是句法格式还是修辞格式，都属于本书所说的表达格式”。这样做实际就将修辞格式与句法格式，将一般的句法格式跟固定格式，将可类推固定格式与不可类推固定格式，都打通了，并统称为“现代汉语表达格式”。这是极为可取的，是本书创新之处。需知，各种格式之间没有截然的界限，就拿语法格式与修辞格式来说，表面看二者似乎很分明，实际上没有截然的界限。修辞格式从某个角度看，可以认为是“对语言的、语用的规律规则的偏离而形成的固定的格式”（王希杰《修辞学通论》（南京：南京大学出版社，1996年）。复旦大学刘大为教授在《从语法构式到修辞构式》（上、下）（《当代修辞学》2010年第3—4期）一文里举了这样一个例子：

> 游船票他可以代买，但是上船剪票时不能代剪，只能让检票员把你们一个个剪进去。

“剪”按其本身意义，似只能有“剪去”、“剪下来”等说法。“剪进去”无疑是一种新的修辞现象，就是一种修辞构式，其构式义是“通过剪票允许人进入某场所”。但检票的方式可以有多种，可以剪，也可以撕、可以钩，可以刷……。这种修辞构式一旦使用开来，那当然也就可以说“把你们一个个撕进去”、“把你们一个个钩进去”、“把你们一个个刷进去”，等等，从而就由修辞构式演变为语法构式，形成一种新的动趋式。可见，一般的发展途径是“从修辞构式到语法构式”。刘大为教授这一看法是符合语言发展事实的。这也就应了当今功能语言学派“用法先于语法”之说。汉语中类似的现象多的是。

表达格式研究之所以重要，还在于这种研究将有助于习得研究。衡量一个语法分析理论的价值，重要的一点，看它对语言习得，包括儿童母语习得和成人二语或外语习得的解释如何。上个世纪80年代后期开始提出、90年代逐渐形成的认知构式语法理论以有说服力的实证研究证明，概括性是语言本质属性之一。（Goldberg，Adele E. *Construction at Work：The Nature of Generalization in Language*，(《运作中的构式：语言概括的本质》，2006年）句法习得的要义就在概括性上。从句法层面看，这种概括性就集中体现在构式上。认知科学、心理学的实验结果也证明，人的语言习得更倾向于构式的整体习得，而非一个词一个词地习得，更非一个语素一个语素地习得。本书所说的表达格式从某个角度说，也就是构式。

以上是从该书的总体价值来说的。除此以外，该书有不少亮点，论述颇具见地，有创新性。这里略举二三。

譬如，第二章第三节，专门讨论了“A像B，C”这种比喻格式，例如：

(1) 从此岸到彼岸世界，这中间车辆像流水一般哗哗流淌。（梁小斌《大街，像自由的抒情诗一样流畅》，《少女军鼓队》，中国文联出版公司，1988年）

(2)“今天又空等了一天。”她的声音像蚂蝗一样粘糊糊的。（残雪《瓦缝里的雨滴》，《残雪短篇小说全集》，作家出版社，2004年）

例(1)、(2)里的“哗哗流淌”和“粘糊糊的”就属于“A像B，C”这种比喻格式里的“C”。对于“C”该怎么看？该怎么分析？有人认为是“延伸语”，有人分析为“喻解”，有人则看作“喻展”，总之，将“C”看作比喻的本体、喻体、喻词之外的另一个成分。本书作者则认为，这些看法不能说不对，但也可以作另一番分析。作者说：

这种“A像B，C”式比喻格式表现了一种语言的紧缩现象。格式中，被比事物“A”往往是一个指称事物的名词性成分，其负载着超出名词性成分所蕴含的语义内容，即动态的本体的内容，“A”为语义紧缩式本体；“B”为作比事物；“C”或说明“B”的特征，或形容“B”的属性，或描摹“B”的性状，或陈述“B”的动态等等。个别实例中，“C”还与本体的构成有关，如本节例(36)。“B”、“C”是一个有机整体，二者合而为喻体。

这就是说，例(1)里的“流水一般哗哗流淌”和例(2)里的“蚂蝗一样粘糊糊的”都整个儿就是喻体。作者这一看法并非首创，但作者指出“这种‘A像B,C’式比喻格式表现了一种语言的紧缩现象”，这可是很有见地的看法。

再譬如，第四章“现代汉语表达格式规范的思考”里的第二节“(已经)V(了)和(正在)V(着)格式”，不仅以大量事实说明“V了”和“V着”可以在一个结构里共现，而且以事实论述了这种共现格式的修辞价值与存在的理据。作者指出，从理论上来讲，“了”、“着”表示不同的体态——“了”表示实现体，“着”表示进行体，孤立地看它们不能共现，之所以会出现以上共现格式，存在认知上的理据，那就是：

> 凡用“(已经)V(了)+(正在)V(着)”格式，其前后的词语总是有很大的跨度——或是空间跨度，或是时间跨度。共现格式前后的主语、宾语、状语等内容，其所指既有“历史的长河”、“辽阔的地域”，又有“广泛的人群”、“复杂的事件”等等，这都清楚地显示句子言谈所及，或涉及很广的空间，或涉及很长的时间。从空间来看，用“了”和“着”正是说明所涉及的对象并非一下子都“V了”或都能“V了”，有一些则正处于变化过程之中(用“V着”表示)；从时间来看，用“了”和“着”，正是说明所涉及的对象有的在某一个时段已经“V了”，而有的则还处于正在进行或变化当中(用“V着”表示)。语言事实告诉我们，“(已经)V(了)和(正在)V(着)”格式“V了”、“V着”共现，正是适应了这种表达的需要，产生了一种独特的表意功能和修辞效果——在看似不和谐中求得和谐，遵循着如陆俭明所说的“语义和谐律”。

这段论述就很精彩且富有创见，先前人们真没有想到这一点。

再譬如，第五章“现代汉语表达格式运用的考察”里的第二节“部分表达格式例句的分析”，针对一些论著、教材在论述借代辞格时所举的例子还是一些老旧例子，书中就很直率地指出：

但长期以来，一些论著、教材在说明借代辞格时，总在沿袭老旧的例子（如“诸葛亮”、“红领巾”、“江山”等），而这些老旧的例子中本用作代体的词语随着社会、语言的发展其借代义都已具有了常规性，可以完全脱离语境而存在，不再有“临时性”、“偶发性”特点了，因而早在1973年的《现代汉语词典》试用本里就已有了借代义义项，即：[诸葛亮]一般用来指称足智多谋的人。[红领巾]指少先队员。[江山]多用来指国家和国家的政权。显然，如今再用这样的例子就混淆了词义和辞格的区别。

“不能混淆词义和辞格的区别”，这也是很有见地的看法。她所指出的问题当今确实普遍存在着。在这里我自己就需作自我检查。北京师范大学出版社2012年刚出版了我所主编的《现代汉语》，其修辞部分，在介绍比喻辞格时就举了类似“诸葛亮”、“红领巾”、“江山”那样性质的“明珠”、“空头支票”等老旧例子，就犯有谢英所指出的毛病。在看到她书稿之前，我就缺乏她这种认识，所以在统稿时没有注意到这一毛病。这样看来，我不仅先睹为快，更是先受教育。

还有，该书举了不少实例，这一点我很赞赏。这可以让读者透过例句更好体会与理解书中所述的观点。

本书也有遗憾之处，那就是书中虽然提到了“构式”，但可惜只限于个别章节（如第四章），没有真能充分吸收和全面运用新兴的构式语法理论。上面我说“本书所说的表达格式从某个角度说，也就是构式”。事实上构式与表达格式还是有区别。日后该书如果重印或修订，望作者能充分吸收和全面运用构式语法理论来对所讨论到的各种表达格式加以分析、论述，这样可能对所讨论的表达格式会认识得更深刻一些，而这将会进一步增强该书的学术含量。是为序。

陆俭明

2012年11月8日

于北京大学蓝旗营小区

序 二

语言伴随着人类的产生而产生,是人类彼此之间相互交流和文化传承的最重要的工具。因此,我们在话语表达中,为了能顺畅沟通,都要遵循共同约定的语言规则。分析和阐释这些规则,能使我们更好地理解语言的奥秘,还能让我们更好地使用和习得语言。对现代汉语表达格式——即语言组合模式的研究,就是解开语言表达之谜的一项重要探索。这个课题已经越来越引起人们的关注,但研究还处于起步阶段。

谢英教授长期致力于这方面的探讨。她与我同是校友,但晚我几届;知晓她是从她早期的一篇论文《新时期汉语语法 AABB 重叠式刍议》开始的。当时,我惊讶于她对语言现象的敏锐力和捕捉力。这篇文章先是发表于当时我主编的内刊《语文教学与研究》上;后来她修改后正式刊发于《汉语学习》。2003 年,谢英师从当代著名语言学家陆俭明教授,着力语法学研究,多有新作发表。近年来,她将积累的学术观点整合成专著,围绕"现代汉语表达格式"这个主题,从十个方面深入阐释汉语句式层面的组合和聚合特点。专著既联系语境注重动态分析,又能兼顾结构形式、语义表达和句法功能等多个层面。最令人赞赏之处在于,专著从理论层面论述了各类格式运行的理据和语用价值。

书成,嘱我作序。数十年来,我虽然对语法格式也有过探究,但可惜没有好文章产生。因此,阅读消化谢英的论著还需假以时日,更不敢妄加评论。

但我相信，这部用心血凝成的专著，必定会给汉语表达格式的研究注入新鲜的活力，学者贤达自会给出科学的评价。

是为序。

林华东

壬辰立冬

于泉州师范学院

目 录

第一章

绪　论

第一节　关于“现代汉语表达格式”

本书所言“现代汉语表达格式”，特指现代汉语话语交际中经常使用的、能独立运用成句并能表达某种独特意思的格式。

多年来，我一直从事现代汉语各种领域语言中的各种组合格式的研究。有句法方面的组合格式，如“有的高，有的低”这样的对举性组合格式；有重叠组合格式，如“AABB”重叠格式；有一般所谓的固定格式，这又包括两种情况：一种是有类推性的固定格式，如“NP＋不＋X＋谁＋X”格式（你不教授谁教授/咱不支持谁支持/你不先进谁先进），这是现代汉语中一种特殊的反问格式；另一种是不能类推的凝固格式，如“有的是”；还有属于修辞方面的组合格式，如“A像B，C”这种带有所谓“延伸语”的比喻格式（她的声音像蚂蝗一样粘糊糊的/从此岸到彼岸世界，这中间车辆像流水一般哗哗流淌）和种种句法层面的拈连格式（在高原的土地上种下一株株的树秧，也就是种下了一个个美好的希望/这是梅花，有红梅、白梅、绿梅，还有朱砂梅，一树一树的，每一树梅花，都是一树诗）；还有属于看似不合理、不规范，实际上起到某种特殊表达作用的所谓“超常”组合格式（阿Q便全疤通红的发起怒来/在中国境内肃清了并正在肃清着帝国主义的影响)；此外，像立法语言领域中使用的“的”字结构和“对”字介词短语，等等。我开始研究时，是孤立地一种格式一种格式展开研究的。在研究过程中逐渐认识到，在语言的词汇、语法层面这都存在着各种各样的组合格式，这一个个组合格式，既可以独立成句，也可以作为一个造句部件；而组合格式一般都是首先进入语用层面，以一个个修辞格式的面貌出现。而修辞格式就是“对语言的、语用的规律规则的偏离而形成的固定的格式、模式”(王希杰，1996：461)，修辞格的“格”，其实就是格式，只不过各种辞格的格式不同而已(骆小所，2005：201)。由于“修辞和语法本来就存在着密不可分的关系，人们运用语言的过程本来就是一个综合运用修辞和语法的过程”(张炼强，1992：177)。刘大为(2010)将修辞格式称为“修辞构式”，并认为语法构式由修辞构式而来，修辞构式到语法构式是个“连续统”。这样看来，各种组合格式，无论是语法格式还是修辞格式，无论是固定格式还是非固定格式，也无论是一般格式还是重叠格式，都可以视为现代汉语中用来表达某种特殊意义的组合格式。因此，这应该可以用一个名称来加以统括。可是该用什么名称呢？这个问题一直在我的脑海里盘旋着。我的同事和领导林华东教授(福建师范大学博士生导师、泉州师范学院副院长)对我的研究项目非常关心。在与林华东教授交流我的科研状况和所思考的问题时，他建议我采用“现代汉语表达格式”这个概念。我欣然接受。

以上所述就是书名中“现代汉语表达格式”之由来。显然，本书所说的“现代汉语表达格式”看似宽泛，实际还是极有概括性的一个说法。它既指现代汉语中由不变部分(作为标志的固定词语)和可变部分构成的组合格式(它们有的总以句子形式出现，如“NP＋不＋X＋谁＋X”反问格式，有的也能以短语形式出现，如“有的＋VP”)，也指某些固定组合格式(包括像“有的是”那样的凝固组合格式)；既可以指重叠格式，也可以指某些修辞格式(如比喻格式、拈连格式等)；还可以指某些超常规的组合格式，等等。

第二节　现代汉语表达格式研究的现状

关于现代汉语表达格式的研究可追溯到20世纪50年代，不过那时一般都称为“格式”或“句式”。根据1955年至1957年陆续出版的初级中学《汉语》课本改编而成的《汉语知识》(张志公等，1959:200)指出：“汉语里有许多固定格式，同各种一般的结构不同，不能按照一般的结构规律加以分析。”书中分析了单句格式和各种复杂谓语格式外，还提到了两种固定格式：一种是成语或者成语性的话，应用的时候只能整个儿照用，里边的字不能任意更动，如“突如其来”、“一来二去”、“说一不二”等。另外一种是在应用的时候，中间某一个词或者某几个词不能更动，其余可以更动，但必须按照一定的格式同不能更动的词配合，如(1)“……是……”(忙是忙　好是好　快是快)(2)“似……非……”(似烟非烟　似懂非懂　似笑非笑)(3)“半……不……”(半新不旧　半生不熟　半死不活)(4)“爱……不……”(爱信不信　爱理不理　爱做不做)。1962年初商务印书馆即排出清样而于1982年正式出版的《现代汉语虚词例释》中，也列举了不少跟虚词有关的常用格式，如“爱A不A”、“A不A，B不B”、“不A不B”等。吕冀平(1979:91)则把这类结构形式看作“准言语单位——短语”，并以“不笑不说话”、“一请就到”、“爱看不看”、“再难也得保证完成”为例，分析了它们区别于词组的特点：“短，表示尚不足以表达一个相对完整的意思；语，表示它具有固定的格式，有点像成语或熟语。”文章还对这类短语的范围从四个方面加以了严格限制：(1)固定格式。(2)格式之内的词可以类推和较自由地替换。(3)中间无停顿。(4)格式本身具有一个单句所不能表现的关系。吕叔湘(1979:91)更明确指出，“怎样用有限的格式去说明繁简多方、变化无尽的语句，这应该是语法分析的最终目的，也应该是对于学习的人更为有用的工作”。

在20世纪80年代，更多语言学家都敏锐地意识到“格式”的研究价值，他们在论著中都有所涉及，或列举或探讨各样不同的格式。在吕叔湘的《现代汉语八百词》(1982)中就收进了十多个如“半……半……”、“不……不……”、“大……大……”、“非……非……”等常用格式。龚千炎(1983:83)描写了三种固定格式“谁(什么、哪儿、怎么)……也/都”、“一……不(没、没有)”“连……也/都”的结构类型、表意功能和语法特点,指出“这些固定格式是现代汉语表示强调的固定框架”。最值得一提的是这期间出现了《现代汉语“格式”初探》(朱林清等,1987)和《现代汉语常用格式例释》(武柏索等,1988)两部著作,它们都对现代汉语常用格式做了较细致的描写和归类。随后,又出现了专门研究四字语型的第一部专著《四字语型及应用》(张卫国,1989)。难能可贵的是此时有了关于现代汉语格式研究的理论探讨。张拱贵(1985:41)为《现代汉语“格式”初探》写的序言指出:“‘格式’不仅语法里有,语汇里(成语、惯用语、谚语等)更多。……这样的‘格式’,在语法上是一个整体,内部有结构关系,外部有句法功能。有些‘格式’在使用上常常带有某种习惯性,不能用一般的语法规则来解释。……进行格式研究不仅具有理论意义,而且具有实用价值。……格式的研究是大有可为的。”莫彭龄(1986:50—53)指出,“格式”是值得研究的语言现象。文章认为,“‘格式’的研究可以从微观和宏观、历时和共时等方面进行。从微观入手,分析每一种‘格式’的结构、意义和变体等,从宏观着眼,着重研究‘格式’的种类、层级和‘集’。历时和共时两方面的比较研究,则有助于我们了解‘格式’的演变、发展中的继承性和民族性”。文章特别指出这样一点:“‘格式’不仅有语法的,还有语汇的和修辞的,因此,语法、语汇和修辞‘格式’的区别和联系,也是‘格式’研究的重要内容。可见,‘格式’的研究有着丰富的内容和广阔的前景,既有重要的理论价位,又有重要的实践意义。”此外常玉钟(1989:150—160)、邵敬敏(1994:71—73)等都就有关格式的问题作了相关探讨。邵敬敏(2011:218)认为“这些都说明这类语言现象已经开始引起我们的重视,并且做了一些初步的探讨,可惜这些探索都只是就事论事,不够深入,尤其是缺乏理论意识”。

进入20世纪90年代以来,随着各国学习汉语的人越来越多,对外汉语课堂上不断发现现代汉语常用格式成为外国人学习汉语、掌握汉语的难题;随着我国建造信息高速公路、研制智能计算机任务的紧迫,中文信息处理中不断发现语言格式成为句处理面对的难题,学者们开始对汉语中很多习焉不察的语言现象进行深入细致的研究,许多对外汉语教学中导致学生错误类推的问题，来自中文信息处理的同形格式、句法歧义格式问题成为语法研究的新的突破点，从而促使语法个案描写进一步精确化。许多语法格式受到语法学者的广泛关注，他们从不同角度进行了考察和研究，涌现出大量有实用价值的现代汉语格式研究成果。除了有大量描写分析单个或若干个格式的论文外，还有专门为帮助外国人学习汉语的工具书《口语习用语功能词典》（常玉钟，1993）和《汉语口语常用句式例解》（刘德联、刘晓雨，2005）问世。这些研究成果成为对外汉语教师解答留学生疑难的好帮手。同时学者们还注意到格式的归类，不再把成语等熟语类语言形式当着语言格式来探讨，于是陆续产生了"待嵌格式"（周荐，2001）和"框式结构"（邵敬敏，2008）等概念。学者们对格式的研究也呈现了一种新的多元化的景象，即对各种格式进行细致描写，研究各种格式的结构关系，研究格式中关键词语的句法性质和语用功能；或者将共时描写与历时考察结合起来，用联系的、连续的观点来重新分析某格式；或者从语义、语用和认知角度进行探索，为某些格式正名。

然而，对语言事实的进一步考察以及对外汉语教学、中文信息处理中不断遇到的各种问题还一再表明：现有的对现代汉语格式的分类辨析还没有达到精细周全的程度。这些格式所表示的意思无法从格式里的词语及其内部的句法关系所推知，又无现成的参考资料。现有的语法书、汉语教科书或工具书都无法说明这些格式使用的条件，远远不能满足对外汉语教学的需要。在中文信息处理中，这些"格式"也常常困扰着专家，因为"任何一种语法格式都是抽象的，它们的实现要受到种种条件的限制。'形＋名'、'名＋动＋ 名'、'名＋把＋名＋动＋动/形'等等格式实际上只是提供了一种组合的可能性，并不是说任何一个名词、动词或形容词放进上述格式就一定会生成许许多多可以接受的说法"（徐枢，1993：281）。可以说，时至今日，一些语言格式的使用条件有的我们已比较清楚，有的尚在研究，有的可能还未发现。至于这些条件之间的各种错综复杂的关系及其相互作用我们更是知之甚少。这都是很值得我们继续深入探索的问题。总的来说，关于语言组合格式的研究大家开始关注了，但是还不够全面，还有待于语言学者们进一步开拓挖掘，这就需要在认识上有待于深化，从而将其研究引向深入。

需要在认识上有待于深化，首先需要正名。俗话说："名不正，言不顺。"现代汉语中存在着丰富多彩的组合格式，这些组合格式是现代汉语的一个重要组成部分。它们有的来自古代文献，如“(N)所……的”(他所了解的)、“不……而……”(不言而喻/不胫而走)、“孰……孰……”(孰前孰后)、“为……所……”(为世人所耻笑)、“无以……”(无以回报)等；大量的则来自现代汉语各个历史发展阶段所出现的新兴表达格式，如“与其……不如……”(与其跪着生，不如站着死)、“与其……宁可……”(与其排那么长队等车，宁可走着去)、“(已经)V(了)+(正在)V(着)”(已经腐化了和正在腐化着)、“NP+不+X+谁+X”(我不下地狱，谁下地狱)等等。上述各种不同的格式，在许多前辈和时贤的有关论著中都谈到过。但是，什么叫“格式”？“格式”是什么？学界一直没有一致的看法。张志公(1959:147—155)专指句型或句式，因而在他的论著中有“单句格式”和“复杂谓语格式”之说；武柏索等(1988，后记)认为：“在日常口语或书面语中，无论虚词或实词，只要在互相搭配中比较常见和固定的，都可算作‘格式’”。周荐(2001:550)则指固定短语或类固定语，他还首先提出“待嵌格式”这一术语，他在评介《现代汉语词典》时说，“一些常在人们口语中出现而定型性又不十分强的类固定语，没有资格作为词汇单位设立条目，便用待嵌格式以纲带目地使之出现。……四字格是待嵌格式最适宜选择的格式。……如‘半……不……’、‘不……不……’、‘大……大……’、‘东……西……’、‘非……非……’、‘连……带……’、‘没……没……’、‘七……八……’、‘千……万……’等”。程乐乐(2007:22)又把“格式”定义为“格式是指由某个(些)词语和某个(些)待嵌成分搭配在一起表达一定意义的比较固定的结构”。文章认为格式可以有多种分类法，如从格式形成的语言片断的形式特点来看，可分为单句格式和复句格式。如从涵盖面的大小来看，可以分为“狭义格式”和“广义格式”。还可以将格式分成论元结构格式和非论元结构格式。邵敬敏(2008:353)首次命名“框式结构”，指出：“所谓框式结构，是指前后有两个不连贯的词语相互照应，相互依存，形成一个框架式结构，具有特殊的语法意义和特定的语用功能，如果去除其中一个(主要是后面一个)，该结构便会散架；使用起来，只要往空缺处填装合适的词语就可以了，这比起临时组合的短语结构具有某些特殊的优势。”可见，学界逐步把“格式”定位为“大部分位置上的结构成分不可变化，只有某个位置上的成分可被同类的其他成分所替换的一种语法框架结构”(李振中 2008:186)。但以上所述说明，学界对“格式”的看法，不尽一致，且存在各说各的这样一种情况，而各学者所指事实上涵盖了语汇格式和语法格式。

近几十年来，随着时代的发展、社会的变化，人们的语言表达更加追求生动性和精密化，一系列新的形式、新的组合、新的用法正以一种前所未有的速度不断产生、持续发展。语言组合手段不断突破既有的陈式，各种新兴的格式日渐丰富，出现了不少变异格式，突出的如“很＋N”（很阳光/很农民）、“VP（动宾式）＋N”（进口钢材/见面你），以及近期出现的“被……”（被自杀/被教授）、“……门”（艳照门/表白门）、“有一种 X 叫 Y”（有一种美丽叫永恒/有一种获得叫奉献）等，而且使用得极为广泛，突破了传统语言学有关语法格式的界限，这无疑丰富了汉语的组合方式和表现手法，代表了当代汉语表达方式日趋灵活多样的新趋势。很多组合格式使用频率高、生命力强，原因就在于这些组合格式“形式上框架简明，没有繁多的标记；表意上灵活多样，隐性语法关系十分丰富”（邢福义，1991:41），因而在语言生活中成为一种时尚，受到广大群众的青睐，在学界也得到了有关专家学者的认可与肯定，这都与它们有特殊的语言功用密不可分。这些变异格式，正如张炼强（1992:153）所说“这种内涵修辞因素的语法形式，极富于表现力，是汉语语言体系中很好的修辞资源”。以上所谈到的种种组合格式，如今冠以“现代汉语表达格式”之名，不仅有了个统括的称呼，也更有利于认识各种组合格式之间的内在联系，从而有利于将研究进一步引向深入。

第三节　当前现代汉语表达格式研究的主要关注点

现代汉语表达格式的研究，当前最关注的是以下两个领域，一是汉语作为第二语言/外语的汉语教学，这包括在国内开展的对外汉语教学以及在国外开展的汉语国际教学和华文教学（以下统称“汉语教学”）；二是中文信息处理。下面分别加以说明。

汉语教学的事实告诉我们，常常有些留学生在汉语学习过程中，经过一段时间的学习，语音基本正确，口语表达也较流利了，但他们的话语听起来还是别扭，其中相当一部分问题就出在现代汉语表达格式的使用上。正如陆俭明(2011:53)所指出的“现在外国学生在汉语/华文学习上,普遍存在的问题是在说和写方面常常出现词语或句法格式使用不当的毛病,书面语词和句法格式使用不当的毛病更为普遍”。陆俭明先生所说的句法格式实际就是指现代汉语表达格式。心理实验也已初步证实,儿童语言习得也好,成人外语习得也好,都不是一个词一个词习得的,更不是一个语素一个语素习得的,而是一种又一种表达格式的习得。关于表达格式教学的意义,程乐乐(2007:22—23)曾提出两条:“(一)格式实际上就代表了一系列的词组,学生掌握了一个格式,等于掌握了一系列的词组,这样可以大大提高学生学习的效率。例如,如掌握了格式‘不A不B’实际上基本就掌握了‘不多不少’、‘不大不小’、‘不紧不慢’、‘不冷不热’、‘不前不后’、‘不上不下’这些词组,或者很容易就可以掌握这些词组,这对于加强学生的汉语交际能力来说大有裨益。(二)有些虚词方面的问题可以通过格式教学得以解决。如讲解‘反而’就可以通过格式对其语义背景进行勾勒,让学生了解‘反而’使用的语义背景,进而掌握该词。”

汉语教学实践证明,现代汉语表达格式教学的好处在于:

第一,表达格式教学有助于语感的培养。各种语言表达格式都是现成的,有的格式甚至每时每刻都在使用,较高的使用复现律是培养语感的良好语境。

第二,表达格式教学操作便利。语言表达格式都是成块状的,它们存储在大脑中就好像是半成品预制件,简单组装加工就能形成流利的句子。

第三,表达格式教学易被接受。凡表达格式意义都非组合成分的简单相加,但学习者不需作理据分析,只要记住表达格式框架,反复操练使用,熟能生巧,很快就能掌握。因此,陆俭明(2005:60—61)指出:对外汉语教学的实际需要和学生提出或出现的种种问题迫使汉语本体研究的学者专家必须加强词语或句法格式的用法研究,特别是语义背景的研究;促使汉语本体研究要关注和进行固定格式的研究。

陆俭明先生认为“这些格式如果我们不研究,不把这些格式所表示的语法意义以及它们的用法告诉留学生,留学生是不了解的,更不会去用。而且,也很难从工具书上找到现成的答案,因为以往的汉语本体研究对这种固定格式是不研究的。正是对外汉语教学的需要,推动了我们对这种固定格式的研究。另外，像同义句法格式，例如：拿出来一本书。/拿出一本书来。/拿一本书出来。就是一组同义句法格式，汉语本体研究基本上不研究同义句法格式，而对外汉语教学则亟需这类知识，需要有人来研究”。而要说清楚一个词或一种句法格式使用的语义背景不是一件容易的事情，不仅因为要一个词一个词地，一个句法格式一个句法格式地研究，更在于分析、把握一个词语或一个句法格式使用的语义背景很难。因此，“研究、分析、把握一个词或一个句法格式使用的语义背景更是基础性研究方面的重要内容”（陆俭明，2011：51—55）。

关于中文信息处理，说白了就是用计算机来处理中文信息的意思，让计算机能处理和理解一个个句子的意思；同时能让计算机生成符合自然语言规则、能为人理解的一个个句子。中文信息处理最基础的三步工作是，“字处理”、“词处理”和“句处理”。其中“句处理”是实现自然语言处理与理解的关键性技术难关。句处理的核心内容之一就是要解决好块状性质的表达格式（中文信息处理学界称为“短语”）的处理问题。具体说，首先需要语言学家对一个个表达格式逐一进行研究，通过归纳、分析、总结出规律，获得一条条短语规则。每一条短语规则“包括两部分内容，一部分是短语内部的构成情况；另一部分是对这条短语规则所做的详细说明”（詹卫东 2000：34）。在上述工作的基础上，还需要规划一套语言知识形式化表达体系，用形式化的方式描述出来，以便于计算机处理。显然，提供表达格式框架的相关的信息，对中文信息处理是很有必要的。正如计算语言学专家俞士汶教授（1997：84）所指出的：“句法分析在汉语信息处理系统中具有举足轻重的作用。”在中文信息处理中，目前有关汉语的知识远远不能满足中文信息处理的需要。“句处理”遇到的重要难点就是现代汉语短语和句子的语义问题和歧义问题。表达格式在现代汉语短语和句子中占据重要地位，通过研究现代汉语表达格式，尽可能地把表达格式的种种现象通过归纳、分析、总结出规律，获得一条条短语规则，再用形式化的方式描述出来，这将大大便利于计算机处理。在纷繁复杂的语言现象中找出有标记性词语的格式，概括出形式化的特征，还有大量工作要做。目前，现代汉语表达格式研究还缺少对计算机处理汉语有直接借鉴价值的成果。

可以说考察、研究现代汉语表达格式，分析描写表达格式运用的条件和特殊的表意功能,既有较重要的理论价值 ,又对推动汉语本体研究学者对汉语格式研究的注意并作深入研究有所裨益;同时对汉语教学和研究、中文信息处理研究都有较重要的参考价值和实践意义。现代汉语表达格式研究有着丰富的内容和广阔的前景。

第四节 研究现代汉语表达格式的方法

对现代汉语表达格式的研究要能取得理想的研究成果,需要一定的有针对性的、行之有效的研究方法。对于一个表达格式,一般需要做三方面的研究:一是研究分析表达格式的结构特点,包括词类序列特点和内部层次构造特点;二是研究分析表达格式的独特的语法意义;三是研究分析该表达格式的用法。其中,第一部分研究内容,相对说来比较清晰,一般一眼就能看清楚;难的是第二、第三这两部分内容,因为都是隐含的,表面上是看不出来的,需进行深入分析才能获得,所以更需要注意方法。

如何能较好研究把握表达格式的语法意义和用法,时贤们从不同角度提出过一些很有价值的意见。

邵敬敏、周有斌(2003:6—7)曾就如何研究某种表达格式的语法意义,从方法论角度,提醒研究者应该注意如下五点,很有指导意义,现照录如下:

第一,在概括该格式语法意义时,必须对该格式内部的各类型情况有比较充分的调查,切忌只凭局部语言事实就总结出整个格式的语法意义。

第二,要准确归纳出该格式的语法意义,除了格式本身的分析之外,还需要结合它的上下文语境,特别要注意隐含项对语法意义的影响。

第三,不仅要注意格式能够成立的条件,还特别要关注该格式不能成立的条件制约,因为这往往隐藏着更为重要的道理。

第四,任何光凭语感得出的结论,都还需要在形式上加以证明。无法证明的语法意义,从理论上讲是不可靠的。

第五,一旦获得某种格式的语法意义,就必须能够解释它所有的变化格式或派生格式,尤其对例外现象要作出合理的解释,并且得到多方面的印证。

马真(2004,2012)在谈论虚词研究时,强调要运用比较的方法,并说"要进行多角度、多方位、多层面的比较"(2000:20,2012:261);同时强调"要重视虚词运用的语义背景分析"(2004:193)。马真教授谈的虽是虚词研究,但所论也适用于现代汉语表达格式研究。从众多学者对现代汉语表达格式的研究中我们可以看出语言表达格式各个方面的研究是密切联系在一起的。因此,研究语言表达格式的学者越来越注重运用归纳法、演绎法和比较法,从多角度、多方位、多层面考察表达格式的结构形式、语义关系、句法功能、语用价值、认知模式等;对语言表达格式的构成、语义组合类型、格式产生的原因等问题进行细致的描写和分析。我们对各种表达格式的研究采用的正是学界前辈和时贤所提倡的研究方法。

第五节　关于本书的架构

在第一节中我们已经交代,本书所说的"现代汉语表达格式"是一个看似宽泛,实际极有概括性的一个说法,它既指现代汉语中由不变部分(作为标志的固定词语)和可变部分构成的组合格式,也指某些固定组合格式,也指重叠格式,也指某些修辞格式,也指某些超常规的组合格式,等等。具体说,本书共研究了以下十种现代汉语表达格式:

"有的+VP"格式

"NP+不+X+谁+X"格式

"A 像 B,C"式比喻格式

句子层面的拈连格式

新发展的 AABB 重叠格式

"(已经)V(了)和(正在)V(着)"格式

文学作品中的超常式状中格式

特殊"V+着"格式

法律文本中的特定格式:"的"字短语和"对"字短语

本书立足语言事实,注意联系语境,从常规和超常规、规范和运用四个角度依次展开对上述十种表达格式的论述。书中对个别表达格式做了多角度分析，例如对“NP＋不＋X＋谁＋X”表达格式的分析。全书除第一章绪论外，其余各章内容如下：

第二章“现代汉语常规表达格式的分析”，探索人们熟知的部分表达格式的结构形式、语义表达特点以及使用条件等；讨论某些表达格式的构成和类型的认定。

第三章“现代汉语超常规表达格式的探究”，论述某些表面看似不符合语言规律，但是在人们的交际中已被广泛使用的表达格式能够成立的理据和特殊的语用价值。

第四章“现代汉语表达格式规范的思考”，探讨部分学界认为有病的表达格式，从“无理”中寻找其存在并发展的合理性因素，根据“约定俗成”的原则加以正名；探讨法律文本中特定表达格式的特点和运用的规范，结合语境讨论对语句的评判和修改问题。

第五章“现代汉语表达格式运用的考察”，主要考察表达格式的语用情况，结合教学实践，阐释作者对部分表达格式的例句和部分表达格式综合运用分析等方面的看法，提出个人意见。

本书对现代汉语表达格式研究的主要特点，一是从理论上论述各类表达格式运行的理据，评价这些表达格式的语用价值；二是从方法上兼顾结构形式、语义表达和句法功能，联系语境注重动态分析。其中部分主要学术观点已经在《汉语学习》、《语言研究》、《语言文字应用》、《语文建设》、《修辞学习》、《当代修辞学》(原《修辞学习》)等学术期刊上发表过。

本书使用的语料主要来自北京大学中国语言学研究中心现代汉语语料库(简称 CCL 语料库，书中凡未注出处的例子均来自该语料库)，部分来自“(福建)泉州文献之窗”，并通过百度、谷歌、搜狗等几个搜索引擎进行验证、补充。个别例句为本书作者自拟，但均通过咨询确认。例句有的完整引用，有的局部引用。

第二章

现代汉语常规表达格式的分析

大量的现代汉语表达格式活跃在我们的语言生活中，尤其是一些固定格式在口语里的使用频率特别高。在对外汉语教学中，这些表达格式常常困扰着教师和学生，成为教外国人学习汉语、掌握汉语的难题。因为这些格式所表示的意思没法从格式里的词语及其内部的句法关系所推知，又没有现成的参考资料。有的表达格式的使用条件我们已比较清楚，有的还在研究探索中，有的可能还未发现。至于这些条件之间的各种错综复杂的关系及其相互作用我们更是知之甚少。这都是很值得我们继续深入探索的问题。

本章主要分析人们熟知的部分表达格式的结构形式、语义表达特点以及使用条件等等；讨论某些表达格式的构成和类型的认定。我们对常规表达格式的讨论分析，还在于探索如何研究固定格式。

第一节 “有的＋VP”格式

引 言

现代汉语中“有的”与谓词性成分组合可以形成多种格式，它们的结构性质、语法表现和所表示的语法意义各不相同。

能与“有的”组合的谓词性成分包括动词、形容词或状态词性词语。为了行文的方便，我们将“有的”与谓词性成分所组成的格式用“有的＋VP”来表示。

“有的＋VP”是个同形多义格式。下面四组例子代表了四种不同类型的“有的＋VP”格式：

A 组：

(1)周围的黄土峁峁一个挨着一个，有的高，有的低。

(杨年光《土声》，《人民文学》1987 年第 1—2 期)

(2)茶座多，真热闹，也有老来也有少；有的说，有的唱，穿着打扮一人一个样；有提笼，有架鸟，蛐蛐蝈蝈也都养的好；有的吃，有的喝，没有钱的只好白瞧着。

(老舍《茶馆》，人民文学出版社，1994 年)

B 组：

(3)这座城给了他一切，就是在这里饿着也比乡下可爱，这里有的看，有的听，到处是光色，到处是声音……

(老舍《骆驼祥子》，人民文学出版社，2005 年)

(4)你只要抓住他，保你一辈子有的写。

(《许爷》，人民文学出版社，2006 年)

C 组：

(5)棚内，除了会场所应有的布置，还挂满了以前得过的荣誉锦旗，集体的，个人的，战功的，还有朝鲜人民赠送的。他可有的说咧！

(老舍《无名高地有了名》，文汇出版社，2009 年)

(6)《橘子红了》每集耗资50万人民币，比《大明宫词》每集高出三四万元，所以，好看不好看，真是有的瞧了。

（《橘子难"红"劳民"伤"财》，《中国广播影视》2002年2月9日）

D组：

(7)再说变也并不都是坏事，有的变是好事，问题是变什么。

（邓小平《保持香港的繁荣和稳定——会见港澳同胞国庆观礼团时谈话的要点》，1984年10月3日）

(8)有的承诺之所以不可信，是因为很容易便看到食品包装盒上醒目的标识："保质期一年"，但却让你在盒子周围找不到任何日期。

（吕钦文《沉思断想》，《杂文选刊》2001年第12期）

为区别起见，我们将A、B、C、D各组分别表示为：A. "有的$_1$＋VP"，B. "有的$_2$＋VP"、C. "有的$_3$＋VP"、D. "有的$_4$＋VP"。

我们将"有的"做不同的标示，并不意味着A、B、C、D里的"有的"是性质各异的，只是为了说明"有的＋VP"的四种不同格式。下面分别进行讨论。

一、"有的$_1$＋VP"

（一）"有的$_1$＋VP"的结构特点

1. "有的$_1$＋VP"是主谓结构。

从结构上看，"有的$_1$＋VP"是主谓结构，如"引言"中例(1)、例(2)里的"有的"都是主语，"高"、"低"和"说"、"唱"、"吃"、"喝"分别是谓语。谓语部分可以是动词性词语，也可以是形容词性词语，状态词性词语。"有的$_1$＋VP"表示分述，正如张志公先生所指出的，"分别叙述一个集体的各种各样的情形，常用'有的'。这个'有的'在作用上近于指代词，作主语，意思是其中某些（个），所以下面总是跟着个动词，动词伪语，或谓词性的形容词"（张志公，1953：130）。再如：

(1)每走一步都必定会有的收，有的放，这是很自然的事情。

（邓小平《会见香港特别行政区基本法起草委员会委员时的讲话》，1987年4月16日）

(2)当时观看这几部影片是有级别限制的，甚至干校人员也有的准看，

有的不准看。 （施亮《没有水的湖》，《十月》2002年第5期）

(3)群众听了有的气，有的笑，有个老杨头，往起一跳，啪地一巴掌朝说话的“造反派”揍去。“呸，你们才在变质，该解散！”

（陈先学《婚姻内外》，百花文艺出版社，2001年）

(4)其他那些家伙也跟着起哄，有的叫划拳，有的喊抓阄。

（彭启羽《官瘾》，新疆人民出版社，2002年）

(5)我看到的作家有沉默的也有开朗的，有的风流倜傥，有的甚至有些猥琐。 （张炜《羞涩和温柔》，东方出版中心，1997年）

(6)一路上，渠溪很多，有的浑黄，有的清碧；浑黄的大概是上流刚下了大雨。 （老舍《青蓉略记》，《老舍散文集》，太白文艺出版社，2009年）

(7)一个挂着“国营饭店”招牌的店前，一大堆人正有的吃、有的等。

（《经济日报》1995年12月11日）

2.“有的$_1$＋VP”里的“有的”是“的”字结构。

我们知道，“的”字结构本身具有指代性，而“有的”更像是一个代词（宋玉柱，1995:141），它笼统地指代上文说到的事物的一部分。如例(7)的“有的”就是指上文说的“一大堆人”的一部分。

3.“有的$_1$＋VP”语句重音都在谓词性成分上。

以上例句中的“有的收”、“有的放”、“有的准看”、“有的不准看”、“有的气”、“有的笑”、“有的浑黄”、“有的清碧”等与所有主谓结构一样，其逻辑重音都在谓语上。

(二)“有的$_1$＋VP”的语用形式

1.“有的$_1$＋VP”一般不单独成句，常常多个连用。

A.单个使用。有时“有的$_1$＋VP”似可以只出现一个，以突出说明所提到的事物中的某一部分的情况，但全句仍带有分述的含义。例如：

(8)问题是，他们有的还在写。

（《著名作家阎连科访谈录》，《北京文学》2002年第11期）

(9)就这三层来看，笔直而立的木柱已经不多。有的斜得吓人。

（冯骥才《晋地三忧》，《随笔》2002年第2期）

(10)这都是大自然的蜂儿，它们不会伤你的心。有的还故意飞过来，在来访者的头上绕几圈，仿佛要做点什么亲热的表示。

（于波《蓝色恋情》，昆仑出版社，2004 年）

（11）他们身材并非都高大，有的还很瘦弱，但上肢都特别结实，令人想到血肉之躯与邪恶相搏的情景。（张叹凤《大学女人》）

（12）一些女学生也莫名其妙地替沈从文紧张起来，有的竟低下头去。

（陆建华《汪曾祺传》，江苏文艺出版社，1997 年）

（13）通过央视春晚这个平台流行过很多歌曲，有的至今让人记忆深刻——央视春晚：触动心弦的十首歌（《沈阳日报》2010 年 12 月 30 日）

（14）大多车无现货，有的已排到明年底

（《彭城晚报》2010 年 12 月 28 日）

（15）（现在还念经吗？）还有，咳，不知道，有的还念。

（詹国英《北京话调查资料》，1982 年）

B. 两个连用。如以上例（1）—例（7）。

C. 三个以上连用。例如：

（16）名人故居保护 出路何在 有的荒废 有的被拆 有的变身餐馆

（《春城晚报》2011 年 1 月 2 日）

（17）那声音并不优美。有的尖利："咦—咦—"；有的深沉："呜—呜—"；有的粗放："嗷—嗷—"；有的狂暴："啊—啊—"……

（霍达《未穿的红嫁衣》，江苏文艺出版社，1994 年）

（18）先生以饱满的战斗激情投入了"五四"运动，但是，一两年后，他的同伴们有的高升，有的退隐，有的前进……

（曾卓《文学长短录》，《曾卓文集》，长江文艺出版社，2004 年）

（19）他仔细观看手中的山花，有的白里透红，犹如幼儿稚嫩的小脸蛋儿；有的洁如白雪，清纯美丽；有的火红，似一簇火焰……

（宋英伟《守望》，春风文艺出版社，2003 年）

（20）看到录像带上的亲人，这群铁打的汉子有的笑，有的跳，有的竟躲到了一边哇哇大哭……（《经济日报》1996 年 11 月 11 日）

（21）傍晚时分的广场热闹非常，到处都是人，有的走着，有的站着，有的坐着……（彭启羽《官瘾》，新疆人民出版社，2002 年）

（22）这些钢筋铁骨、千奇百怪的金属家伙，有的凶残可怕，有的可爱温顺，有的智慧超群，有的呆若木鸡……（《都市快报》2011 年 11 月 9 日）

(23)孕妇火车站内突然分娩医生电话遥控救护婴儿 车站工作人员、派出所民警等各自忙开,有的递毛巾,有的找剪刀,有的找被子……

(《温州都市报》2011年2月16日)

例(16)运用"有的$_1$+VP"格式来分述"名人故居"的种种不同情况,例(17)则分述不优美的声音的种种不同情况,其余各例均类似。

2."有的$_1$+VP"谓语部分没有相应的疑问形式。

上面所举的各例中,任何一个"有的$_1$+VP"句都不能改变为疑问句。

二、"有的$_2$+VP"

在书面上,"有的$_2$+VP"常写作"有得+VP"。这只是用字问题,语音、语义都没有什么不同。例如:

(1)到了七夕、七月半、中秋、重阳等节候上,缸里的蟹就满了,那时我们都有得吃,而且每人得吃一大只,或一只半。

(丰子恺《忆儿时》,江西科学技术出版社,2010年)

(2)当然,挣口饭吃的杂活还是有得干的。

(梁晓声《激杀》,《梁晓声中篇小说自选集》,海南出版社,2004年)

(3)左云飞道:"那就找史素荷,她一张画除了还债还有得赚。"

(张欣《掘金时代》,《张欣自选集》,海南出版社,2008年)

(4)他安排得这么妥当,咱们有得活的时候,他使咱们乐意多活;咱们不大有得活的时候,他使咱们甘心少活。——有得活不妨多活几天,还愿意好好的活着;不幸活不下去,算了。(俞平伯《中年》,江苏文艺出版社,2005年)

(5)凹字形的当中,摞着几个装肥皂的木箱——昆明这种木箱很多,到处有得卖,这就是他的书桌。

(汪曾祺《鸡毛》,《汪曾祺小说选》,人民文学出版社,2009年)

(6)大家坐一块儿,话特别多,哪儿买菜,怎么在街上受气,去哪儿看病,找谁唠唠,全有得说。 (张辛欣、桑晔《北京人》,上海文艺出版社,1986年)

(7)赵本山:小学时,有个郑老师,他每天给我编节目,天天都有得笑。

(《赵本山:过去我是泰森,现在我是唐金》,《南方人物周刊》2006年第1期)

(一)"有的$_2$+VP"的结构特点

1."有的$_2$+VP"中的"VP"多数是动词性词语,也包括叠音动词。例如:

(8)有的吃　有的玩　还有的乐　　（《彭城晚报》2010 年 8 月 18 日）

(9)但小舅也有的说，不跑等着挨电？

（王小波《2015》，《王小波全集》，云南人民出版社，2006 年）

(10)虽不保温，总有的喝。

（邓友梅《无事忙杂记》，华艺出版社，2007 年）

(11)降价 55%仍然有的赚，可见原来是怎样的暴利。

（李方《请把本该属于我们的还给我们》，《杂文选刊》2002 年第 4 期）

(12)现在，这一天终于来了，有的忙了！ 太好了！

（燕俊《逝者如光》，《小说家》2002 年第 4 期）

(13) 调查结果表明，本市家庭即使三年不买衣服，也还有的穿。

（《北京日报》1999 年 10 月 4 日）

(14)个股板块还是可以积极挖掘，行情未完，还有的做。

（《沈阳日报》2010 年 11 月 4 日）

(15)这只是草案 还有的商量　　（《新安晚报》2010 年 8 月 13 日）

(16)恒温水龙头哪里有的卖　　（《台州商报》2010 年 12 月 31 日）

(17)贴近生活，开源导渠，加强指导：让学生乐于写、有的写、懂得写

（《考试周刊》2010 年第 41 期）

(18)日成交跌破百套 现在的价格有得谈谈了！

（《无锡商报》2010 年 5 月 7 日）

(19)她们欢天喜地的谈到减租减息的好处："现在租减啦，种庄稼的也有得吃吃啦！"

（陈学昭《过同蒲路》，《中国散文鉴赏文库》，百花文艺出版社，1996 年）

例(18)、例(19)的"有得谈谈"和"有得吃吃"是由叠音动词充当的"VP"。

2. "有的$_2$+VP"是动宾结构。

胡裕树、范晓(1995:288)把这类结构分析为动补结构。他们把"有得+VP"里的"VP"看作补语，并认为"这种补语一般是动词充当的，主要说明相关事物动作的状态"。他们举的实例是：自家店里也有得卖。/旅馆总有得住，馆子里的饭菜总有得吃。/自然英国人很有的说，假若他愿意。

我们认为把"有得卖"、"有得住"、"有得吃"、"有的说"等看成是动补结构，并认为其中动词充当的补语是"说明相关事物动作的状态"的，这个看法值得商榷。

A. 从语义结构关系看，“有的$_2$＋VP”相当于“有＋V 的”。即：

有的看＝有看的　有的写＝有写的　有的吃＝有吃的

有的赚＝有赚的　有的卖＝有卖的

有的听＝有听的　有的说＝有说的　有的喝＝有喝的

有的玩＝有玩的　有的住＝有住的

上面所举各例里的“有的$_2$＋VP”都无一例外地可以变换为“有＋V 的”。如例(8)的“有的吃 有的玩 还有的乐”也可以说成“有吃的 有玩的 还有乐的”，意思不变。例(9)、例(10)的“有的说”、“有的喝”也可以说成“有说的”、“有喝的”，意思不变。余者类推。再看下面一例：

(20)在镜湖里面，鱼儿有吃的，有穿的，有住的，鱼儿进来了就不想走了。（徐迟《梁子湖中心的梁子岛，梁子岛心中的梁子湖》，《人民文学》1988 年第 11 期）

例(20)用的是“有＋V 的”，但都可以变换为“有的$_2$＋VP”，如句中的“有吃的，有穿的，有住的”可以变换为“有的吃，有的穿，有的住”，而意思不变。

B. “有的$_2$＋VP”可受副词，特别是程度副词修饰。例如：

(21)邓小平仔细察看了橱窗里和货架上陈列的商品，关切地询问：“居民需要的东西都有得卖吗？”（彦青、昆元《邓小平钟情上海滩》）

(22)我想，对于捷克斯洛伐克的事，我要说的就是这些了……但不久以后还有得说哩。

（温斯顿·丘吉尔《二战回忆录》，康文凯等译，江苏人民出版社，2000 年）

(23)我书尽有的看，因为芝加哥大学的图书馆极大，要看什么书，就有什么书。（朱湘《海外寄霓君》，河北教育出版社，1994 年）

(24)其实我挺喜欢你那立意的，只是要再加个反封建的内容，那内涵外延所指能指就更没边了，就更有的看了，九十年代《啼笑姻缘》。

（王朔《修改后发表》，《王朔文集》，天津人民出版社，2007 年）

这跟部分动宾结构相似，如：

有钱～很有钱　说明问题～很说明问题　解决问题～很解决问题

而我们知道，动补结构不受程度副词的修饰。这样看来，将“有的$_2$＋VP”分析为动宾结构可能更好些。

3. “有的$_2$＋VP”的语句重音和“有的$_1$＋VP”相同，也在谓词性成分上。

(二)“有的$_2$＋VP”的语法意义

上文我们说到例(20)中的“有吃的，有穿的，有住的”可以变换为“有的吃，有的穿，有的住”，而意思不变。因此，从语法意义看，更确切地说，“有的$_2$＋VP”表示“具有……的条件”的意思。

(三)“有的$_2$＋VP”的句法功能

“有的$_2$＋VP”在句中多充当谓语、谓语中心或动语，作其他句法成分的实例较少。以下例句中“有得拣”作定语，例如：

(25)现在突然杀出一个梁振英，阻止了一场“钦点”在港上映，香港有了一场“有得拣”的选举……　(《am730》2011年10月27日)

不过，例子极少，我们就收集到这一个。

(四)“有的$_2$＋VP”的语用形式

1. 可以在“有的$_2$”与VP之间插入“你”构成“有的$_2$＋你＋VP”或“有＋你的$_2$＋N＋VP”格式。例如：

(26)听起来很简单，工作可不是那么好找的！也不是天天有的你做！

(《钱江晚报》2004年1月6日)

(27)2009年自考目录公布　开考近800门有得你选

(《家庭与生活报》2008年10月14日)

(28)如今他正在招兵买马，说是和你商量，其实是强要你家的孩子，驳了他的面子，吃不了，兜着走，到时候有你的小鞋穿。

(林希《小的儿》，新华出版社，2010年)

(29)你当结婚好玩？有你的苦吃！

(王安忆《舞伴》，《收获》2002年第3期)

2. 有时还可以在“有的”与VP之间插入“可”，构成“有的$_2$＋可＋VP”格式。例如：

(30)尤其生在这特别的一年，对这如转烛的兴亡不无甚深的怀感，而古人往矣，异代寂寥，假如还有得可说的，在同时人中间，我又安得逢人而诉。

(俞平伯《我生的那一年》，《俞平伯全集》，花山文艺出版社，1997年)

3."有的$_2$＋VP"有相应的疑问形式。可以问"有的看?"、"有的看吗?"、"有的看没的看?"、"有没有的看?"等等。例如:

(31)赵升对来差道:"二位可有的说?"

(吴敬梓《儒林外史》,上海古籍出版社,1991年)

(32)有几位想走捷径的同学,并且还去问过先生,外国百家姓和外国三字经有没有得买的?

(郁达夫《水样的春愁》,中国社会科学出版社,1995年)

(33)售货员一听,苦笑道:"你没看见连母猪也杀来卖了么!现在政府哪还管我们有没有得食!"

(《一直批到真理出来》,《党史纵横》2004年第8期)

4."有的$_2$＋VP"的否定形式是"没(有)的＋VP"。例如:

(34)而我们现在是同样的年龄已是衣食无忧,若在他们那个年代想念书都没的念,还不该好好读书?

(冯晓蕾《我不了解文革》,《北京纪事》2001年第10期)

(35)饭都没的吃,还敢奢望出国旅游吗?

(李景田《警惕文明荒漠》,《报告文学》2002年第6期)

(36)谈起"退隐文坛"一说,张贤亮本人颇有微词,"谁说我退隐?我就是写得慢,我故意的,这书写完了,我就没的玩啦。"

(《宿迁晚报》2008年5月11日)

(37)工厂不正经开工,商店屁也没得卖。

(张辛欣、桑晔《北京人》,上海文艺出版社,1986年)

(38)不新鲜原不是讨厌,所以这种把戏未始不可以看下去;但是在另一方面,说非看不可,或者没有得看,就要跳脚拍手,以至于投河觅井。

(俞平伯《中年》,江苏文艺出版社,2005年)

(39)我当然知道有一位叫贺龙的元帅是怎么死的,当七舅舅啃那只炖得烂烂的香香的蹄膀时,贺龙元帅连干净的饮用水也没有得喝!

(刘心武《七舅舅》,《四牌楼》,东方出版社,2006年)

(40)四号夜里,登高只顾估计第二天的情况,一夜又没有得睡好觉。

(赵树理《三里湾》,人民文学出版社,2005年)

三、"有的$_3$+VP"

在书面上,"有的$_3$+VP"也常写作"有得$_3$+VP"。例如:

(1)事实上呢,好一座大山,且有得走哩。

(俞平伯《中年》,江苏文艺出版社,2005年)

(2)我点头,因为我不知道还能怎么办,不过,我想这晚上可有得等了。

(温斯顿·葛鲁姆《阿甘正传》,于而彦译,人民文学出版社,2002年)

(3)写食谱这事若给他知道,就有得打趣了。

(钱钟书《猫》,《人·兽·鬼》,三联书店出版社,2009年)

(4)你这一生一世之中,苦头是有得吃的了。

(金庸《射雕英雄传》,三联书店出版社,1994年)

(5)我是个没脚蟹,长白还不满十四岁,往后苦日子有得过呢!"

(张爱玲《金锁记》,哈尔滨出版社,2005年)

(6)我想那些个编破电视剧的人物这下可有得瞎编的了—我,一个初中一年级的学生,因为被老师轰出了课堂,流落街头,结果轻而易举地被教唆犯俘虏,从此堕落下去……

(刘心武《我可不怕十三岁》,新世纪出版社,1985年)

(7)节日多与企业的"婆婆"有关,"小媳妇"敢在"婆婆"头上动土,很可能日后的"小鞋"就有得穿了。

(8)我心里想:"儿子啊!你比爸爸高出两公分,今年才16岁,身高还有得长呢!" (《读者》200期合订本)

(9)一出门陈忠良发现,今天似乎没有想象的那么冷,不过路面还是潮湿的,有的地方还有积水,"路上的落叶这下有得扫了"。

(《合肥晚报》2010年12月15日)

(10)一棵桂花树能产几斤桂花 做一斤糖桂花需要几斤桂花 桂花开摘满觉陇作坊有得忙了 (《青年时报》2010年10月9日)

(11)我们的目光并不能仅仅盯在亚锦赛上,今后我们还要多找世界强队热身,还有得输呢。 (《京华时报》2005年8月15日)

(一)"有的$_3$+VP"的结构特点

1."有的$_3$+VP"谓词性成分也多为动词性词语。

“有的$_3$＋VP”用于表述未然情况，格式中的谓词性成分一般也多为动词性词语，后面一般要加语气词“了”等。如例(1)、例(2)的“有得走哩”、“有得等了”。再如“有的$_3$”与“VP”组合的例句：

(12)一个月内三家皮草城同时抢滩青岛，而且规模都不小，咱们青岛人可有的逛了。（《城市信报》2010年10月9日）

(13)可售房源超七千，好房新房有的挑

（《萧山日报》2011年11月10日）

(14)职权不明确 处理有的难（《疆都市报》2010年11月17日）

(15)晓婷就是年龄偏大了，但只要自己身体情况允许打到五六十岁也行，她只要能保持系统的训练。小芳和莎莎还有的学。

（《体坛周报》2010年5月28日）

(16)把卫冕冠军逼到最后8秒 广厦新赛季有的瞧了

（《青年时报》2011年11月3日）

(17)现在想来，一个原因是我们赛前对对手不太了解，只是看过一场录像，法国对南斯拉夫，看完之后，我觉得我们和法国有的打。

（姚明《我的世界我的梦》，长江文艺出版社，2004年）

2.“有的$_3$＋VP”的“有的”是一个词。

从语法结构上看，“有的$_3$＋VP”中的“有的”应看作什么结构，现还未见有人论说。我们初步的看法是：“有”和“的”结合紧密，不能分开，它们共同修饰谓词性成分，强调动作行为的量。

我们知道，“有”与名词组合时作“多”解的现象，在语言运用中多见，语法学家们都曾提到过。如：吕叔湘(1980：557)“有些名词跟‘有’结合，不用程度副词，也能有程度深的意思”。丁声树等(1961：82)“‘有学问，有经验，有气力，有趣，有钱’这类说法都有‘多’，‘大’一类意思”。在《现代汉语词典》中，“有”字条的第5义项就是“表示多、大”。“有学问”即学问多；“有经验”即经验多、丰富；“有日子”即好些天；“有年”即许多年等等。不过他们都未提及“有的$_3$＋VP”里的“有”。

我们能不能认为“有的$_3$”中的“有”与“的”粘合成词后也同样含有“多、大”之义呢？对此，我们目前还不敢妄下结论，只是先试着提出这一不成熟的看法向大家请教。

3. 语句重音在“有”字上，强调“多量”。

如以上例句中的“有的$_3$＋VP”都只能读成“好一座大山，且有得走哩”、“我想这晚上可有得等了”、“写食谱这事若给他知道，就有得打趣了”、“你这一生一世之中，苦头是有得吃的了”等等，通过重音(有时用拉长音表示)强调“多量”。

4. “有的$_3$＋VP”没有相应的疑问形式和否定形式。

(二)“有的$_3$＋VP”的语法意义

从语法意义上看，“有的$_3$＋VP”都含有强调事情“将经历相当长的时间”的意思，具体体现为两种情况：一是强调行为动作本身将没个完；一是强调受支配的事物多。如“写食谱这事若给他知道，就有得打趣了”、“苦头是有得吃的了”中的“有得打趣”、“有得吃”即强调“打趣”将没完没了，“吃”将没完没了；“青岛人可有的逛了”、“好房新房有的挑”中的“有的逛”、“有的挑”即强调可逛的地方将很多，可挑的房源将很多。

(三)“有的$_3$＋VP”的语用形式

1. 一般也不能后加补语，但口语中可见后加时段补语的。如“刚买了一大堆书，有的看一阵子。”但这种句子有歧义，“一阵子”是个模糊时段，“有的看”可理解为“有的$_2$”看，也可理解为“有的$_3$”看，如何理解，得看语言环境。

2. 加进“一”强调其程度。例如：

(18)从参加香港艺博会的画廊看，香港与上海的高端艺博会之争的胜负似乎已见端倪，只是有的画廊还是看好北京，认为北京与香港有得一争。

(《上海证券报》2009 年 5 月 23 日)

(19)金鹰节哪个男演员最牛气　王宝强李幼斌目前被人看好“新手”、“老人”有得一拼　(《三湘都市报》2008 年 8 月 26 日)

(20)与“前妻”“恋爱”有得一谈!　(《长江日报》2009 年 7 月 31 日)

(21)夏天的雅安有得一耍　(《重庆晚报》2008 年 8 月 5 日)

(22)昨天是正月初六，店铺商家开业啦，一大早那个鞭炮呀，跟除夕有得一比。　(《温州都市报》2010 年 2 月 20 日)

(23)“我们和新疆完全有得一打。”经过半决赛首战的较量，王非也基本

探清了对手的虚实……　　（《青年时报》2010 年 4 月 5 日）

（24）春节禾城书市有得一闹　　（《嘉兴日报》2006 年 1 月 29 日）

（25）特别是注重技术面分析的投资者，站上 5 日线同时也使得 60 系统中形成了一阳破四线的走势，短期市场可能还会有得一冲。

（《上海商报》2008 年 7 月 19 日）

3. 自身已有程度加强之义，但还能前加程度副词。例如：

（26）无聊的政纯办很有得一聊　　（《艺术世界》2008 年第 2 期）

（27）但中国今后的汽车销售量将十分可观，那些在竞争中领先一步的汽车生产商还是很有得赚的。　　（《汽车观察》2005 年第 10 期）

（28）从学术批评网上得知谢泳先生即将赴厦门大学当教授，这确实是知识界和学术界很有得一说的事情。

（《社会科学论坛·学术评论卷》2007 年第 7 期）

（29）我老家有句俗语，叫“咸吃萝卜操淡心”，这回大家伙儿的淡心很有得操了，一天操个几百毫希弗（核放射单位）都没问题。

（《网球俱乐部》2011 年第 5 期）

（30）他说，在故宫十年，他的回忆录很有得写。

（《中国经济周刊》2012 年第 4 期）

以上加了程度副词的“很有得一聊”、“很有得赚”等，语句重音从“有”字上前移至“很”，强调“量多”的程度。

4. 可以在“有的$_3$”与 VP 之间插入“可”，构成“有的$_3$＋可＋VP”格式。例如：

（31）可是一声鹧鸪啼，报道阳春天果真到来的时候，青岛是有的可看的。　　（吴伯箫《岛上的季节》，百花文艺出版社，2009 年）

5. 常用于报刊的标题。例如（特引“语境”——“正文摘录”）：

（32）老大无悬念老二有得拼——广州亚运金牌榜预测

（《海南日报》2010 年 11 月 10 日）

【正文摘录：中国在亚洲的体坛霸主之位无人能撼，在广州亚运会上，韩日两国将为金牌总数第二名展开殊死搏杀。】

（33）黄健翔：国足假球有得说　　（《新快报》2009 年 11 月 11 日）

【正文摘录：有人建议我列举怀疑的假球，这有点多，写不下。涉及的人

也很多,哪怕是只谈国家队的,也够说一阵子的了。】

(34)美国牛肉进入台湾还有得等

(《人民日报海外版》)2010年1月5日)

【正文摘录:台湾进口美国牛肉,"立法院"蓝绿委员都有异议,不同意马英九和美国方面达成的协议。"立院"蓝绿党团协商,最后达成美牛进口共识,通过了国民党"食管法"修正动议,禁止绞肉、内脏等部位进口。达成这样的共识不容易,当然还存在不少变量,美国牛肉进入台湾恐怕得等上一段时间。】

(35)申雪、赵宏博的"大腕"式婚礼今晚有得看了

(《都市快报》2010年9月12日)

【正文摘录:……今晚,你将在电视上看到整个婚礼过程。申雪、赵宏博的婚礼会不会比冯小刚的《大腕》更大牌、更有戏剧性、更有看头,光说没用,亲自去看一下最实际。】

(36)这个暑假去美国 签证有得等哦 (《钱江晚报》2010年6月1日)

【正文摘录:可前两天她到杭州的一家旅行社咨询时却被告知:想在暑假前去美国有点难,因为办签证的人排起长队,就算她马上报名,拿到美国签证估计也是8月底了。】

(37)订单回暖,休闲车有得忙了 (《永康日报》2010年3月17日)

【正文摘录:昨日,浙江双健健身器材有限公司董事长董建告诉记者:"现在单子已是不愁,仅接下的单子就足以让我们忙到4月底了……"】

6."有的$_3$+VP"会有歧义。

"有的$_3$+VP"跟"有的$_2$+VP"在某些方面有一定的共同点,如,都不可能分析为主谓结构,"有的"都可写作"有得",因此,脱离一定的语言环境,"有的+VP"可能会有歧义,如"有的说"、"有的看(瞧)",都既可作"有的$_2$+VP"看待,也可作"有的$_3$+VP"看待。例如:

(38)天赐很佩服赵老师,问他一切的问题,老师都有的说。

(老舍《牛天赐传》,文汇出版社,2009年)

(39)还有人说,不管它是人物传记也好,哲理小说也罢,总之现在又有得看了。 (王小波《未来世界》,《王小波全集》,云南人民出版社,2006年)

(40)老帽也是人,有什么呀,大不了跟冯兄去越南一样,逛一圈谁也没

打就囫囵着回来了，人也是三等功臣，说起来也有的说。

（王朔《玩儿的就是心跳》，云南人民出版社，2004 年）

(41)想想吧，家里养着个能读会写的女孩子，那可就有得瞧的了。

（老舍《鼓书艺人》，文汇出版社，2009 年）

(42)君不见小学的小朋友们，一旦登台演说可有得瞧了—因为他们可有得表演了。（《演说不是演戏》，《演讲与口才》1993 年第 3 期）

例(38)、例(39)里的“有的说”、“有得看”只能作“有的$_2$说”、“有的$_2$看”理解；例(40)、例(41)里的“有的说”、“有得瞧”则该作“有的$_3$说”、“有得$_3$瞧”理解；例(42)里“有得瞧”该作“有的$_3$瞧”理解，而“有得表演”则该作“有得$_2$表演”。有时，即使出现在具体的上下文里，也还可能有歧义。例如：

(43)说故事我可有的说，我就是故事，我讲给你听。

（曾哲《香歌潭》，《北京文学》2002 年第 11 期）

(44)我站起来看着一桌子几乎未动的饭菜，冲一边靠墙站着的服务员们喊：“你们家里人晚上可有的吃了。”

（王朔《给我顶住》，《动物凶猛》，中国电影出版社，2004 年）

(45)反正你有的说，进来吧。

（老舍《新时代的旧悲剧》，《断魂枪》，陕西人民教育出版社，1994 年）

(46)北京体彩中心领导还表示，沉淀一年后，他们要在今年彩票的管理、服务和玩法上继续推陈出新，北京彩民今年一定有的玩。

（《北京晨报》2004 年 1 月 3 日）

(47)旧货市场“有的淘”（《内蒙古日报》2005 年 12 月 19 日）

以上句例中的“有的＋VP”则需联系更大的语言环境才能正确判断。如，考察例句出处得知，例(43)中的说话人是一个备受屈辱，饱经苦难的女“犯人”，她的经历一言难尽，句中的“有的说”该作“有的$_3$说”理解；例(44)则要以“你们”、“你们家里人”人数的多少来判断：如果人数多，分摊的东西可能就不多，那么，“家里人”晚上只是“有吃的”而已，这该作“有的$_2$吃”理解；如果人数少，分摊的东西可能就多，那么，“家里人”晚上就将有很多东西可吃，这该作“有的$_3$吃”理解；例(45)可以理解为“反正你是有话说的，进来吧。”，这是“有的$_2$说”；也可以理解为“反正你是有说不完的话的，进来吧。”，这是“有的$_3$说”。例(46)“继续推陈出新”的结果只是有新的内容可玩，该作“有的$_2$玩”理解；如

"继续推陈出新"的结果是很多甚至层出不穷的内容和玩法，那就可以理解为"有的$_3$玩"。例(47)可以理解为"旧货市场有东西可淘"，这是"有的$_2$淘"；也可以理解为"旧货市场很有东西可淘"，这是"有的$_3$淘"。以哪种理解为准，得看更大的语言环境。

四、"有的$_4$＋VP"

(一)"有的$_4$＋VP"的结构特点

1."有的$_4$＋VP"是偏正结构。

前述D组中例(7)、例(8)里的"有的"都是定语，"变"和"笑"分别是中心语，整个结构是体词性的。又如：

(1)每天，我用甜蜜的声音重复着相同的话，但总是遭到对方诸如"总裁不在啊"、"我们还没有研究"等礼貌地拒绝。当然，有的拒绝毫不掩饰他的反感。(东方玛丽《激情出发》，《中国青年》2002年第2期)

(2)哪怕是拥抱最后变成了伤口，为了爱有的痛不算是痛，别让我连爱的资格都没有，我不在乎有没有以后。(邬裕康《谁爱我》歌词)

(3)有的便宜占不得 (《北京晨报》2010年3月31日)

(4)有的道歉甚至连表面的真诚都谈不上。(《湛江晚报》2010年9月1日)

(5)他们端坐在长椅上，两只手紧紧地握在一起……我这才明白，原来有的爱是不用说出来的。(《江门文艺》2011年第4期)

(6)文化：有的建设是破坏 (《粤海风》2011年第5期)

2."有的$_4$＋VP"中的"有的"也是"的"字结构。

3."有的$_4$＋VP"的语句重音也在"有"字上。

(二)"有的$_4$＋VP"的语法意义

由于"有的"处于定语位置，从语义上看，"有的$_4$＋VP"有举例性质，不管是单用还是几个连用，都是强调"事物的某一种类型"的意思。例如：

(7)嫉妒是人的本能。人恐怕都有嫉妒心，但是有的嫉妒不加约束，表现得特别强烈，具有破坏性。(《演讲与口才》2002年第12期)

(8)有的痛是永远的(冷眼观潮) (《人民日报》2009年8月23日)

(9)有的嗓子疼别喝胖大海 (《中老年时报》2011年10月5日)

(10)有的哭是因为亲人去世,有的哭是被父母、老师批评,还有的哭是因为成绩不理想,但在我的脑海中始终忘不了那次哭。

(海峡博客《曾诚的个人空间》日志)

五、"有的是"

以上我们详细分析、讨论了"有的＋VP"格式,这种格式还有个特例,那就是"有的是"。

作为一个造句单位,"有的是"在书面语和口语中都属常用的语言格式。例如:

(1)一年之计在于春,刚起头儿,有的是工夫,有的是希望。

(朱自清《春》,《朱自清散文精选》,南京大学出版社,2009年)

(2)……就是说,反动派有的是钱,虽然拿不出好东西,但是可以拼命出得多。

(毛泽东《在延安文艺座谈会上的讲话》)

(3)现在这社会,四面八方门户大开,原西城里天南海北的人都来,吃鱼的人有的是! (路遥《平凡的世界》,中国文联出版社,1988年)

(4)这种属于号召青年应该努力奋斗的事情还有的是。

(《邓小平文选》,人民出版社,1993年)

(5)"可多着哩!过去受的苦,一件件想起来,有的是,不过没人像阿英这样敢说。" (周而复《上海的早晨》,人民文学出版社,1979年)

(6)怎么,您不认为这样的人里面会有怪人吗?有的是呢。

(陀思妥耶夫斯基《罪与罚》,韦丛芜译,浙江人民出版社,1980年)

(一)前人之说

许多语法著作都曾提到"有的是"。专家们都认为"有的是"属于熟语类。张志公(1953:114)在谈到"是"的习惯用法时提到"有的是",说它"明显表示'多'的意思",而且用法很灵活,可以说"××有的是",可以说"有的是××",也可以说"××有的是××"。丁声树等(1961:82)在谈到特殊动词"有"字跟某些字连用的情形时也认为"'有的是'是个特别的说法,是有很多的意思"。

赵元任(1979:321)也说“有的是”是个惯用语,是从“有”表“存在”的意思得来的。

20 世纪 80 年代以来,“有的是”受到更多学者的注意。

1. 关于“有的是”的结构。

A. 把“有的是”当作词组来看待。吕叔湘(1980: 440)认为“有的是”是个习用语,“‘有的是’表示数量很多:钱有的是,但是不能乱用/我们村里有的是壮劳力。‘多的是’同‘有的是’”。李树俨(1983:39)从“组成‘有的是’的成分能不能单用,组合的意义是否等于它的成分的意义的总和,在语音上是否可以分割,即是否具有语音休止,组合成分的位置是否可以变换形成两个结构不同的词组”四个方面来分析,说明“‘有的是’是‘有’和‘是’这两个特殊动词之间用助词‘的’连接起来,构成的一个特殊的惯用词组,是述补词组的特例”。赵遵礼(1984:333)则认为“‘有的是’作为一个凝固结构表示‘有很多’‘肯定有’的意思,主要是由‘是’本来所具有的肯定、强调作用引申、演化而来的”。

B. 把“有的是”当作词来看待。叔骏(1983:33)认为:“是”表示“多”。“这种用法的‘是’要跟‘有的’、‘多的’等词语连用,组成一种习惯格式。‘有的是’、‘多的是’在句子中作一个词处理”。吴忠海(1985:38)根据词的存在形式的特点,对“有的是”和“多的是”进行了较详细的分析,从而判定“有的是”和“多的是”完全具备作为词的存在形式的一切特点。认为“‘有的是’和‘多的是’不是一个‘特别的说法’,也不是一个‘习用语’或‘惯用语’,更不是一个临时搭配起来的结构,而是一个具有特定意义的结构固定的词。‘有的是’应归入动词类”。侯友兰(1987:111)则认为“‘有的是’”是一个由‘有’与‘的是’组合而成的合成词,它的组合方式是动补关系,‘有’仍然是表示领有、具有、存在意义的动词,在这里作为一个语素,‘的是’相当于一个表数量很多的量词,补充说明‘有’所领属或存在事物的量很多。‘有’与‘的是’组合起来,既表领属或存在义,同时又表所领属或存在事物的量有很多的意义”。试用本《现代汉语词典》(商务印书馆 1973 年版)就在“有”字条目下收录了“有的是”,义项为“强调很多(不怕没有):立功机会有的是”。

2. 关于“有的是”的语义。

朱德熙(1978:105)曾经进一步比较过“钱是有的”和“有的是钱”两个句

子在语义上的差异。他指出:“钱是有的”句,“表示分类,即钱属于‘有的’(存在的或被领有的)那一类,不属于‘没有的’(不存在的或非领有的)那一类。这个说法实际上相当于逻辑上的特称判断,即:有些钱是存在的(或被领有的)。”句子“表示有钱,但钱不一定多”。“有的是钱”句,“表示等同,即存在的(或被领有的)东西和钱同一。这个说法相当于逻辑上的全称判断,即:所有存在的(或被领有的)东西都是钱。换句话说,除了钱以外没有别的东西。”因此,此句“则是钱多的一种夸张的说法”。

3.关于“有的是”的重音。

赵遵礼(1984:333)指出,“作为凝固结构‘有的是’中的‘是’要重读,要读出强调的语气来”。石余(1985:33)也认为“从语音上看,凝固结构‘有的是’的重音落在‘是’字上,而主谓短语‘有的是’的重音则落在‘有’字上”。

(二)我们的看法

以上几种分析和说明该怎么看?我们不妨再看一些实例:

(7)威尼斯并非没有桥;三百七十八座,有的是。

(朱自清《威尼斯》,《朱自清游记》,东方出版社,2006年)

(8)别等了,船,有的是,就在那边,一条也不能动,这是刁参谋长的命令。

(现代京剧《沙家浜》)

(9)吃食有的是,即使最普通的便餐,自然也要比“方丈洞”内的素食丰盛,因此总免不了大吃特吃,暴饮暴食。

(陈先学《婚姻内外》,百花文艺出版社,2001年)

(10)先生,你实在太老实了,现在掩磨的有的是,要多少就有多少,不会找不到的。

(司马文森《磨》)

(11)有人赞叹中国人有的是智慧,储备着用不完的精力。

(《魔鬼的笛音》,《人民日报》1978年10月23日)

(12)十九岁,有的是时间,有的是机会。

(谌容《减去十岁》,海风出版社,1990年)

(13)我们难得有的时间,他却认为有的是。

(14)有的是就是有的是,难道我还骗你?

(转引自吴忠海《关于“有的是”和“多的是”》)

(15)“听说这种衣服商店里有的是?”“不,有的是的时候不多。”

(转引自吴忠海《关于“有的是”和“多的是”》)

(16)你家里有的是的东西,你未必感兴趣。

(17)她有了外孙子,又有的是酒喝,别的事,管它呢。

(老舍《鼓书艺人》,文汇出版社,2009 年)

(18)“这你放心,我们这儿可有的是地方住。”许逊笑着说,“你愿住谁家都行。” (王朔《动物凶猛》,中国电影出版社,2004 年)

(19)赵航宇说,“你敞开练,只管往死打,出了人命我手下有的是人替你去蹲这大牢。” (王朔《千万别把我当人》,云南人民出版社,2003 年)

(20)你不做,有的是人做,你腾开这个岗位。

(《现代交际》1994 年第 3 期)

观察例句可见,前人的看法基本合理。

1.“有的是”的特点。

A. 组合能力强。能独立成句,如例(7)、例(8);能充当各种句法成分,如例(9)、例(10)的谓语,例(11)、例(12)的动语;例(13)、例(14)的宾语和例(15)、例(16)的定语等;可以与其他单位构成连谓结构,如例(17)、例(18)的“有的是酒喝”、“有的是地方住”;也可以在递系结构里出现,如例(19)、例(20)的“有的是人替你去蹲这大牢”、“有的是人做”。

B. 还可以受一些副词、助动词等的修饰。例如:

(21)要机器,美国会源源送来,用不着这个破工厂来制造;要武器,更有的是,美军剩余的战略物资,一船船无偿地送进港口。

(罗广斌《红岩》,中国青年出版社,1996 年)

(22)超编的人各校都有的是,只要加几个人照料一下,分成两班,阅览室的开放时间就可以加一倍。

(23)但是,能当中学、小学教员的还有的是。

(《邓小平文选》,人民出版社,1993 年)

(24)北平别的不好找,说相声的可有的是。

(老舍《方珍珠》,《老舍剧作全集》第二卷,中国戏剧出版社,1982 年)

C. 还能前加否定副词。例如:

(25)听我讲完这段往事,八岁的女儿摇着头说:“爸爸瞎编一面包还不有的是吗?”

(26)就是比老丫头大出七岁,这还时兴呐,现在那男女差个十岁二十岁的不有的是。 (魏润身《挠攘》,《血沁》,晋城出版社,2000年)

D. 语句重音在“有”字上,强调多量。关于“有的是”的重音问题,我们跟赵遵礼(1984:333)和石余(1985:33)先生的看法不同。前文提到,“有”与名词组合时作“多”解的现象,在语言运用中多见,语法学家们都曾提到过。吕叔湘(1980:557)指出:“有些名词跟‘有’结合,不用程度副词,也能有程度深的意思。”丁声树等(1961:82)指出:“‘有学问,有经验,有气力,有趣,有钱’这类说法都有‘多’,‘大’一类意思。”在试用本《现代汉语词典》(商务印书馆1973年版)中,“有”字条的第5义项就是“表示多、大”。“有学问”即学问多;“有经验”即经验多、丰富;“有日子”即好些天;“有年”即许多年等等。因此,我们认为“有的是”中表示“多”的要素也在“有”,重音落在“有”字上,正是强调“多量”。在语言实际中,有时好像重音确实在“是”字上,但那往往是“有的是”在句尾,并且受到句调上扬的影响。如果“有的是”后面还有其他成分就不可能在“是”字上有那样的重音。例如:

(27)你呀,活人能叫尿憋死?办法还不有的是?

(28)牛年要奋斗“牛粪”有的是 (《法制晚报》2009年1月28日)

(29)八月成都 有的是狂欢与浪漫 (《成都日报》2011年7月29日)

(30)他还年轻,热血还在他周身的血管里沸腾,有的是事情要做,艺术生涯还刚刚在他面前展开。

(于艾平《电影〈这里的黎明静悄悄〉的30秒裸体风波》,《女性研究》1995年第2期)

(31)即使以后他们真的给你的办公室打电话也不要紧——世界上反正有的是人供你施展这个把戏。 (刘明《打工小记》,《读者》总第118期)

以上例(27)受到句末疑问语调的影响,处在句末的“是”会被听成重音;例(28)“有的是”也因为处于句末,所以也经常有人把“是”处理成重音;而其余例句中的“有的是”不论是以口语的形式说,还是作为书面语朗读,其重音都是落在“有”字上。

2. 与“有的$_3$+VP”比较。

通过观察、比较,我们认为“有的是”与前文所述“有的$_3$+VP”存在着一系列的平行现象：

A. 从语法意义上看，都表示某种程度，强调多量。

B. 从语音上看，自然重音都在“有”字上，而不在“是”。

C. 从语法上看，大多功能相似。

D. 表示强调很多的语义，是整个格式赋予的。

据此，我们认为将“有的是”看作“有的$_3$＋VP”的一种特例似更合适一些。因“有的是”结构短小，有特定意义，且已定型，将其归入熟语类，称作“惯用语”或“习用语”也是可以的。

(三)“有的是”的运用

1. 也可以写成“有得是”。

同上文分析的“有的$_2$＋VP”和“有的$_3$＋VP”一样，“有的是”也常常被写作“有得是”。在文学作品和报刊上“有的是”甚至超过了“有的是”的使用频率。例如：

(32)“我们有得是力气，我们可以把山上的财宝，全部搬到城里。”

（曲波《林海雪原》，人民文学出版社，2005 年）

(33)我做警察一辈子做定了，你爱和我就来，不爱跟我就走，天底下有得是好姑娘！ （电视连续剧《冬至》）

(34)他婉言地对玉亭说：“你回去劝劝你哥，他有得是栽树地方，栽到责任田里，这以后是谁的？” （路遥《平凡的世界》，中国文联出版社，1988 年）

(35)不想要了说一声，有得是等着孩子的——顺左边第二个病房四床。

（王朔《我是你爸爸》，云南人民出版社，2002 年）

(36)可是，喜马拉雅山地域广袤，结构复杂，野藏獒藏匿的地方有得是，他不信找不到，于是继续赶着骡子追踪。

（徐凤清《民间文学故事》2010 第 4 期）

(37)生活在今天这个时代……多么开放而多元，只要你有能力，有得是空间自由竞争自由发展。 （《书摘》2009 第 2 期）

(38)“这是当前最抢手的垫儿！”售货员把儿音拉得特别重，似乎在说，爱买不买，有得是人要。 （《“智能”鼠标垫》，《科学大观园》2005 第 12 期）

(39)北京话里，比“儿”更有趣的地方可有得是。

（陈建功《“京味儿”三品》，《文化月刊》2006 年第 6 期）

从约定俗成的角度考虑，我们认为还是写作“有的是”为宜。

2.“有的是”会有歧义。

值得注意的是，在语言运用中，“有的是”格式离开一定语言环境，有时会产生歧义。例如：

(40)一个自信的人，并且浑身都是优点……他们有的是小康的心情、生活的乐趣，一抓就是一大把。

(楚楚《自信的太阳》，《演讲与口才》1994 年第 3 期)

(41)中国有的是能力、有的是人才、有的是顾全大局的优秀领导者、有的是勤劳勇敢的人们——中国什么都不怕啊！

(人民网：强国论坛，2011 年 9 月 25 日 09:29:28)

(42)有的是自由，有的是直率，有的是坦诚，有的是争论，有的是碰撞，有的是和谐和幽默。

(《让课堂成为师生精神的天堂》，《新课程》2011 年第 10 期)

(43)我们什么都没有，也没有炮，也没有飞机，也没有坦克。有的是步枪、枪炮。 (《毛泽东接见非洲外宾时的说话》1960 年 5 月 7 日)

例(40)中如果后面没有补说“一抓就是一大把”，那么，句子有歧义。“有的是”既可以被看作是“有的$_3$＋是”，即“小康的心情、生活的乐趣”很多；又可以被理解成“有的$_1$＋是”，即他们所拥有的是“小康的心情、生活的乐趣”。例(41)因为有上文的“中国有的是能力”和下文的“中国什么都不怕啊”，可知这段话中四个“有的是”都属于“有的$_3$＋是”；同样，例(42)从“自由、直率、坦诚、争论、碰撞、和谐、幽默”七个并列的词语语义相互包含而可以确定此处非分别叙述一个集体的各种各样的情形，六个“有的是”也应作“有的$_3$＋是”理解。例(43)因为有前面的“什么都没有，也没有……，也没有……，也没有……”后面的“有的”和“是”显然不是一个组合单位，这个“有的”是“有的$_1$”。

要避免这种理解上的歧义，读者除利用语言环境的因素加以排除外，还可以通过句子的构成形式来排除歧义，如果句中“有的是”为两个或两个以上同时出现，并具有列举性质，或从正反两方面说，“有的”和“是”的结构关系是很松散的。那么，“有的是”不成一个表义单位，都属于“有的$_1$＋VP”。例如：

(44)虽然有的是欢喜，有的是忧愁，有的是兴奋，有的是恐慌，他们的精神并不一致。 (叶圣陶《倪焕之》，人民文学出版社，2009 年)

(45)我有很多西藏同学,他们有的是活佛的亲属,有的是康巴人,总而言之,来自各种利益阶层。

(宋强等《中国可以说不》,《中华工商联合出版社》,1996 年)

(46)在你的亲事上,爹拦过你,有的是为你好,有的是没有办法,可哪一次我和你娘都为你揪着心呢!

(张继《乡村爱情》,山东文艺出版社,2006 年))

(47)没有了城市车水马龙的喧嚣,有的是农村山清水秀的田园风光;没有了当年出门进门车接车送的便捷,有的是自得其乐的劳动乐趣和收获;没有了当年前呼后拥的众人包围,有的是当年伙伴的浓浓友谊……

(《抚顺日报》2006 年 7 月 19 日)

(48)去台湾的人,是有多种原因的,有的是被胁迫去的,有的是心存某种疑虑去的,有的是保饭碗去的,有的是在一种偶然的紧急情况下去的,只有极少数是与人民为敌的,人民政府不会不分青红皂白都以敌人对待。

(宋英伟《守望》,春风文艺出版社,2003 年)

(49)他们有的是吃不完的粮食,他们缺的是高超的艺术享受。

(《贾平凹散文选·秦腔》译林出版社,2012 年)

(50)反正你们这些老人,多的是房子,有的是家,钱也比年轻人多,一旦思想解放了,有耍朋友的要求,耍起来肯定比年轻人潇洒、忘情得多。

3.“有的是”和“多的是”都是表示“很多”或“有很多”的意思,二者可以相互替代,例如:

(51)Squire 介绍的“可怕的卖书人”确实可怕,幸而我们这里没有。我们这里有的是,或者说多的是,一问三不知。

(吕叔湘《未晚斋杂览》,《语文常谈》,三联书店出版社,2006 年)

因此,人们在语言运用的过程中,在同一语段或同一篇文章里互换使用“有的是”和“多的是”,可以避免重复枯燥,使表达变化多姿。叶圣陶的《多收了三五斗》中就有很好的语用示范:

(52)“嗤!”先生冷笑着,“你们不粜,人家就饿死了么?各处地方多的是洋米洋面;头几批还没有吃完,外洋大轮船又有几批运来了。”

(53)另外一位先生听得厌烦,把嘴里的香烟屁股掷到街心,睁大了眼睛说:“你们嫌价钱低,不要粜好了。是你们自己来的,并没有请你们来。只管多啰唆做什么！我们有的是洋钱，不买你们的，有别人的好买。你们看，船埠头又有两只船停在那里了。”

(54)希望的肥皂泡虽然迸裂了，载在敞口船里的米却总得粜出；而且命中注定，只有卖给这一家万盛米行。米行里有的是洋钱，而破布袄的空口袋里正需要洋钱。

结　语

“有的$_1$＋VP”、“有的$_2$＋VP”和“有的$_4$＋VP”是常用语言格式，“有的$_3$＋VP”也实为语用多见现象，只是未引起人们的特别注意罢了。在早期白话文中“有的$_3$＋VP”就常见于人物对白中，例如：

(1)你到他家，人多口多，还有的惹气哩。

(《金瓶梅》第7回，齐鲁书社，1989年)

(2)三口儿都活了，这喜酒我有的吃哩。

(《元曲选·桃花女》第四折，上海古籍出版社，2008年)

(3)哥哥不听我说，明朝有的气受哩。

(《水浒传》第110回，人民文学出版社1997年)

(4)见面之后，有得同你缠。

(《官场现形记》第33回，上海古籍出版社，2011年)

(5)不问他是衙门里的什么人，只要找出一个来，我有得赏你们。

(《二十年目睹之怪现状》第107回，新华出版社，2011年)

(6)我何不插上一脚，若是赢了，就有得花了。

(张恨水《金粉世家》第2回，新华出版社，2010年)

关于“有的”写作“有得”，王建军(2006:76)认为：“‘有的’出现于谓词之前，显然与助词‘的’的常规用法相违，因而不久又出现了‘有得’，作为‘有的’的一种功能变体。‘有得’相对晚出，目前掌握的相关例证不早于元代。‘有得’的出现频率一直较低，相关用例亦少，可能是一个方言用语。至今，‘有得’似乎仍未流行开，相关意义和用法《现代汉语词典》和《现代汉语八百词》中均未见载，只活跃于南方的某些方言中。例如：你要不答应她，她有得闹哩。(扬州方言)/根许多(这么多)钞票，我有得用咧。(丹阳方言)/发这么多工资，钞票有得用罢。(金华方言)”

我们同意以上看法。粤、闽、客几大方言中动词“有”可以直接置于动词或动词性词语前，并且形成“有得＋VP”格式。笔者家乡话——被彻底“赣语化”(李如龙，1997:47)了的光泽、邵武方言中，就有使用频率很高的“有得＋VP”格式。也有两种类型“有得$_1$＋VP”和“有得$_2$＋VP”，表意功能分别与上文分析的“有的$_2$＋VP”和“有的$_3$＋VP”相同。而广州话的“有得(得)”句，语义更复杂些，有“有得$_1$”、“有得$_2$”……“有得$_6$”(彭小川，1996:139)。广东境内各大报纸都常见粤语“有得＋VP”格式做标题。略举几例：

(7)有得食　有得睇　　(《羊城地铁报》2008 年 12 月 30 日)

(8)市检察院拍宣传片　村村有得睇　(《南方都市报》2010 年 8 月 3 日)

(9)“买超级大乐透，有嘢睇，有得听”　促销升温《新快报》已抢兑近九成　(《新快报》2010 年 11 月 17 日)

从全文列举的大量实例看，似乎可以证明“有得＋VP”已经流行开了。可见，方言的影响力是很大的。

第二节　“NP＋不＋X＋谁＋X”格式

引　言

现代汉语中常见一种假设紧缩式确指反问格式。例如：

(1)机器人也是个新生事物，咱不支持谁支持？

(王朔《谁比谁傻多少》，《王朔文集》，天津人民出版社，2007 年)

(2)我所属的阶级覆灭了，我不下地狱谁下地狱？

(张贤亮《绿化树》，花城出版社，2009 年)

(3)我不风流谁风流？

(王朔《我不风流谁风流》，贵州人民出版社，2002 年)

(4)陈子强说：“你不行谁行？”

(何玉茹《一个叫李文娟的人》，新疆人民出版社，2002 年)

(5)毛泽东:“给我家划的是什么呀?”老乡:“贫农,你不贫农谁贫农?”

(影片《开国大典》)

(6)你不教授谁教授?

(杨曲《你不□□谁□□》,《杂文选刊》2002年第3期)

以上例句中加点部分意思各异,但它们属于同一种格式,这个格式就是:

NP+不+X+谁+X

格式里的NP为指人的名词性成分;X代表能进入这一格式的词语,最常见的是动词性词语,如例(1)、例(2),或形容词性词语,如例(3)、例(4),偶见名词性词语,但一般限于指人的名词性词语,如例(5)、例(6)。这种反问格式在口语中的使用频率比较高,有特殊的表达作用。对于这种格式,苏培成、于根元、潘建华、殷树林、胡德明等都曾不同程度地涉及或谈论过。

苏培成(1984:16—19)曾经分析过一种特殊反问句,所举实例中有此类格式,如:“我不管他,谁管他?/这种情况下,我不进厨房谁进厨房?”苏先生认为“这类格式是以B段反映A段的确定性,似可叫做确指反问句”。于根元(1999:307)探讨反问句的某些形式标志,列举“不是甲又是谁”类反问句实例时,其中也有此格式,如:我不入地狱,谁入地狱?/党内分工我负责军事,我不在陕北谁在陕北?于先生把它们看成是“难道”类反问句的变换式。潘建华(2000,28—29)从句法结构、语义特征和语用功能三方面对这种格式做了初步探讨。殷树林(2007:84—100)探讨“确指类反问假设复句的结构和意义”时涉及此类格式。胡德明(2010:95—98)探讨“反问特有的句法结构”时把它归入“特殊的反问假设复句结构”。但未见有人单独对这种格式进行过深入论述。我们试对这一格式进行考察和分析。

一、“NP+不+X+谁+X”格式的形成和所表示的语法意义

(一)“NP+不+X+谁+X”的形成

观察大量实例可见,“NP+不+X+谁+X”这一格式是由两个主谓小句构成的,即如果“X”为动词或形容词,前后明显是两个小句:例(1)就是由“咱不支持”和“谁支持”两个小句形成的,例(3)就是由“我不风流”和“谁风流”两

个小句形成的。如果“X”为名词性成分（NP’），像例(5)、例(6)那样，该怎么理解，怎么分析？当“X”为“NP’”时，由此形成的“NP＋不＋X＋谁＋X”格式有些特殊，将在本书第三章第二节单独说明。

“NP＋不＋X”和“谁＋X”可以整合成一个复句形式，如苏培成(1984:16)所引例句“我不管他，谁管他?”；但更多的是形成紧缩复句形式，而且已趋于凝固化，如例(1)—例(6)。本节主要讨论后一种形式，即讨论所形成的紧缩复句形式，但所得结论也适用于前一种复句形式。

紧缩复句跟一般复句的区别就在于中间是否有停顿——没有停顿，是紧缩复句；有停顿，是复句。如例(1)“咱不支持谁支持?”中间没有停顿，是紧缩复句，属于这里要讨论的格式；如果中间有停顿，就分析为复句，例如：

(7)在一些独生子女看，那个由“爱心”筑成的家，他们不“当”，谁“当”？

（黄集伟《请读我唇》，中国社会科学出版社，1999年）

(8)我不入地狱，谁入地狱。

（高晓声《极其麻烦的事情》，《钟山》1984年第6期）

(9)如此一来，主教练不下课，谁下课？

（《中国足球报》2000年5月8日）

(10)我是山西省最大的官，我不管，谁管？

（再军《两访山西》，《空谈》，2000年）

(11)假如孙葆洁不黑，谁黑？ （《球迷》2002年1月18日第21版）

以上例句中的“他们不‘当’，谁‘当’”、“我不入地狱，谁入地狱。”、“主教练不下课，谁下课?”、“我不管，谁管?”、“孙葆洁不黑，谁黑”都该分析为复句。但这五个句子也都可以说成：

(7’)他们不“当”谁“当”？

(8’)我不入地狱谁入地狱？

(9’) 主教练不下课谁下课？

(10’)我不管谁管？

(11’)孙葆洁不黑谁黑？

这样“他们不‘当’谁‘当’”、“我不入地狱谁入地狱”、“主教练不下课谁下课”、“我不管谁管”、“孙葆洁不黑谁黑”就都属于这里要讨论的格式了。

(二)“NP＋不＋X＋谁＋X”格式的特点

1. 前后两个小句之间是假设关系。

“NP＋不＋X＋谁＋X”实际就是“如果/假如 NP＋不 X,那么谁＋X?”这样一种假设复句的紧缩结构,即紧缩复句。上面所举的例(11)、例(11’)中的“假设”证明了前一分句为假设分句的事实。例(11)全句实为:“假如孙葆洁不黑,还有谁黑呢?”缩略格式为:“孙葆洁不黑,谁黑?”逗号可以去掉,成为我们讨论的格式:“孙葆洁不黑谁黑?”

2. 前一个主谓小句是一个否定性小句,其否定标记是“不”;后一个主谓小句是由疑问代词“谁”作为标记所形成的反问格式。

反问句的表述作用是表示否定,例(1)“谁支持”实际表示“谁也不会支持”的意思,例(3)“谁风流”实际表示“谁也不风流”的意思,例(5)“谁(是)贫农”实际表示“谁都不是贫农”的意思。显然,这一格式实际是一个由“NP＋不X”和“谁＋X?”组成的双重假设性否定格式。

(三)“NP＋不＋X＋谁＋X”格式的语法意义

双重否定是语言中表示强烈肯定的一种表述手段。因此,“NP＋不＋X＋谁＋X”这个紧缩格式常用来强调表示“NP 肯定具有 X 所指明的情况或属性”这样的意思,格式中两个小句(陈述性否定句形式和反问句形式)前呼后应,形成强烈的评判色彩和反问语气,含有“X 所指明的情况或属性非 NP 莫属”的强调意味。这就是“NP＋不＋X＋谁＋X”这个格式的格式义,这一格式义的获得正是前后两个特殊小句整合的结果。

由于这是一个带有假设性的具有评判色彩的强调格式,所以“谁”之前或之后常常可以有一个表强调义的副词“还”。如例(1)、例(3)也可以说成:

(1’)a. 机器人也是个新生事物,咱不支持谁还支持?

b. 机器人也是个新生事物,咱不支持还谁支持?

(3’)a. 我不风流谁还风流?

b. 我不风流还谁风流?

在实际言语交际中,这一格式里的各个项还都会有一些变化,这将在下文说明。

二、"NP＋不＋X＋谁＋X"格式的内部构成和句法功能

(一)"NP＋不＋X＋谁＋X"格式的内部构成

整个"NP＋不＋X＋谁＋X"格式包含四个项目：句首"NP"，否定词"不"，变项"X"和疑问项"谁"。"不"和"谁"是常项，"NP"和"X"是非常项。

1. 关于"NP"

"NP"代表能进入"NP＋不＋X＋谁＋X"格式的名词性词语，在句中作主语。由于疑问项为疑问代词"谁"，所以"NP"按理应为指人名词。就我们所搜集的实例看，基本是这个情况。其中，"NP"为人称代词的居多。例如：

(12)你不懂□□你不懂谁懂？

(张承志《北方的河》，花城出版社，2009 年)

(13)客场两连平，主场两连输，而且据说还"不听话"，你不下课谁下课。

(《中国体育报》2008 年 7 月 31 日)

(14)我现在成了新女婿了，我不帮你谁帮你？

(苏童《米》，作家出版社，2009 年)

(15)我不做流氓谁做流氓？

(王朔《我不做流氓谁做流氓》，贵州人民出版社，2002 年)

(16)您自己给金枝配的滋补药，搁那桌上，我不送谁送？

(陈建功、赵大年《皇城根》，作家出版社，1992 年)

(17)在组织里的人嘛，他不出来谁出来！

(茹志鹃《剪辑错了的故事》，《人民文学》1979 年第 2 期)

(18)而那些张扬惯了的无论做出什么石破天惊的事，旁人也会觉得理所当然，仿佛是他不做谁做？ (方方《定数》，《小说月报》1996 年第 6 期)

"NP"为非人称代词但属于指人名词的实例也不少。例如：

(19)葛优说："废话，父亲生病了，儿子不去看谁去看？"

(《大众电影》2002 年第 1 期)

(20)W 哥俩还不是我一个人拉扯大的，家务事女人不做谁做？

(《做人与处事》2000 年第 3 期)

(21)燕华不俏皮谁俏皮？

(池莉《热也好，冷也好活着就好》，《社会科学家》2006 年第 2 期)

(22)昨日本报记者采访了郑彦英,他告诉记者"韩寒的言行体现了年轻人的秉性,年轻人不张狂谁张狂,年轻人不浮躁谁浮躁?"

(《郑州晚报》2008年9月23日)

(23)中国鹰派:军人不亮剑谁亮剑?

(《长江文艺·精品悦读》2011年第5期)

(24)就拿中午这顿饭来说吧……身子骨儿是自己的,自己不心痛谁心痛?

(连继民《黑市》,中国文联出版公司,1994年)

(25)他们在信中说,修太旧路这样的事情,党员不支持谁支持!

(《艰难的修筑过程》,《山西通史·当代卷》,2001年)

下面两例里的"NP"似并不指人:

(26)北京不第一谁第一?

(腾讯网,腾讯教育2006年11月20日00:13)

(27)无锡炸楼 政府不亏谁亏?

(中国法院网《法周刊》2008年3月23日)

但是,例(26)、例(27)里的"NP"均指行政机构,本质上还是指人。

值得注意的是,我们确实发现"NP"为非指人名词的实例,虽然数量极少。例如:

(28)"流行语词"不流行谁流行?

(周文军《脱口成碑——透过词语看流行》,南方日报出版社,2000年)

(29)非典不炫谁炫 (《万房》2003年第5期)

(30)法不了之谁了之 (《学习月刊》2001第6期)

例(28)—例(30)里的"NP"显然不指人,这与后面的疑问代词"谁"看似矛盾,然而这些实例经咨询,大家都认为能接受。我们认为,从例(28)—例(30)可以看出,"NP+不+X+谁+X"句式正在经历语法化的变化,格式中的"谁"将逐渐虚化,演变为一种标记。

2.关于"X"

"NP+不+X+谁+X"格式中的"X"是前后相同的一个变项。上文已经指出,"X"通常是动词性成分(VP),形容词性成分(AP),也可以是名词性成分(NP)。"X"为名词性成分的格式有其自身的特点,将在第三章"超常规表达格式探究"部分单独讨论;这里只说"X"为动词或形容词性成分的格式。下面分别说明。

3. 关于“NP＋不＋X＋谁＋X”的子格式

A. “NP＋不＋VP＋谁＋VP”

能进入“NP＋不＋VP＋谁＋VP”格式的“VP”可以是动词，也可以是动词性词组(多为动宾词组)。例如：

(31)剖腹只为取结石　结石仍在腹中藏　你不赔偿谁赔偿？

(《河南日报》2001 年 3 月 14 日)

(32)她的父母又很普通，我不帮她谁帮她？

(《中国妇女》2003 年第 4 期)

(33)我不入网谁入网？　(《杂文选刊》2003 年第 1 期)

(34)也许人家觉得装孙子很舒服，也许人家觉得不诚实才好过，对这样的人，我不损他谁损他？

(王朔《我看王朔》，《无知者无畏》，上海交通大学出版社，1998 年)

上面所举各例，前后“VP”完全相同。前后“VP”也可以不完全相同。就目前所搜集的实例看，多数是前一个“VP”为动宾词组，后一个“VP”为省去了宾语成分所留下的动词“V”。例如：

(35)来双扬瞪九妹一眼，说“你不送饭谁送？”

(池莉《生活秀》，江苏文艺出版社，2006 年)

(36)你不当替罪羊谁当　(《新民晚报》2010 年 6 月 29 日)

(37)这不是明摆着的事吗，你说他们不是汉奸谁是？

(雪克《战斗的青春》，人民文学出版社，2005 年)

(38)我最年轻，我不照顾他们谁照顾？

(《彭城晚报》2009 年 9 月 11 日)

(39)他不背黑锅，谁背？　(《南方都市报》2008 年 11 月 15 日)

以上例句中前一个“X”分别为动宾短语“送饭”、“当替罪羊”、“是汉奸”、“照顾他们”，后一个“X”分别只一个动词“送”、“当”、“是”、“照顾”。也有前一个“VP”为单个儿动词“V”，后一个“VP”为“来＋V”的。例如：

(40)校车政府不埋单谁来埋单？

(金黔在线：贵州商报，2011 年 11 月 21 日 10:01)

例句中前一个“VP”是动词“埋单”，后一个“VP”是“来埋单”。

B. NP＋不＋AP＋谁＋AP

就我们所收集到的实例看，前后“AP”都是一个形容词（同一个形容词）。例如：

(41)天降大任于我了，我不秃谁秃?!

（贾平凹《秃顶》，《贾平凹文选》，人民文学出版社，2009年）

(42)你不寂寞谁寂寞？（《新年怀想》莽昆仑文艺网站）

(43)你啥时候挪这块碑不行，非赶上“南京大屠杀”纪念日这个节骨眼儿上。你不倒霉谁倒霉？（中华网，2002年12月15日）

(44)急了我还打你呢。我不亲谁亲？

（电视连续剧《都市丽人行》第20集）

不过也有这样的例子，其后一个“AP”是带了状语的形容词性词语。例如：

(45)郭敬明不红谁还红（《西安日报》2008年2月4日）

(46)手里掌握着这样的爆炸性题材，老师，您说，我不狂妄谁还配狂妄？

（莫言《酒神》，《莫言精品集》，人民文艺出版社，2005年）

例(45)前一个“AP”为单个儿形容词“红”，后一个“AP”是带了状语的“还红”；例(46)前一个“AP”为单个儿形容词“狂妄”，后一个“AP”则是个复杂的形容词性词组“还配狂妄”。

(二)“NP＋不＋X＋谁＋X”格式的句法功能

“NP＋不＋VP/AP＋谁＋X”这一紧缩格式，一般都独立成句，如上面所举各例。但是也可以充当各种句法成分。就我们所搜集的语料看，主要作以下三种句法成分。

1. 作谓语。例如：

(47)w哥俩还不是我一个人拉扯大的，家务事女人不做谁做？

（《做人与处事》2000年第3期）

(48)在一些独生子女看，那个由“爱心”筑成的家，他们不“当”，谁“当”？

（黄集伟《请读我唇》，中国社会科学出版社，1999年）

(49)校车政府不埋单谁来埋单？

（金黔在线：贵州商报，2011年11月21日10:01）

在例(47)—例(49)里,"NP+不+VP/AP+谁+X"都作谓语—例(47)的主语是"家务事",例(48)的主语是"那个由'爱心'筑成的家",例(49)的主语是"校车"。

2. 作定语。例如:

(50)金秀看着熟睡的婴儿,那种我不受委屈谁受委屈的信念再度上升,软了心肠,缓和了口气。(陈建功、赵大年《皇城根儿》,作家出版社,1992 年)

(51)……语言朴实无华,但作为"扫雷班"的"班长"……这种我不"扫雷"谁"扫雷"的勇气、果敢和大无畏精神,是人类攀登医学高峰的征程上所不可缺少的。(《南方都市报》2003 年 4 月 21 日)

(52)这种精神,与"你不□□谁□□"的思维定势正相反对。

(杨曲《你不□□谁□□》,《杂文选刊》2002 年第 3 期)

也可以多个"NP+不+X+谁+X"格式构成联合结构作定语。例如:

(53)周恩来以我不入地狱谁入地狱、我不入虎穴谁入虎穴、我不入苦海谁入苦海的精神,忍辱负重,忘我工作,尽可能地减轻动乱造成的破坏。

(曹应旺《协力、同心、共命——周恩来与毛泽东》,四川人民出版社,2008 年)

3. 作宾语。例如:

(54)而那些张扬惯了的无论做出什么石破天惊的事,旁人也会觉得理所当然,仿佛是他不做谁做? (方方《定数》,《小说月报》,1996 年第 6 期)

(55)中国女排新帅王宝泉让全国媒体见识了什么叫"魔鬼训练",什么叫"狼"……他用行动告诉队员"我不是魔鬼谁是魔鬼"!

(《常州日报》2010 年 4 月 3 日)

例(54)"他不做谁做"作"是"的宾语,例(55)"我不是魔鬼谁是魔鬼"作"告诉"的宾语。

此外,我们还发现一个格式前加惯用语"好一个"的句子,例如:

(56)好一个"我不去谁去?!" (《石油政工研究》1996 年第 2 期)

此例似宜看作"NP+不+X+谁+X"格式充当中心语。

结 语

对"NP+不+X+谁+X"格式的考察分析,并不是我们的终极目标,实际上我们还可以从两方面去扩展我们的研究。

一个方面是，可以进一步研究该格式的上位格式。换句话说，如果我们把对“NP＋不＋X＋谁＋X”格式的研究视为某个上位格式中的一个小类的研究，那么，我们就还可以进一步研究它的上位格式。因为语言事实告诉我们，作为标记的“不”、“谁”，都可以拓展——“不”的位置也可能会出现“没(有)”，“谁”的位置也可能会出现其他疑问代词，而句首“NP”也会随着疑问代词的更替而不同。例如：

(57)你甭哄我们了，你们单位你没有出过国谁出过国？

(58)这儿够干净的了！这儿不干净哪儿干净？

(59)北京不好哪里好？

(60)今天不去什么时间去？

(61)黄金不保值还什么保值？

例(57)里的否定成分是“没有”；例(58)、例(59)的疑问成分分别是“哪儿”、“哪里”，相应的，句首“NP”为处所代名词“这儿”或处所名词“北京”；例(60)、例(61)的疑问成分分别是“什么”、“什么时间”，相应的，句首“NP”为时间名词“今天”和普通名词“黄金”。而例(57)—例(61)所表示的语法意义跟“NP＋不＋X＋谁＋X”格式相同，即也常用来强调表示“NP 肯定具有 X 所指明的情况或属性”这样的意思，格式中两个小句(陈述性否定句形式和反问句形式)也前呼后应，形成强烈的评判色彩和反问语气，含有“X 所指明的情况或属性非 NP 莫属”的强调意味。这样看来，“NP＋不＋X＋谁＋X”的上位格式可以码化为：

NP＋否定成分＋X＋疑问成分＋X

鉴于“NP＋否定成分＋X＋疑问成分＋X”格式比“NP＋不＋X＋谁＋X”复杂得多，所以我们先研究“NP＋不＋X＋谁＋X”格式。至于上位的“NP＋否定成分＋X＋疑问成分＋X”格式如何研究，需进一步探索。不过在这里所用的分析思路也适用于“NP＋否定成分＋X＋疑问成分＋X”这个上位格式。

另一个方面，我们所描写分析的实际上是一种固定格式。现代汉语中有大量的固定格式，学界研究这些固定格式的成果已经很多。如“A＋一＋量词，B＋一＋量词”(如“青一块，紫一块”)(黄大祥，2006：78－80)、“V 来 V 去”(如“走来走去”、“飞来飞去”)(李晋霞，2002：63—69)、“爱 V 不 V”(如“他不理我？他爱理不理！”“就这饭，你爱吃不吃！”)(俞敦雨，1982：9—11)等。这些固定格式在口语里的使用频率比较高。前面我们说过，在对外汉语教学中，这些固定格式常常困扰着教师和学生，因为这种格式所表示的意思没法从格式里的词语及其内部的句法关系所推知，又没有现成的参考资料。因此，我们对“NP＋不＋X＋谁＋X”格式的讨论分析，还在于探索如何研究固定格式。

第三节 “A像B,C”式比喻格式

引言

比喻是现代汉语中最常见，使用最广泛的一种辞格，对比喻的结构分析也是修辞研究中的最重要的研究课题之一。陈望道先生在《修辞学发凡》(2001:74)中讲到“譬喻”时指出“这格的成立，实际上共有思想上的对象，另外的事物和类似点等三个要素，因此文章上也就有正文、譬喻和譬喻词等三个成分”。吴士文(1986:97)指出：“陈先生给比喻找出三个成分。这一重要发现，为后来修辞工作者打开了从结构形式着手分析的大门。”从此，构成比喻的三大基本成分是本体、喻体和喻词就成为修辞学界的共识。但是，20世纪80年代以来，修辞学界有关比喻的研究有了新的进展，这主要体现在对比喻结构有了新的认识，而且出现了不同意见的争论。

谭德姿(1980:67)着重研究了“相似点在语言结构上的表现”，提出了“喻解”这一新的概念。郑颐寿(1984:47)指出：“比喻必须具备四个要素：本体、喻体、相似点和比喻词。”明确提出比喻要有个相似点，这个相似点在语言结构上可以有所表现，从而形成比喻的第四大成分。滕吉海、文斌(1984:148)则认为构成比喻有五个要素，即本体、喻体、比喻词、相似点和延体；指出：所谓“延体”就是本体和喻体相比之后，从喻体中延展出来的表述本体情况的词语，是比喻的一个有机组成部分。刘正国(1991: 11)也提出“喻体的延伸部分”这一概念，认为“一个比喻是一个独立自为的内在系统，本体、喻体、喻词以及喻体的延伸部分就是这一系统的四个要素。……研究比喻的表达效果，如果忽略了延伸部分，就不能把握其丰富的审美内涵”。随后刘正国(1995:69)进一步阐述了延伸的几种方式：描述、解说、比拟、通感、拈连。姚亚平(1992:78,1996:230)也认为比喻在结构上含有四大基本成分：本体、喻体、延伸语和喻词。李胜梅(1993:21)则认为比喻除传统的三成分及喻解以外，还有第五个成分“喻展”。

上述诸种看法都是对比喻研究的扩展。我们认为，注意到比喻的“延伸部分”是比喻研究的一大进展。

让我们先看下面几组比喻实例。

甲组：

(1)一颗心似火，三寸笔如枪。

(《郭小川诗选·五律一首》，人民出版社，2000年)

(2)这人的相貌不大好看，脸像个葫芦瓢子，说一句话眨十来次眼皮。

(赵树理《李有才板话》，人民文学出版社，2001年)

乙组：

(3)石拱桥的桥洞成弧形，就像虹。

(茅以升《石拱桥》，初中《语文》九年义务教材)

(4)她的脸色蜡黄泛青像一条腌过的酸黄瓜。

(北村《构思》，《中国》1986年第9期)

丙组：

(5) 从此岸到彼岸世界，这中间车辆像流水一般哗哗流淌。

(梁小斌《大街，像自由的抒情诗一样流畅》，《少女军鼓队》，中国文联出版公司，1988年)

(6)“今天又空等了一天。”她的声音像蚂蝗一样粘糊糊的。

(残雪《瓦缝里的雨滴》，《残雪短篇小说全集》，作家出版社，2004年)

丁组：

(7) 两个人在一起，人家就要造谣言；正如两根树枝相接近，蜘蛛就要挂网。

(钱钟书《围城》，人民文学出版社，2003年)

(8)风大了的时候，那钟便独自叮叮当当地响，如同一个羞愧无比的人将自己的头朝墙上咚咚地撞个不停。

(吕新《哭泣的窗》，《上海文学》1989年第1期)

传统修辞学把比喻的格式总结为“本体像喻体”这样的基本形式(“像”包括“如、如同、好像、似的、像……似的”等喻词),其他形式都看成是这一基本形式的变体。其实,以上 4 组例句比喻的语言表现形式各有不同,学界达成共识的是:甲组“一颗心”、“三寸笔”、“脸”为本体,“火”、“枪”、“葫芦瓢子”为喻体;乙组“桥洞成弧形的石拱桥”、“她的蜡黄泛青的脸色”为本体,“虹”、“腌过的酸黄瓜”为喻体;丁组“两个人在一起,人家就要造谣言”、“钟独自叮叮当当地响”为本体,“两根树枝相接近,蜘蛛就要挂网”、“一个羞愧无比的人将自己的头朝墙上咚咚地撞个不停”为喻体。针对丙组比喻的构成,除了传统看法“车辆”、“她的声音”为本体,“流水”、“蚂蝗”为喻体外,句子后面的语句片段“哗哗流淌”、“粘糊糊”是什么,学界有争议。

为了行文方便,我们用“名”代表“名词性成分”,用“谓”代表“谓词性成分”,将以上各组比喻的语言形式分别概括为以下几种格式:

甲、$名_1$+像+$名_2$

乙、谓+像+名

丙、名+像+名+谓

丁、谓+像+谓

就比喻性质而言,甲、乙、丙属于事物性比喻,丁为事件性比喻(刘大为,2001:14),都可以表示为:“A 像 B”。其中,A 代表本体,B 代表喻体。但就比喻格式而言,学界一般把甲、乙、丁归一类,只包含本体、喻体、喻词,而丙是另一类,认为除包含本体、喻体、喻词外,还包含比喻的延伸部分。姚亚平(1996:230)把它表示为“A 像 B,C”,“C”代表延伸词。本节即分析这种“A 像 B,C”式比喻格式。

一、关于“A 像 B,C”式比喻格式

“A 像 B,C”式比喻格式是一种常见格式,在语言运用中很多见。实际上还可以分为以下三种类型。

(一)作比事物(包括喻词)后面的谓词性语句跟比喻的构成无关,因而如果将“像 B”部分删去,句子照样能成立。例如:

(9)风刮得很紧,雪片像拉破了的棉絮一样在空中飞舞,没有目的地四处飘落。 (巴金《家》,人民文学出版社,1981 年)

(10)如果不怕刺，还可以摘到覆盆子，像小珊瑚珠攒成的小球，又酸又甜，色味都比桑葚要好得远。

(鲁迅《从百草园到三味书屋》,《朝花夕拾》,江苏文艺出版社,2006年)

(11) 她又不杂些儿尘滓，宛然一块温润的碧玉，只清清的一色，但你却看不透她。 (朱自清《绿》,《语文》,北京教育出版社,2006年)

(12)可是漫山遍野的迎春花，已经站起来向人们报告春的信息了，那黄莹莹的花朵，像碎金似的，缀满翠绿的枝条，或铺展在山坡上，或垂挂在峭壁上，清新，雅素，给人以恬适的感觉……

(梁东成《系红头绳的迎春花》,《人民日报》1994年5月31日)

(13)翠鸟像箭似的由水面上擦过去，小鱼大鱼都不见了，水上只剩下浮萍。 (老舍《骆驼祥子》,人民文学出版社,2005年)

(14)这时，她二嫂像个田野间的兔子似地跳过来，把篮子抢了过去……

(丁玲《太阳照在桑干河上》,人民文学出版社,2005年)

(15)…………一簇簇帆船，就像一束束雪白的花朵在蓝天下闪光。

(刘白羽《长江三日》,《刘白羽散文选集》,百花文艺出版社,2004年)

(16)候车室里的墙壁是新近粉刷过的，配上那破旧的椅子和柱子，显得特别的白—像一个丑陋的老妇搽了过多的粉，有点儿不伦不类。

(琼瑶《复仇》,《潮声》,长江文艺出版社,2005年)

以上例句中,“雪片像扯破了的棉絮”、“覆盆子，像小珊瑚珠攒成的小球”为本体和喻体在形体上相似;“梅雨潭的绿像温润的碧玉”、“黄莹莹的花朵像碎金”为本体和喻体在颜色(色泽)上相似;“翠鸟像箭”、“二嫂像田野间的兔子”为本体与喻体在速度上相似;而“一簇簇帆船像一束束雪白的花朵”、“候车室里(新近粉刷过的)显得特别白的墙壁配上那破旧的椅子和柱子很不协调像一个丑陋的老妇搽了过多的粉，有点儿不伦不类”则为本体和喻体色、形兼似。以上各句的比喻或摹形，或摹色，或摹声，描摹的都是事物与事物的相似。删去“像B”部分，句子仍能成立，但已变为不用辞格的常句。例如:

(9’)风刮得很紧，雪片在空中飞舞，没有目的地四处飘落。

(10’)如果不怕刺，还可以摘到覆盆子，又酸又甜，色味都比桑葚要好得远。

(11’)她又不杂些儿尘滓，只清清的一色，但你却看不透她。

(12’)那黄莹莹的花朵，缀满翠绿的枝条，或铺展在山坡上，或垂挂在峭壁上，清新，雅素，给人以恬适的感觉……

(13’)翠鸟由水面上擦过去，小鱼大鱼都不见了，水上只剩下浮萍。

(14’)这时，她二嫂跳过来，把篮子抢了过去……

(15’)一簇簇帆船，在蓝天下闪光。

(16’)候车室里的墙壁是新近粉刷过的，配上那破旧的椅子和柱子，显得特别的白——有点儿不伦不类。

(二)作比事物(包括喻词)后面的语句片段与比喻的构成有关，如果将“像B”部分删去，句子也照样能成立，但已构成比拟格式。例如：

(17)夜深了，风还在街上像个迷路的孩子一样东奔西撞。

(芒克《城市》，《芒克的诗》，人民文学出版社，2009年)

(18)树林像个大笼子似地罩在她周围。

(丁玲《太阳照在桑干河上》，人民文学出版社，2005年)

(19)整个宇宙就像刚诞生过婴儿的母亲一样，温柔、安静、充满清新幸福之感。 (刘白羽《日出》，《刘白羽散文选集》，百花文艺出版社，2004年)

(20)今天的月亮，升上来得特别早，特别圆，也特别亮。它像个得了喜事儿的小伙子一样，傻呵呵地张开大嘴巴，朝着那恬静的田野，欢乐的村庄笑着。 (浩然《队长作媒》，《北京文艺》1962年第5期)

(21)斜坡的边上树林的后面 一个一个烟囱像热带的长颈鹿 伸长着脖子听火车带着隆隆的声响从天边经过。 (艾青《西伯利亚》)

(22)在冬天，在蓝幽幽的路灯下，你的呵气象胳膊绕在我的脖子上。

(北岛《习惯》，《北岛作品精选》，长江文艺出版社，2011年)

(23)她像秋天傍晚的树叶轻轻落在你的身旁。

(曹禺《雷雨》，北京理工大学出版社，2005年)

以上比喻描摹的是事物动作行为的相似，作比事物“B”后面的谓词性成分与比喻的构成有关系，删去“像B”部分，“A”、“C”超常搭配构成比拟辞格。请看：

(17’)夜深了，风还在街上东奔西撞。

(18’)树林罩在她周围。

(19’)整个宇宙温柔、安静、充满清新幸福之感。

(20’) 今天的月亮，升上来得特别早，特别圆，也特别亮。它傻呵呵地张开大嘴巴，朝着那恬静的田野，欢乐的村庄笑着。

(21’) 斜坡的边上树林的后面　一个一个烟囱伸长着脖子听火车带着隆隆的声响从天边经过。

(22’) 在冬天，在蓝幽幽的路灯下，你的呵气绕在我的脖子上。

(23’)她轻轻落在你的身旁。

(三)作比事物(包括喻词)后面的语句片段与比喻的构成有关，如果将“像B”部分删去，句子就不能成立。例如：

(24)从此岸到彼岸世界，这中间车辆像流水一般哗哗流淌。

（梁小斌《大街，像自由的抒情诗一样流畅》，《少女军鼓队》，中国文联出版公司，1988年）

(25) 李鑫正高兴可以安静一会儿了，车掌背后那两个女人的声音又像夏天的绿头苍蝇一样，嗡到这边来了，挥不掉，打不开。

（聂华苓《珊珊，你在哪里》，中国人民大学出版社，1994年）

(26) 婵娟品貌双全，才气过人，颇有教养，好比一碇赤金，放到哪里都闪闪发光，因而来乐平里不久，上门提亲者便络绎不绝，其中门当户对者亦不乏其人。　（曹尧德《屈子传》，华山文艺出版社，1996年）

(27)十年以来，在施女士身边的淑贞好像一条平静的小溪，平静得看不到流动的痕迹，听不到流动的声音，闻不到流动的气息。

（冰心《相片》，上海古籍出版社，1997年）

(28)骄傲的人像没烧好的土罐，轻轻一碰就会碎。　（日本谚语）

(29)按捺不下的好奇心和希冀像火炉上烧滚的水，勃勃地掀动壶盖。

（钱钟书《围城》，人民文学出版社，2003年）

(30)在这一年以前，江玫的生活像是山岩间平静的小溪流，一年到头潺缓地流着，从来也没有波浪。　（宗璞《红豆》，花城出版社，2010年）

以上比喻描摹的也是事物动作行为的相似，作比事物“B”后面的谓词性成分与比喻的构成密切相关，删去“像B”部分，“A”、“C”组合牵强或句子不能成立。例如：

(24’) *从此岸到彼岸世界，这中间车辆哗哗流淌。

(25’) *李鑫正高兴可以安静一会儿了，车掌背后那两个女人的声音又嗡到这边来了，挥不掉，打不开。

(26’) *婵娟品貌双全，才气过人，颇有教养，放到哪里都闪闪发光……

(27’) *十年以来，在施女士身边的淑贞平静得看不到流动的痕迹，听不到流动的声音，闻不到流动的气息。

(28’) ＊骄傲的人轻轻一碰就会碎。

(29’) ＊按捺不下的好奇心和希冀勃勃地掀动壶盖。

(30’) ＊在这一年以前，江玫的生活一年到头潺缓地流着，从来也没有波浪。

以上第二、第三两种比喻类型就是我们要分析的“A 像 B，C”式比喻。

二、“A 像 B，C”式比喻格式的分析实例

语言表达要求丰富多样，这才能满足人们表达的需要。人们不满足于“A 事物像 B 事物”类静态式描摹，而要具体形象地表现出事物与事物之间动态特征的相似，即“A 事物像 B 事物怎么样”，有意于动态的描摹。于是产生了所谓“A 像 B，C”式比喻。如何分析“A 像 B，C”式比喻？特别是如何分析“C”？学界有不同的分析和理解。分析实例列举如下。

（一）对“A 像 B，C”式比喻结构的鉴定分析

姚亚平（1992，1996）从语言结构的角度对“A 像 B，C”比喻做了细致的结构成分分析，用了移位、省略、分析（切分）等方法来证明“延伸语不是喻体中的下位成分，而是比喻结构中的一个独立部分；其性质也不仅仅是事物与事物之间的相像问题，而是对比喻结构的主语作进一步陈述的重要成分，具有特别的结构作用”。认为“延伸语的有无也决定整个比喻结构的类型。有，就是一个由连谓词组充当谓语的比喻结构；无，则是一个述宾词组充当谓语的比喻结构”。切分举例如下：

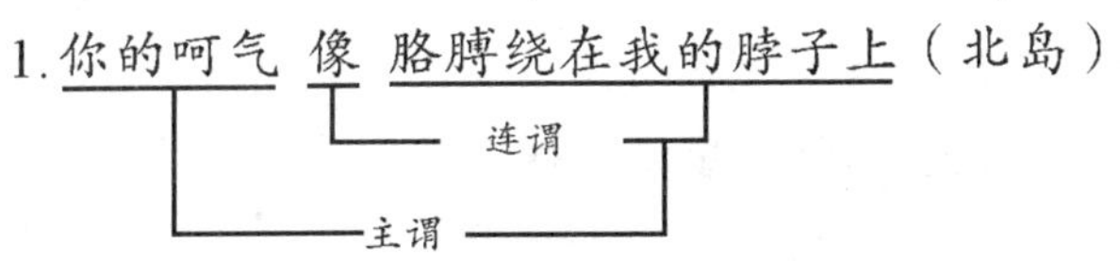

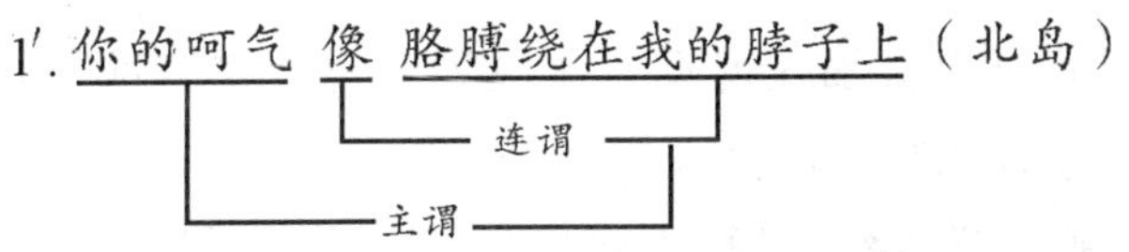

2.月亮挂在天上，/星星眨着小眼睛，/像一群顽皮的小孩子，/挤在妈妈的身旁。（陈辉）

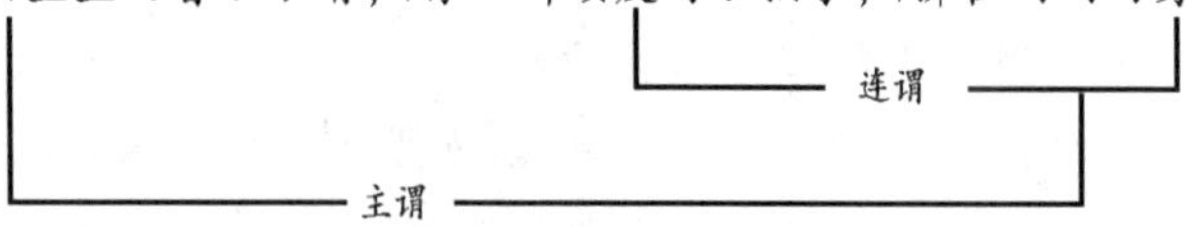

2′.月亮挂在天上，/星星眨着小眼睛，/像一群顽皮的小孩子，/挤在妈妈的身旁。（陈辉）

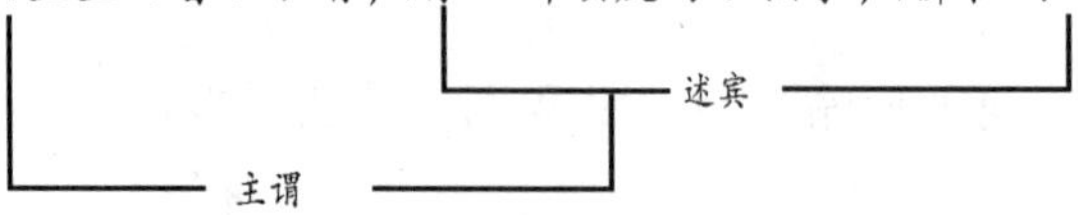

3. 鸟落满枝头/像　星星落满天空（江河）

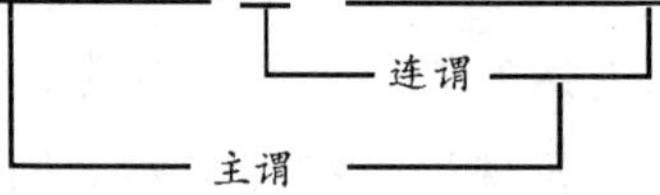

3′.鸟落满枝头/像　星星落满天空（江河）

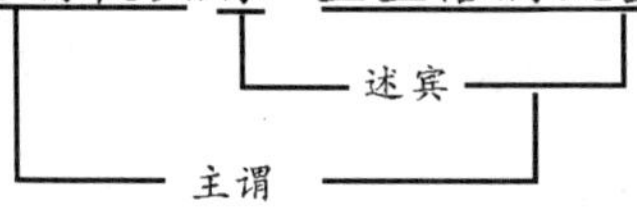

姚亚平先生认为要确定该比喻有无延伸语，即是否属“A 像 B，C”式比喻，可通过“移位”和“用比况词鉴别”的方法鉴定。

1. 移位

你的呵气像胳膊绕在我的脖子上。

可移成：你的呵气绕在我的脖子上，就像胳膊一样。

月亮挂在天上，/星星眨着小眼睛，/像一群顽皮的小孩子，/挤在妈妈的身旁。

不能移成：* 月亮挂在天上，星星眨着小眼睛，挤在妈妈的身旁，像一群顽皮的小孩子。

鸟落满枝头，像星星落满天空。

不能移成：* 鸟落满枝头，落满天空，就像星星一样。

2. 比况词

如果比喻中只有比喻词，就可以添加比况词。比况词可以添加到哪里，喻体的范围也就到了哪里，喻体与延伸语也就被鉴别了出来。如：

可以说成：你的呵气像胳膊一样，绕在我的脖子上。

不能说成：* 你的呵气像胳膊绕在我的脖子上一样。

可以说成：月亮挂在天上，星星眨着小眼睛，就像一群顽皮的小孩子挤在妈妈的身旁一样。

不能说成：＊月亮挂在天上，星星眨着小眼睛，就像一群顽皮的小孩子一样，挤在妈妈的身旁。

可以说成：鸟落满枝头，就像星星落满天空一样。

不能说成：＊鸟落满枝头，就像星星一样落满天空。

因此，"你的呵气像胳膊绕在我的脖子上。"是"A 像 B，C"式比喻，而另两例不是。[①]

(二)对"A 像 B，C"式比喻中"C"的看法

"A 像 B，C"式中的"C"该怎么分析、怎么看待？学界持有不同看法。

1."C"是比喻外的喻解或喻展。例如：

(31)全国农村中，新社会主义群众运动的高潮就要到来。我们的某些同志却像一个小脚女人，东摇西摆地在那里走路，老是埋怨旁人说：走快了，走快了。（毛泽东《关于农业合作化问题》）

一种意见认为：本体是"我们的某些同志"，喻体是"一个小脚女人"，喻词是"像"，加点部分的叙述是"喻解。"[②]

另一种意见认为：以上带点儿的部分（包括"一个小脚女人"——笔者注）应是喻体，喻体唯有以这样的"全貌"出现，人们才能理解这样的比喻，比喻的这种结构形式也才能起到它应有的修辞效果。[③]

(32)不一会儿，孙老伯又来找我。这次却把一个好大个儿的菠萝放在我的桌上……看着他渐渐走远，我好像突然发现这个老人并不那么丑，像那个熟透了的菠萝，尽管表面斑驳不平的鳞片已经失色，但它却愈是强烈地散发着香甜。（郭振民《丑像》）

一种意见认为：本体是"老人"，喻体是"菠萝"，喻词是"像"，画线的句子

---

① 姚亚平：《比喻结构的句法分析》，《云梦学刊》1992 年第 2 期，第 75～80 页；姚亚平：《当代中国修辞学》，广州：广东教育出版社，1996 年，第 230～238 页。

② 参见谭德姿：《试谈比喻的喻解》，《山东师范大学学报》1980 年第 4 期，第 67 页。

③ 李晓丽：《试谈比喻的结构形式》，《语文学刊》1996 年第 4 期，第 37 页。

是喻解,这一喻解把看似无法构成比喻的两个事物巧妙地融为一体了。[①]

另一种意见认为:本体应是“这个老人并不那么丑”,喻体应是“那个熟透了的菠萝,尽管表面斑驳不平的鳞片已经失色,但它却愈是强烈地散发着香甜。”带点的部分是进一步说明“那个熟透了的菠萝”的,如果不进一步对“那个熟透了的菠萝”加以描述的话,这个比喻就很难让人理解,人们不明白“老人并不那么丑”和“那个熟透了的菠萝”之间“像”在哪里,只有对“那个熟透了的菠萝”作进一步地注释、说明,我们才会看出本、喻体之间那个“比喻的灵魂”来。所以,带点儿的部分仍属于喻体,这里,作者是以一个完整的具体的形象去说明本意的,我们不能把喻体肢解了。[②]

(33)这红像暖天向玻璃上呵的气,没成晕就散了。

(钱钟书《围城》,人民文学出版社,2003 年)

有文章认为:这个句子中,“红”是本体,“暖天向玻璃上呵的气”是喻体;“像”是喻词,“没成晕就散了”是喻解。喻解在字面上直接表出,这最能彰显喻解的存在。[③]

(34)乱哄哄的会场像是一片揉皱了的绸子,给余静的手一抹,又恢复到原来平整的样子了。 (周而复《上海的早晨》,人民文学出版社,1979 年)

一种意见认为:描写乱哄哄的会场,有的人可能会比喻成“一锅沸腾的开水”,有的人可能比喻成“闹市”或“小市场”等。这里把它比成“揉皱了绸子”,这个比喻真是在人们的“意料之外”,而又是在“情理之中”的,既准确又新鲜。[④]

另一种意见认为:“如果仅看‘会场像绸子’这‘本体+喻词+喻体’部分,只能获得一个静态的意象,可以由此想象感知两者的相似点—‘乱’。这是同属于本体和喻体的特征。那么,后面加点的部分是什么呢?”“加点部分,即与本体、喻体、相似点有联系,又越过了本体,越过了相似点,就喻体的某种方向加以发挥,选取的是与本体不相似的一‘边’,通过这一‘边’来写本体,产生与本体超常规的搭配,从而增添修辞魅力,强化修辞效果。”“加点部分作为比喻

---

① 刘焕辉:《修辞学纲要》(修订本),南昌:百花洲文艺出版社,1997 年,第 256 页。

② 李晓丽:《试谈比喻的结构形式》,《语文学刊》1996 年第 4 期,第 37 页。

③ 周苏为:《浅谈比喻中的喻解》,《大众文艺》2009 年第 19 期,第 66 页。

④ 袁晖:《比喻》,合肥:安徽人民出版社,1982 年,第 101 页。

的展开部，它所代表的是比喻结构中又一不可缺少的成分。本文暂名为‘喻展’。”①

2.“C”是比喻后面的延伸语。例如：

(35)夜深了，风还在街上像个迷路的孩子一样东奔西撞。

(芒克《城市》)

(36)夜凉如晚潮/漫上一级级歪歪斜斜的石阶/侵入你的心头

(舒婷《兄弟，我在这儿》)

有论著分析以上两例：其中，A“风”是本体，B“迷路的孩子”是喻体，C“东奔西撞”是比喻的相似点，话语的延续语。本体是“夜凉”，喻体是“晚潮”，延伸语是后面的一大串。②

(37)小河像一条抹了银粉的蛇，在油亮的桑树丛中/悄悄地爬过。

(沙鸥《小河》)

有文章认为：先将本体“小河”转换成喻体“蛇”，然后把喻体加以传送，描绘其形态，“在油亮的桑树丛中/悄悄地爬过”就是喻体的延伸部分(或者称作延伸体)……“爬”与“小河”在表层语序轴上不能搭配，使人觉得乖异，给人以新奇之感，激发着读者审美探索的兴趣。读者可以在深层联想轴上获得它合理存在的依据，作出反常合道的解释。③

(38)满山满野都是大片大片的剑麻地，远远望去，倒像一幅大得无边的绿绒条纹的地毯，平铺在地上。

(杨朔《杨朔散文选》)

有文章认为：表述本体“剑麻地”，本来可以用“分布”这样的词语，但是把“剑麻地”比作“地毯”之后，喻体“地毯”就要同“分布”搭配成主谓关系了，这就显得搭配不拢，于是用延体“平铺”代替“分布”，这样说既准确又生动形象。④

(39)感觉出国这四年光阴，对家乡好像荷叶上泻过的水，留不下一点痕

---

① 李胜梅：《喻展：比喻的又一重要成分》，《鞍山师范学院学报》1994年第1期，第86～87页。

② 姚亚平：《比喻结构中的语义交叉搭配》，《修辞学习》1994年第1期，第230页。

③ 刘正国：《喻体的延伸》，《修辞学习》1991年第4期，第11页。

④ 滕吉海、文斌：《比喻的延体及比喻的基本格式》，《语言教学与研究》1984年第4期，第151页。

迹。(钱钟书《围城》)

有文章分析:本体是方鸿渐"出国这四年光阴",喻体是"荷叶上泻过的水",比喻的延伸"留不下一点痕迹"既是说本体方鸿渐的"四年光阴",又是"荷叶上泻过的水"的特点,指向的是本体和喻体。①

3."C"是与比喻连用的其他辞格。例如:

(40)那黄河和汶河又恰似两条飘舞的彩绸,正有两只看不见的大手在耍着;那连绵不断的大小山岭,却又像许多龙灯一起滚舞。—整个山河都在欢腾着啊!(杨朔《泰山极顶》)

一种意见认为:分号前是明喻与拟人连用,分号后是明喻,破折号后是拟人。②

另一种意见也认为:这里是明喻与拈连的连用。如"把'黄河和汶河'当'彩绸'来写,即用写'彩绸'的词语'(被)耍'来写'黄河和汶河',正是说了'黄河和汶河'恰似'彩绸',才能说它们被大手'耍着';否则,下分句便是主谓不能搭配的病句。因此,该例是拈连而不是比拟(拟人)"。③

(41)月光如流水一般,静静地泻在这一片叶子和花上。

(朱自清《荷塘月色》)

一种意见认为:例中的"月光如流水"是比喻,只有月光像流水一样地往下泻,才能连住下文"泻在这一片叶子和花上"。如果不借用这样的比喻,一方面使人很难联想,一方面也不了解月光是如何泻的,所以此例应归入借用比喻拈连。④

另一种意见也认为:这是由比喻构成的拈连。"正因为把月光比作'流水',才可以说'泻'在叶子和花上。"⑤

(42)部队沿着山脚的小路,浴着血的夕阳,像一条巨大的铁流,浩浩荡

---

① 徐采霞、杨文:《从语义指向浅谈比喻的延伸类型》,《山西大学学报》(哲社版)2010年第5期,第43页。

② 黄伯荣、廖序东主编:《现代汉语教学与自学参考》(增订四版),北京:高等教育出版社,2007年,第223页。

③ 宋芳彦:《几种修辞格的辨别问题》,《齐鲁学刊》1994年第5期,第44页。

④ 孟昭泉:《拈连辞格的分类》,《中州大学学报》(综合版)1993年第1期,第41页。

⑤ 俞敦雨:《从"泰坦尼克号驶进上海"谈起——说拈连》,《语文世界》1998年第10期,第38页。

荡地经过马家沟，郭城、战场泊、现子口……径直地向西南的方向流去。

(峻青《火把赞》)

有论著分析：先比喻再拈连，如果不用比喻作引导，前后很难连上，一说它“像一条巨大的铁流”，当然可以有“向西南方向流去”的动作。[①]

(43)“吹面不寒杨柳风”，不错的，像母亲的手抚摸着你。

(朱自清《春》)

关于例(43)，修辞学界，特别是语文学界很多人关注。这里仅举进入21世纪后关于这个句子修辞分析的几个实例。九年义务教材初中《语文》第一册2001练习提示：这一句先说春风“像母亲的手”，是比喻；又顺着说它能“抚摸”，是拟人。之后再印刷的课本思考题则为“春风‘像母亲的手，抚摸着你’这是什么感觉？春风除了像母亲的手，你觉得还像什么？”[②]可是有人有不同意见：编写者把“吹面不寒杨柳风’，不错的，像母亲的手抚摸着你”既当作“比喻”又列为“比拟”，这是不正确的。首先，编写者没有把喻体弄清楚。书中认为“先把春风比作‘母亲的手”’(比喻)，“顺着说‘抚摸着你”’(拟人)。这显然是片面割裂了整个句子的意思。……其次，这个比喻句从内容意义来看，是指“吹在脸上使人不感觉寒冷的杨柳风，就像母亲的手轻轻抚摸你(那样柔和)”这样才能构成比喻的关系。[③] 也有人针对“这一句运用了什么修辞手法”的问题做了以下解答：由中国东北修辞学会语文教材研究组编写的《中学语文修辞分析》第一卷(王兴林主编，张志公、张寿康审订)在分析朱自清的散文《春》一文时说：“‘吹面不寒杨柳风’，不错的.像母亲的手抚摸着你。”作比喻的相似点是“温柔”，“温柔”是杨柳风(本体)和母亲的手(喻体)共有的特点。“抚摸”一词表明由比喻转为比拟。按此观点，此句是比喻和拟人的连用。[④]

在修辞学界，把“C”视为另一个辞格的看法还比较普遍，如骆小所(2010：143)指出：“从比喻的结构来看，多数比喻都有延展体，即从喻体中延展出来的表述本体情况的部分，基本都是比拟，用以进一步对比喻补充描绘和说

---

① 宋振华等编：《现代汉语修辞》，长春：吉林人民出版社，1984年，第136页。

② 九年义务教材《语文》(初中第一册)，北京：人民教育出版社，2001年。

③ 车佳、车之光：《“杨柳风”像“母亲的手……”句中有拟人因素吗?：对新编〈语文〉教材的质疑》，语文知识》2002年第4期，第49页。

④ 令怡：《这一句运用了什么修辞手法》，《小学语文教师》2011第12期，第72～73页。

明。"所举例句为:"他热爱自己正在攻读的自然科学,热爱生活,更热爱大自然。他像一只刚出窠的小鹰,总是充满活力和信念地振动着翅膀,眺望着无边无际的、弥漫着神奇、丰富和瑰丽色彩的世界。"(张扬《第二次握手》)"车队像一条河,缓缓地流在深冬的风里……"(李瑛《一月的哀思》)。例中"振动着翅膀"、"流"都是比喻的延展体,对"他"和"车队"进行动态的刻画,对比喻起到了补充描写的作用,而且使比喻自然顺势而展开,使语言自然生动,形象感人。它们是发话主体内心激荡之情凝聚为超越经验,组合成佯谬性的复合意象,形成一种似谬实真的艺术张力。①

从以上对比喻实例的分析可见,不管是研究修辞的著作还是讲授修辞的教材,大多把比喻格式"A 像 B"中的"A"和"B"看作是名词指称的事物,如"老人"和"菠萝"、"月光"和"流水"、"小河"和"蛇"、"春风"和"母亲的手"、"部队"和"铁流"、"夜凉"和"晚潮"、"剑麻地"和"地毯"等。我们认为,将这类比喻格式看成"A 像 B、C"是合理的,关键是如何看待"C",如何分析"C"。

三、我们对"A 像 B,C"式比喻格式的分析

将"C"看作"延伸语"、"喻解"、"喻展"等,不能认为不对。但我们也可以作另外一种分析,具体如下:

(一)关于"A 像 B,C"式比喻格式的鉴定分析

我们同意姚亚平先生最后的鉴定结果,但对例句所作比喻结构的分析,我们认为也可以有另外的分析法。

"月亮挂在天上,星星眨着小眼睛,像一群顽皮的小孩,挤在妈妈的身旁。""鸟落满枝头,像星星落满天空。"这是本节引言中所提的"丁式"(谓+像+谓)比喻。"月亮挂在天上,星星眨着小眼睛"、"鸟落满枝头"是本体,"一群顽皮的小孩,挤在妈妈的身旁"、"星星落满天空"是喻体,此两例属"A 像 B"式比喻,因此,它们只能变换为"月亮挂在天上,星星眨着小眼睛,就像一群顽皮的小孩挤在妈妈的身旁一样";"鸟落满枝头,就像星星落满天空一样"。

而"你的呵气像胳膊绕在我的脖子上。"喻体并不单是"胳膊",而是"胳膊

① 骆小所:《现代修辞学》,昆明:云南人民出版社,2010 年,第 143 页。

绕在我的脖子上”。因此不能移位成“你的呵气绕在我的脖子上，就像胳膊一样”。也不能说成“你的呵气像胳膊一样，绕在我的脖子上”。却可以说成“你的呵气像胳膊绕在我的脖子上一样”。这里的本体，语言形式上是“你的呵气”，但表达的却是“你的呵气(围)绕着我的脖子”。整个比喻表达的内容是“你的呵气(围)绕着我的脖子像胳膊绕在我的脖子上一样”。

我们认为，这种“A像B，C”式比喻格式表现了一种语言的紧缩现象。格式中，被比事物“A”往往是一个指称事物的名词性成分，其负载着超出名词性成分所蕴含的语义内容，即动态的本体的内容，“A”为语义紧缩式本体；“B”为作比事物；“C”或说明“B”的特征，或形容“B”的属性，或描摹“B”的性状，或陈述“B”的动态等等。个别实例中，“C”还与本体的构成有关，如本节例(36)。“B”和“C”是一个有机整体，二者合而为喻体。相似点包容在喻体之中，可以不必再设立游离于喻体之外的“延伸语”、“喻解”或“喻展”(谢英，2003：87)。基于这样的认识，我们对以上专家学者们分析的比喻实例试作不同分析如下。为对照方便，再把上文例句顺列。

(二)对“A像B，C”式比喻中“C”的分析

1. 关于比喻的喻解、喻展。例如：

(31)全国农村中，新社会主义群众运动的高潮就要到来。我们的某些同志却像一个小脚女人，东摇西摆地在那里走路，老是埋怨旁人说：走快了，走快了。（毛泽东《关于农业合作化问题》）

例句中“我们的某些同志”是语义紧缩式本体。我们同意李晓丽(1996：38)的看法，句中加点的部分是喻体，即“一个小脚女人”和其后描写“小脚女人”动作情态的谓词性成分共同构成喻体。本体可以通过喻体补足“我们的某些同志存在着担心形势发展太快的保守的思想和行动”。这里并没有分离于比喻之外的“喻解”。

(32)不一会儿，孙老伯又来找我。这次却把一个好大个儿的菠萝放在我的桌上……看着他渐渐走远，我好像突然发现这个老人并不那么丑，像那个熟透了的菠萝，尽管表面斑驳不平的鳞片已经失色，但它却愈是强烈地散发着香甜。（郭振民《丑像》）

例句中“这个老人并不那么丑”是语义紧缩式本体，它仅指外表，而表示

内里（品质）的语义紧缩，同样可以通过喻体来补足；“那个熟透了的菠萝”连同加点的部分“尽管表面斑驳不平的鳞片已经失色，但它却愈是强烈地散发着香甜”是喻体。正如李晓丽（1996：38）所言“作者是以一个完整的具体的形象去说明本意的，我们不能把喻体肢解了。”

(33)这红像暖天向玻璃上呵的气，没成晕就散了。 （钱钟书《围城》）

《围城》中例(33)还有上半截话“孙小姐满以为‘贵人’指的自己，早低着头，一阵红的消息在脸上透漏，后来听见这话全不相干，这红像暖天向玻璃上呵的气，没成晕就散了。”从句中可以看出这“红”是指“脸红”，作者形象地把“刚开始（一阵红的消息在脸上透漏），还没完全显现在脸上的红晕很快就消失了”比成“暖天向玻璃上呵的气，没成晕就散了。”这个“红”是一个紧缩了上文语义的本体。如果按前面分析实例所说，本体是“红”，那这个比喻就不好理解了。

(34)乱哄哄的会场像是一片揉皱了的绸子，给余静的手一抹，又恢复到原来平整的样子了。 （周而复《上海的早晨》）

例句中“乱哄哄的会场”是语义紧缩式本体。句中加点部分实为喻体的有机组成部分。喻体为“像是一块揉皱了的绸子，给余静的手一抹，现在又恢复到原来平整的样子”；本体所紧缩的内容，可通过上下文的交代，或通过语境加以确定、理解。句子也可变换为：乱哄哄的会场经余静的努力又恢复了秩序，就像一块揉皱了的绸子给余静的手一抹，又恢复到原来平整的样子了。变换句为“丁式”（谓＋像＋谓）比喻。

2.关于比喻与延伸语。例如：

(35)夜深了，风还在街上像个迷路的孩子一样东奔西撞。

（芒克《城市》）

例句中“风”是语义紧缩式本体。所谓相似点“东奔西撞”其实是喻体的构成内容。句子本体大致为“风一阵阵地、没有方向地吹向街道”，喻体为“一个迷路的孩子东奔西撞”。变换成“丁式”（谓＋像＋谓）比喻，即“风一阵阵地、没有方向地吹向街道像个迷路的孩子在街上东奔西撞（一样）”。

(36)夜凉如晚潮/漫上一级级歪歪斜斜的石阶/侵入你的心头

（舒婷《兄弟，我在这儿》）

例句中“夜凉”与“C”中的“侵入你的心头”共同构成本体，即“夜凉侵入你的心头”,喻体为“晚潮漫上一级级歪歪斜斜的石阶”,所谓“后面一大串的延伸语”既有本体的构成部分,也有喻体的构成部分。变换成“丁式”(谓+像+谓)比喻,即“夜凉侵入你的心头就像晚潮漫上一级级歪歪斜斜的石阶(一样)”。

(37)小河像一条抹了银粉的蛇,在油亮的桑树丛中/悄悄地爬过。

(沙鸥《小河》)

例句中“小河”是语义紧缩式本体。句中把“在油亮的桑树丛中弯曲的小河缓缓、静静地流淌”比成“在油亮的桑树丛中一条抹了银粉的蛇悄悄地爬过”,动词“爬”陈述的是“蛇”的动态,并无“使人觉得乖异”的反常搭配。“悄悄地爬过”为喻体的构成部分。

(38)满山满野的大片大片的剑麻地,远远望去,倒像一幅大得无边的绿绒条纹的地毯,平铺在地上。

(《杨朔散文选》)

例句中本体为“满山满野的大片大片的剑麻地”,喻体为“一幅大得无边的绿绒条纹的地毯,平铺在地上”。这里并无“用延体‘平铺’代替‘分布”’的问题。“平铺在地上”是构成喻体的有机部分,而非游离于比喻之外的“延体”。句子也可变换为“满山满野的大片大片的剑麻地像一幅平铺在地上大得无边的绿绒条纹的地毯。”不过,变换为“甲式”(名$_1$+像+名$_2$)比喻后,原句的动感就消失了。

(39)感觉出国这四年光阴,对家乡好像荷叶上泻过的水,留不下一点痕迹。

(钱钟书《围城》,人民文学出版社,2003年)

本节第二部分的分析实例把“出国这四年光阴”看成本体,把“荷叶上泻过的水”看成喻体,把“留不下一点痕迹”看成比喻的延伸。这一分析是否合适?我们不妨先来看看例(39)所在《围城》中的语言环境:

(39’)方鸿渐住家一个星期,感觉出国这四年光阴,对家乡好像荷叶上泻过的水,留不下一点痕迹。回来所碰见的还是四年前那些人,那些人还是做四年前所做的事,说四年前所说的话。甚至认识的人里一个也没有死掉;只有自己的乳母,从前常说等自己结婚养了儿子来抱小孩的,现在病得不能起床。这四年在家乡要算白过了,博不到归来游子的一滴眼泪、一声叹息。

(钱钟书《围城》)

显然,照以上分析实例,例(39)的比喻结构就不完整,本体和喻体都是残缺的，所表达的意思也背离了句子的本意。我们认为这里的本体应该是“（方鸿渐）出国的这四年光阴，家乡没有发生丝毫变化”，喻体是“荷叶上泻过的水，留不下一点痕迹。”例（39’）增加的语言环境可以帮助我们更清晰地看到这个比喻的构成。整个句子变换为“丁式”（谓＋像＋谓）比喻，即“（方鸿渐）出国的这四年光阴，家乡没有发生丝毫变化，就像荷叶上泻过的水没有留下一点痕迹一样。”

3. 关于比喻与其他辞格的连用。例如：

（40）那黄河和汶河又恰似两条飘舞的彩绸，正有两只看不见的大手在耍着；那连绵不断的大小山岭，却又像许多龙灯一起滚舞。——整个山河都在欢腾着啊！

（杨朔《泰山极顶》）

例句中“那黄河和汶河”是语义紧缩式本体。句中分号前的分句表示：奔流着的黄河和汶河像两条飘舞的彩绸，而那彩绸飘舞正像有两只看不见的大手在耍着。这里“黄河和汶河”并未人格化，即并不是说黄河和汶河在耍着别的什么东西。因此，不存在明喻与拟人连用的问题。我们也不认同这里是明喻与拈连的连用。因为“黄河和汶河”被比着“彩绸”，当然“彩绸”和“耍”属常规搭配。我们认为此句分号前只用了比喻，没有辞格连用。“正有两只看不见的大手在耍着”未用辞格，它只是表示一种猜度，即彩绸是飘舞着的（流动着的黄河和汶河），就好像是正有两只看不见的大手在耍着。①

（41）月光如流水一般，静静地泻在这一片叶子和花上。

（朱自清《荷塘月色》）

例句中“月光”是语义紧缩式本体。完整的本体应该是“月光静静地照在这一片叶子和花上”，喻体为“流水静静地泻在这一片叶子和花上”。变换成“丁式”（谓＋像＋谓）比喻，即“月光静静地照在这一片叶子和花上就像流水静静地泻在这一片叶子和花上（一样）”。“泻”是陈述流水的动态，并非超常搭配。

（42）部队沿着山脚的小路，浴着血的夕阳，像一条巨大的铁流，浩浩荡荡地经过马家沟，郭城、战场泊、现子口……径直地向西南的方向流去。

（峻青《火把赞》）

① 谢英：《也说比喻的结构》《漳州师范学院学报》2003年第4期，第79页。

例句中“部队”是语义紧缩式本体。作者把“队伍浩浩荡荡前行”比成“像一条巨大的铁流向前流动”,“流”是陈述“铁流”的动态,既然是“铁流”自然可以向西南“流”去。这里不存在“利用上下文的联系,把用于甲事物的词语巧妙地用于乙事物”的问题,因此,不存在拈连格式。

(43)“吹面不寒杨柳风”,不错的,像母亲的手抚摸着你。(朱自清《春》)

以上例句如果本体是“杨柳风”,喻体是“母亲的手”,那么这二者之间有何相似点呢?它们的组合就成为令人费解的东西了。我们与车佳、车之光(2002:49)看法相同,这句比喻的本体是“吹面不寒杨柳风”,显然,喻体也并不仅指“母亲的手”,还应包括其后面的连带成分,即“母亲的手抚摸着你”这个有机整体。其语义为“杨柳风吹面不寒”的感觉,像“母亲的手抚摸着你”的感觉,这是两种触觉的相似。这里的“抚摸”是属于“母亲的手”的动作,二者为不可分割的直接相关成分,用以形象地说明本体。这里并不存在比拟辞格。“不寒、温柔的感觉”是其相似点,它包容在喻体之中。因此“抚摸着你”不能看成是游离于喻体之外的“拟人”。

对以上所提骆小所先生《现代修辞学》(2010:143)中的两例,我们也试做同样分析如下(例句序号同引文):

[6]他热爱自己正在攻读的自然科学,热爱生活,更热爱大自然。像一只刚出窠的小鹰,总是充满活力和信念地振动着翅膀,眺望着无边无际的、弥漫着神奇、丰富和瑰丽色彩的世界。(张扬《第二次握手》)

[7]车队像一条河,缓缓地流在深冬的风里……(李瑛《一月的哀思》)

例[6]把“他”比作“一只刚出窠的小鹰”,“小鹰”与“振动着翅膀”就是常规搭配,不宜再看作比拟;不过本例是在比喻中套用了比拟,那就是“小鹰总是充满信念地振动着翅膀”。例[7]把“车队”比作“河”。当作“河”来写,“车队”当然就可以“缓缓地流”;如果直接写“车队缓缓地流在深冬的风里”,那才是比拟。

其实,比喻与其他辞格连用是常见的修辞现象,但它们的构成必须是各自独立的。例如:

(44)红军像一个火炉,俘虏兵过来马上就熔化了。

(毛泽东《井冈山的斗争》)

(45)假使你的眼福好,赶上天气晴朗,水面平得像玻璃,满江就会画着一片一片淡墨色的山影，晕糊糊的，使人恍惚沉进最恬静的梦境里去。

（杨朔《画山绣水》）

例(44)是比喻和比拟连用。“红军象一个火炉”，是明喻，把“红军”比作“火炉”；“俘虏兵过来马上就熔化了”，是把“俘虏兵”拟作可以熔炼的“矿物”。例(45)也是比喻和比拟连用。“水面平得像玻璃”这是比喻，“随后，作者不说满江呈现着一片一片淡墨色的山峦倒影，而说满江就会‘画着’一片一片淡墨色的山影。这就是采用比拟笔法，化静为动了。”①

(46)啊，电车在奔驰/这乳白的梭子呀/在街道纵横的城里/织着生活的诗句。

（王家新《织》）

(47)在蜀中的母亲，居然能像把脉一样，把出北京的体温。

（余杰《心灵独白》）

例(46)诗人把电车直呼为“乳白的梭子”，是比喻；后面把适合于梭子的词语“织”与“生活的诗句”组成了超常规搭配，是拈连。这是比喻和拈连的连用。例(47)“像把脉”是比喻，“把出北京的体温”是将上文喻体中的动词“把”顺手拈来用于“体温”，构成超常规搭配，“把脉”“把……体温”，是拈连。这是比喻和拈连的兼用。

结　语

综上所述，我们认为，注意到“A像B，C”这一比喻格式，提出“C”可分析为“延伸语”、“喻解”、“喻展”等，应该说这是对比喻研究的扩展与推进，值得肯定。问题是还得考虑什么样的分析更为经济，更有解释力。传统修辞学“三成分”说的界定是科学的，在本节引言中所提到的四种格式都可以用“A像B”表示。以上分析的比喻中名词性成分“A”是蕴含事物动态语义内容的紧缩体，“B”包含作比事物及其动态。这类比喻格式的特点是：结构形式有语言的紧缩现象，语义表达强调的是一种动感。本体和喻体的相似点是事物的某种动态，包容在喻体之中。本体和喻体是以完整的形象来构成比喻的，而不仅仅是两个抽象的、简单的概念。

吴士文(1986:200)曾提到：石云孙同志在其《修辞学研究的任务》一文中

---

① 黄汉生：《修辞漫议》，北京：书目文献出版社，1983年，第54页。

举了一个令人深思的问题。他说："记得六十年代初期，一次高考语文试题中出了一道比喻题：'提高要有一个基础，比如一桶水，不是从地上去提高，难道是从空中去提高吗？'试题要求把这个比喻的喻体指出来。就我们看到的答卷，绝大部分回答是'比如一桶水'，可是标准答案是从'比如一桶水'一直贯到底。这样大部分考生就答错了。"这个事例告诫我们，教学比喻时要特别注意进行比喻结构的分析，不能囫囵吞枣，不求甚解。简单地只说比喻就是"A(事物)像B(事物)"，就可能肢解了比喻的有机整体。"把被比喻物和比喻物称为两个'事物'，这是概而言之。其实，在语言运用的实际中，不管是被比喻的还是比喻的，不仅是'事物'，还有行动动作、性质、状态等等。"(袁晖，1984：5)因此，分析比喻结构不可做一刀切似的分析，应该从比喻构成的不同情况入手，才能做出较科学的解释。

我们发现，语言运用中有一类含有比喻内容的句群，把这种句群比喻格式看作"A像B，C"，"C"为比喻之外的延伸语，可能还是合适的。例如：

(48)出洋好比出痘子，出痧子，非出不可。小孩子出过痘痧就可以放心长大。以后碰见这两种毛病，不怕传染，我们出过洋，也算了了一桩心愿，灵魂健全。见了博士、硕士们这些微生虫，有抵抗力来自卫。

(钱钟书《围城》)

(49)游击战争的领导对使用游击队，好像渔人撒网一样，要散得开，又要收得拢。当渔人把网散开时，必须注意不要因情况不明，行动错误而受损失。渔人为了收得拢，就要握住网的绳头，使用部队也要保持通讯联络，并保持相当主力在自己手中。打鱼要时常交换地点，游击队也要时常变换位置。

(毛泽东《抗日战争的战略问题》)

有教材认为例(48)是用喻词"好比"把"出洋"比作"出痧痘"。① 另有教材分析例(49)"'游击战争的领导对使用游击队，好像渔人撒网一样，……'是明喻。后面连续使用了三个并列性的暗喻。前面的明喻和后面的暗喻都是以渔人撒网打鱼作喻体，使抽象的道理说得既生动形象，又细致透彻，用渔人撒网设喻，由明喻转到暗喻。明喻转到借喻。"②按我们的理解，例(48)喻体应

① 张斌主编：《新编现代汉语》，上海：复旦大学出版社，2008年，第539页。

② 骆小所：《现代修辞学》，昆明：云南人民出版社，2010年，第126页。

为“出痘子，出痧子，非出不可”。“非出不可”为本体、喻体共同的构成部分，即“出洋非出不可，就像出痘子，出痧子非出不可一样”。例(49)的“游击战争的领导对使用游击队”是紧缩式本体，“渔人撒网一样，要散得开，又要收得拢”是喻体。两个例句中的加点部分都可看作“C”，是比喻的阐释部分，称为“喻解”(对比喻的说明)倒是恰如其分的。

第四节 句子层面的拈连格式

引　言

拈连为传统辞格之一。陈望道先生在《修辞学发凡》(2001:116)中指出：“甲乙两项说话连说时，趁便就用甲项说话所可适用的词来表现乙项观念的，名叫拈连辞。这种拈连的修辞方法，无论甲项说话在前或在后，都可应用。”也即“利用上下文的联系，把用于甲事物的词语巧妙地用于乙事物，这种辞格叫拈连，又叫‘顺拈’”(黄伯荣、廖序东，2007:192)。“既拈且连”是拈连的基本特点，这在修辞学界已成共识。“第一是‘拈’，将某一词语从可以那么用的环境里‘拈’到一般不可以那么用的环境里来；第二是‘连’，两种不同的语言环境都出现，或先或后地‘连’在一起”(郑远汉 1982:62)。以上定义都说明“某一词语”与甲事物是常规搭配，与乙事物是超常规搭配。换句话说，“某一词语”与乙事物必须是超常规搭配。例如：

(1)在高原的土地上种下一株株的树秧，也就是种下了一个个美好的希望。（《战士诗选·植树歌》，人民文学出版社，1955 年）

(2)惊心动魄的一九七六年，新中国经受了最严峻的考验。新年中刚撕下了几页日历，竟撕裂了八亿人民的肝胆！

（光未然《惊心动魄的一九七六年》，《人民文学》1977 年第 1 期）

(3)不多一会儿，马达声响动了，机器上的钢带挽着火杆儿，一小束一小束的密密地排得很整齐,就像子弹带似的,辘辘地滚着滚着。周仲伟的感想也是滚得远远的。 (茅盾《子夜》,人民文学出版社,1983年)

(4)的确我的脸很烫,我的整个句子也很烫。

(何立伟《秋之瑶》,《人民文学》1989年第2期)

(5)东方白,月儿落,车轮滚动地哆嗦。长鞭甩碎空中雾,一车肥粪一车歌。 (《河北民歌》)

(6)不到寺门,远远就闻见一股细细的清香,直渗进人的心肺。这是梅花,有红梅、白梅、绿梅,还有朱砂梅,一树一树的,每一树梅花,都是一树诗。

(杨朔《茶花赋》,人民文学出版社,1985年)

以上例句中的"种下一株株的树秧"、"撕下了几页日历"、"像子弹带似的,辘辘地滚着滚着"、"耳朵聋"、"一车肥粪"、"一树梅花"都是常规搭配;"种下了一个个美好的希望"、"撕裂了八亿人民的肝胆"、"周仲伟的感想也是滚得远远的"、"我的心并不聋"、"一车歌"、"一树诗"都是超常规搭配。

《修辞学发凡》论述了38种辞格,陈望道先生对其中的20多种辞格进行了小类的划分,分析了各小类的差异,如比喻分为明喻、隐喻、借喻;比拟分为拟人、拟物等等。拈连是《修辞学发凡》中没有进行小类划分的辞格之一。20世纪80年代以来,修辞学研究著述很多,但对拈连辞格的分类角度各不相同。有从词性角度分类的,如"拈动词的拈连"、"拈形容词的拈连"、"拈名词的拈连"(骆小所,2010:198—199);有从句法角度分类的,"动宾变格式拈连"、"主谓变格式拈连"等(郑颐寿,1982:151);有从是否借助其他辞格的角度分类的,如"比喻拈连"、"比拟拈连"、"引用拈连"等(吴士文,1982:127—129)和宋振华等,1984:135—136);有从构成成分是否齐全的角度分类的,如"完整式拈连"、"缺省式拈连"(邵敬敏,2007:297),"全式拈连"、"略式拈连"(黄伯荣、廖序东,2002:251)和"严式拈连"、"宽式拈连"(周建设,2002:473—474)。还有把拈连辞格分为语义超常搭配和语法超常搭配两大类型的,如语义超常搭配:动宾超常搭配,主谓超常搭配,偏正超常搭配;语法超常搭配:动宾超常搭配,偏正超常搭配,中补超常搭配(刘静敏 1998:135-139)。还有诸如"语义拈连"、"同形拈连"、"谐音拈连"、"倒形拈连"等等。分类角度不同,分类也各不相同。

无疑,角度各异的分类给拈连的教学与研究都带来一定的负面影响。有关拈连的一些存在争议的问题需要进一步研究。我们在前人研究的基础上，主要以全式拈连格式(即甲、乙两事物和拈连词都出现)为例，围绕拈连构成的基本特点，从连项的句法关系着眼，讨论句子层面的拈连类型的确立、拈连构成的分析、拈连辞格的认定等问题。

一、拈连辞格的类型与认定

(一)学界提及的拈连格式

1. 动宾式拈连和主谓式拈连

从句法层面看拈连，大多数修辞论著、文章和教材往往只提动宾式拈连和主谓式拈连(以动宾式拈连为主)。这从专家们给拈连下的定义也可以看出，如“巧妙地把适用于甲事物的词语(主要是动词，其次是形容词)移用到平常不适用的乙事物上来，构成具有特定修辞效果的动宾关系或主谓关系”(濮侃，1983：75)。“借助于上下文的语义关联把上文用过的动词顺手拈来，用于下文述说本来不相搭配的事物上，组成述宾结构和主谓结构”(刘焕辉，1997：278)。“将支配或陈述甲事物的词语先支配或陈述甲事物而后顺连支配或陈述乙事物，形成本义搭配和转义搭配的鲜明对照”(王德春、陈晨，2001：340)等等。因此，大凡教学、研究，所用拈连实例多见动宾式和主谓式格式。再看些实例：

(7)每日来到小河边，一坐就是大半天，莫道此河无鱼钓，俺不钓鱼钓时间。 (张维柱《钓时间》)

(8)(父亲)偶尔在向阳的地方坐一会儿，就用手捶打疼痛的关节，捶打自己的命运。 (李汉荣《回忆父亲》，《散文》2005年精选集)

(9)风，吹散了半百老人的白发，也吹散了老人残余的年华。 (王中才《春之絮语》)

(10)清晨，枯草上凝着霜花，一位老大娘肩着竹耙，从古道上走来了。她搂起茅草，搂起豆茬，搂起少吃缺烧的日子。 (王兆军《沙静天》)

(11)那如烟如织的雨丝/是从巷口馄饨挑子上飘出来的吧/捧起碗来/便捧起了儿时的记忆/两滴热泪竟溢出眼眶…… (柳士同《雨巷》)

(12)桂芬慢慢地坐到炕沿上，“他活着!”这些天来，她第一次恍悟到他

活着，他学的这些技术也活着，他那个倔强的性格也活着，这才是一个最主要的东西。（茹志鹃《离不开你》）

(13)他静坐在安乐椅上，看窗外玻璃“流泪”，自己并不流泪；看窗外草木飘摇，自己并不飘摇。（子敏《雨》）

(14)乡党委书记和乡长都很年轻，他们的祝酒辞也很年轻：“为了落实党的富民政策，请干了这杯！”

（张一弓《挂匾》，《人民文学》1984 年第 10 期）

(15)东西倒一件一件地搬回来了，可心呢，却一点一点地搬出去了。

（萧立忠《从黎明到黄昏》）

(16)他连平日的根本信念也动摇了，深觉当初以为惟有这一条路是值得走的，其实只是浮泛的认识；这一条路荆棘充塞，并不亚于其他的路。于是不但两手空空，心头也空空了。

（叶圣陶《抗争》，人民文学出版社，1959 年）

例(7)—例(11)为动宾式拈连，例(12)—例(16)为主谓式拈连。

2.定中式拈连

定中式拈连(偏正式拈连)经常不被提及，但这种拈连实例不少。例如：

(17)滚圆的月亮，滚圆的诱惑，滚圆的温馨，滚圆的欢乐。

（中流《滚圆的诱惑》）

(18)金达莱一大片一大片的，鲜红娇艳，一朵花，一朵青春，每朵花都是展开眉眼，用笑脸迎着春天。

（杨朔《三千里江山》，人民文学出版社，1960 年）

(19)腿上的包袱不一定影响一个人的前进，思想上的包袱才真得拖得人掉队呢！（孙蕴英《疾风落叶》，人民文学出版社，1978 年）

(20)咸味的海风带来咸味的记忆。

（孔捷生《绿色的蜜月》，《普通女工》，上海文艺出版社，1983 年）

(21)程步云仔细注视佩青，才发现她浑身伤痕累累，那心灵上的伤痕更多了。（琼瑶《穿紫衣的女人》，漓江出版社，1986 年）

(22)随便抓一把雪/一把银发/一把相视的目光/都是寄回四月的河水/都是寄回四月的诗（罗门《诗的岁月——给蓉子》，天涯在线书库）

一些论著和教材在分析说明以上例子时，基本没有涉及拈连格式的构成，多数只分析修辞效果。

(二)学界未提及的拈连格式

一般论及拈连的论著和教材所达成共识的是,构成拈连的拈连词主要是动词和形容词。其实,观察语言事实,我们看到,拈连词和甲乙事物之间却并非都是动宾或主谓关系。在人们列举的拈连实例中,与中心语相关的拈连除了定中式拈连外,还有许多是由中心语和状语,中心语和补语超常搭配构成的。这些状语和补语大多由介词短语充当,虽然拈连词拈的是介词短语中的名词性成分,但从句法角度来看,将这类用例分别归入状中式拈连和中补式拈连,以它们不同的构成方式与动宾式拈连、主谓式拈连、定中式拈连区分开,这对拈连的教学和研究都可能更合适和更有利些。

1.状中式拈连。例如:

(23)大红花我心里早戴上喽,评功的时候我就说过:年轻人戴上青枝绿叶大红花分外好看…… (魏连珍《不是蝉》)

(24)我只是伫立凝望,觉得这一条紫藤萝瀑布不只在我眼前,也在我的心上流过。 (宗璞《紫藤萝瀑布》)

(25)"怎么,有什么话不好说?"罗大山短促地冷笑着,在巨大的烟灰缸上磕着烟斗,似乎要把心中的不快全部磕出来。 (陈中翼《职责》)

(26)我娘家姓赵,我小名叫二曼,出嫁了,把名字也嫁掉了,人家叫我阿洪家的。 (黎汝清《海岛女民兵》)

(27)耕作者就这么砸啊/砸/把锄头砸进泥土/把自己砸进泥土/大地重起来…… (魏克《耕作者之歌》)

(28)你把头愤然一仰 将山喝下,将水喝下.将天喝下,将地喝下,将明枪喝下,将暗箭喝下,将孤寂喝下…… 世界,便了然于心。 (陈计会《阮籍》)

有教材从构成成分是否齐全的角度把例(23)、例(24)分别归入全式拈连和略式拈连,未做格式说明。[①] 我们认为,从句法角度看,以上例句中的拈连都属于状中式拈连。从连项的句法关系看,例(23)由动词性词语"戴上"分别与宾语"青枝绿叶大红花"作常规搭配,与处所状语"我心里"作超常规搭配构

① 黄伯荣、廖序东主编:《现代汉语》(增订四版)北京:高等教育出版社,2007年,第193~194页。

成拈连；例(24)由动词性词语“流过”与处所状语“在我眼前”作常规搭配（“流过”省略），与处所状语“在我的心上”作超常规搭配构成拈连；例(25)由动词“磕”与宾语“烟斗”作常规搭配，再与对象状语“把心中的不快”作超常规搭配构成拈连；例(26)的拈连由动词性词语“嫁掉”分别与主语“我”作常规搭配，与对象状语“把名字”作超常规搭配构成的；例(27)的拈连由动词性词语“砸进泥土”分别与对象状语“把锄头”和“把自己”作常规搭配和超常规搭配构成的；例(28)的拈连是由动词性词语“喝下”分别与对象状语“将水”作常规搭配，与对象状语“将山”等作超常规搭配构成的。其中例(28)的常规搭配“将水喝下”插在超常规搭配的“将山喝下”和“将天喝下”之间，这是诗歌语言讲究平仄使然，如“山”（平）、“水”（仄），“天”（平）、“地”（仄），“明枪”（平）、“暗箭”（仄）。

2. 中补式拈连。例如：

(29)小船哟，是一只飞梭，/心上人，不也在织网？/千条经线，万条纬线，都织进渔女的心房。（韩作荣《网》）

(30)亲爱的爸爸，十一年了，我不知在默默中给您写了多少封信，我既不能让人知道，又没有可投之处，可我却不停地写，不停地写……写在纸上的我不得不一封封毁掉，可写在心上的却铭刻得越来越深。

（陶斯亮《一封终于发出的信——我的爸爸陶铸》）

(31)……墙脚前一丛丛鲜红的花，像是墙垣上流下来的鲜血。我感到这是一垛活着的墙，保尔·莫罗一伏第埃的刀子不是刻在石头上，而是刻在人的心上。（刘白羽《两访巴黎公社墙》）

(32)你永远居住在太阳升起的地方，你永远居住在人民的心里，你的人民世代想念你。（柯岩《周总理，你在哪里》）

(33)而今确实要登泰山了，偏偏天公不作美，下起雨来，淅淅沥沥，不像落在地上，倒像落在心里。（李健吾《雨中登泰山》）

(34)六十一个同志的生命，危在旦夕！一千支注射剂，非得空运不可……每一个字都好似一颗钉，颗颗钉在人们的心上

（《为了六十一个阶级弟兄》）

(35)这种凝结过久的浓雾，像灰蓝色的粉末，沉重地笼罩着山峰，笼罩着树林，笼罩着每一幢木楼，好像敷着一层苔藓，这雾仿佛笼罩在梨香的心

上;她的心也是那么灰暗阴冷。（叶蔚林《菇目山风情》）

以上句子在一些教材或文章中,也常常作为拈连的例句与动宾式拈连、主谓式拈连同时出现,但因为分类角度不同等原因,它们是如何构成拈连的却往往未被说明。如有论著分析例(29):由“织网”这个表,及“织进渔女的心房”这个“里”,使语言含意深刻,具有较强的表现力和感染力。[①] 有论著分析例(30):“借助于拈词‘写’的拈连,使‘写在纸上的’和‘写在心上的’相互比照,作者痛苦、愤怒的情感显得更深沉”。[②] 还有一种分析为:“作者顺势将‘写’这一词语用于‘心上’,把思念的心情表达得更加深沉感人”。[③] 有论著分析例(31):“作者先说雕刻家的刀子不是把诗句‘刻’在石头上,随后再说是‘刻’在人的心上。后一个‘刻’字便是拈连上一个‘刻’字而来,这就是拈连的表现形式”。[④] 以上分析主要强调所用拈连的修辞效果。

同样,从句法角度看,以上例句中的拈连是由动词与前面的处所补语作常规搭配后,又顺连下来与后面的处所补语作超常规搭配而构成的,可称中补式拈连。如例(32)中“居住”分别与“在太阳升起的地方”、“在人民的心里”先后搭配;例(33)中“落”分别与“在地上”、“在心里”先后搭配。

(三)关于非拈连辞格的误判

从拈连的基本特点看,其拈连词与乙事物必是超常搭配,但一些常用作拈连的例句并不符合这个要求。这种非拈连却被当作拈连的情况,主要有以下两类:

1. 把比喻的构成成分误为拈连。

A. 误为比喻拈连。例如:

(36)部队沿着山脚的小路,浴着血的夕阳,像一条巨大的铁流,浩浩荡荡地经过马家沟,郭城、战场泊、现子口……径直地向西南的方向流去。

（峻青《火把赞》）

---

① 骆小所:《现代修辞学》,昆明:云南人民出版社,2010年,第201页。

② 李庆荣:《现代实用汉语修辞》,北京:北京大学出版社,2002年,第272页;李庆荣:《现代实用汉语修辞》(修订版),北京:北京大学出版社,2010年,第244页。

③ 杨鸿儒:《当代中国修辞学》(第二版),北京:中国世界语出版社,1997年,第276页。

④ 黄汉生编:《现代汉语语法修辞》,北京:书目文献出版社,1989年,第403页。

(27)月光如流水一般,静静地泻在这一片叶子和花上。

(朱自清《荷塘月色》)

(38)处在资产阶级国家汪洋大海包围中的我国,像一座巨大的石山一样屹立着。波浪一个接着一个地向它冲击,声势汹汹地要把它淹没,把它冲毁。但是,这座石山仍然屹立不动。(《斯大林全集》第六卷第45页)

(39)雷锋出现了!他,有如一座光芒万丈的金塔,矗立在共产主义的思想高地;他,有如一支鲜红的路标,高高插在我们生活的十字路口。

前面我们提到修辞学界把以上例句都看成是借助比喻构成的拈连。如有论著分析例(36):先比喻再拈连,如果不用比喻作引导,前后很难连上,一说它"像一条巨大的铁流",当然可以有"向西南方向流去"的动作。[①] 有文章分析例(37):句中的"月光如流水"是比喻,只有月光像流水一样地往下泻,才能连住下文"泻在这一片叶子和花上。"如果不借用这样的比喻,一方面使人很难联想,一方面也不了解月光是如何泻的,所以此例应归入借用比喻拈连。[②] 还有论著认为例(37)是由比喻构成的拈连,"正因为把月光比作'流水',才可以说'泻'在叶子和花上"。[③] 有文章分析例(38):这是一种多项拈连。"波浪……冲击,……淹没,……冲毁"都紧紧扣住引导它们的"汪洋大海"和"巨大的石山"。一句三连,说起来简直像行云流水,洋洋洒洒。[④] 有教材分析例(39):"这句拈连运用,借助了比喻,是间连。间连就是借助某种辞格间接把适用于甲事物的词语,顺便拈用到乙事物身上。"[⑤]

修辞学界"比喻拈连"的说法很普遍。我们试做的另外分析则认为,以上例句都只有一个比喻格式。例(36):句中把队伍浩浩荡荡前行说成"像一条巨大的铁流"向前流去,"流"是陈述"铁流"的动态,"铁流"自然可以向西南"流"去;例(37):本句本体应该是"月光静静地照在这一片叶子和花上",喻体

---

① 宋振华等编:《现代汉语修辞》,长春:吉林人民出版社,1984年,第136页。

② 俞敦雨:《从"泰坦尼克号驶进上海"谈起—说拈连》,《语文世界》1998年第10期,第38页。

③ 吴士文:《修辞讲话》,兰州:甘肃人民出版社,1982年,第130页。

④ 孟昭泉:《拈连辞格的分类》,《中州大学学报》(综合版)1993年第1期,第41页。

⑤ 孙仁生、李延瑞、徐吉润编:《现代汉语新编》(下),大连:大连理工大学出版社,1996年,第304页。

为“流水静静地泻在这一片叶子和花上”。“泻”是陈述流水的动态，并非超常搭配。我们再看例(38)：把“我国”比着“巨大的石山”，自然把“我国”当作“巨大的石山”来写，动词“冲击”、“淹没”、“冲毁”都是针对“石山”而言的，它们与“石山”都属正常搭配。例(39)：把“雷锋”比作“一座光芒万丈的金塔”、“一支鲜红的路标”，那么后面用动词“矗立”和“插”就都是常规搭配。我们认为，这些例句都不存在超常搭配问题，因此并未构成拈连格式。

B.误为比喻拈连连用。例如：

(40)那黄河和汶河又恰似两条飘舞的彩绸，正有两只看不见的大手耍着；那连绵不断的大小山岭，却又像许多龙灯一起滚舞。——整个山河都在欢腾着啊！

(杨朔《泰山极顶》)

(41)这种感情像红松那样，根深蒂固，狂风吹不动，暴风浸不败，千秋万载永不凋谢。

(42)经常与战士同乐的林开俊政委说：“铁打的营盘流水的兵。既然是流水，就会源源不断，不断更新。”

(《军营文化潮》)

以上例句都被看成是比喻与拈连的连用。如有人分析例(40)、例(41)：“这是明喻与拈连的连用。比拟与拈连有相似之处，二者都是把乙事物当甲事物写，即把写甲事物的词语用于乙事物。同样，把‘黄河和汶河’当‘彩绸’来写，即用写‘彩绸’的词语‘(被)耍’来写‘黄河和汶河’，正是说了‘黄河和汶河’恰似‘彩绸’，才能说它们被大手‘耍着’，否则，下分句便是主谓不能搭配的病句。因此，该例也是拈连，而不是比拟(拟人)。”例(41)“同样是明喻与拈连的连用。……这段文运用辞格较复杂，首先是明喻与拈连连用，拈连之中套用夸张和对偶，夸张和对偶是兼用”。[①]有论著分析例(42)：“通过对军营文化春潮的分析，引申到‘流水的兵’，作者笔锋一转，顺着流水的兵，就拈成了‘源源不断，不断更新’”。[②]

按我们的理解，例(40)是由两个分句共同构成的一个比喻，即把奔腾流淌的黄河和汶河比成两条像是有两只看不见的大手在耍着而飘舞的彩绸。把它看成是明喻与拟人或明喻与拈连的连用，就肢解了比喻的结构。同样，

---

① 宋芳彦：《几种修辞格的辨别问题》，《齐鲁学刊》1994年第5期，第44～45页。

② 曹保健、胡东霞：《新闻修辞艺术》，北京：国防大学出版社，1995年，第207页。

例(41)把“感情”比着“红松”,整个句子都是把“感情”当“红松”来写的,比喻中又连用了由两个夸张句构成的对偶“狂风吹不动,暴雨浸不败”和夸张“千秋万载永不凋谢”。例(42)把“老兵走,新兵来”比成“流水的兵”,既然像“流水”,那当然就可以“源源不断”,如果说用了辞格也就只是比喻,没有什么拈连。其实“流水”已经有它的比喻义“接连不断”(《现代汉语词典》),因此,本句可以说并没用辞格。

2.把非辞格看作拈连。例如:

(43)咚咚咚咚,咚咚咚咚……重槌把大鼓敲得震天响,敲得人们心花怒放。 (袁鹰《十月长安街》)

(44)可惜的是这位仁兄在市话剧团呆了二十多年,却从来没有上台演过戏。“样板戏”猖獗的年头,话剧团“移植”了《沙家浜》,他就连“十八棵青松”中最后一排倒数第二棵这样的角色也没有担任过。

(刘继安《进入角色》,《长安》1988 年第 1 期)

(45)姑娘们浸种忘拢发,/浸得春光湿啦啦,/夜半报生芽。/田里水桶碰锄把,/紧播抓。/点种连春也点下。 (阎振甲《种棉花》)

以上各例句都被看作是用了拈连格,如有论著分析例(43):“重槌把大鼓敲得震天响,敲得人们心花怒放”是拈连。① 有人分析例(43)使用拈连的效果:动补词组,“敲得人们心花怒放”,巧妙地表现了欢乐的鼓声所表达的人们欢乐的心情,洋溢着胜利了的人们无比激动、喜悦的感情。② 有文章分析例(44):这是量词拈连,“因为通常不能用‘棵’来计量角色,所以如果没有拈项‘十八棵青松’导引,‘倒数第二棵这样的角色’就会十分令人费解”。③有论著详细分析了例(45),指出:“姑娘们浸种忘拢发,浸得春光湿啦啦”和“点种连春也点下”是两个典型的拈连修辞文本模式。动词“浸”可以与名词“种”搭配,但不可与名词“春光”相搭配。表达者之所以要在述说“浸种”(甲项说话)时牵扯上“浸春光”(乙项说话),是因为表达者在感知、反映当前事物——浸(棉花)种——时,由于与经验中和观念上已把握的经验过的事物——棉花种

---

① 王希杰:《汉语修辞学》,北京:北京出版社,1983 年,第 305 页。

② 周靖编著:《现代汉语语法修辞》,北京:中国经济出版社,1991 年,第 330 页。

③ 周建民、刘善群:《拈连的结构、范围与分类》,《武汉教育学院学报》1994 年第 1 期,第 73 页。

吐芽正是春意浓郁的暮春时节，大地一派春光绚丽的景象——相联系搭挂在一起，于是便经由关系联想而建构起上述的前一个拈连修辞文本。因为“浸种”和“浸春光”两者之间有一种内在的因果联系。即“浸种”是原因，“浸春光”(即“创造出大地一派春光绚丽的景象”)是结果，两者可以构成因果关系的联想。[①]

我们认为以上几例都不是拈连格式。“敲得人们心花怒放”、“照得我热血翻腾”、“浸得春光湿啦啦”都不是超常搭配，“人们心花怒放”、“我热血翻腾”、“春光湿啦啦”都是由于动作“敲”、“照”、“浸”而呈现出来的状态，是状态补语；例(43)中动词“敲”的语义指向的仍然是“重槌”和“大鼓”，属常规搭配，而“人们心花怒放”只是“敲大鼓”后出现的状态，不存在超常搭配的问题；例(44)“十八棵青松”，在舞台上一棵就是一个角色，“倒数第二棵这样的角色”并没有用“棵”来计量角色，完全是常规搭配；如果说成“一棵青松一棵角色”那才是拈连格式，但这个拈连的使用并不能给表达增值，甚至还影响表达效果。例(45)“点种连春也点下”是拈连格式，而“姑娘们浸种忘拢发，浸得春光湿啦啦”，动词“浸”的语义指向的仍然是“种”，“春光湿啦啦”是用拟物手法表达“浸种”后呈现出来的状态，并未构成拈连格式。能否认为只有处所补语才能与“VP”构成中补式拈连呢？对此，我们还不敢妄下结论。

二、关于“一体二格式拈连”

如果我们以人们常提到的动宾式拈连和主谓式拈连为例，将拈连格式公式化，那么，常规全式拈连可码化为：

动宾式拈连：

种下		一株株的树秧，	种下了		一个个美好的希望
VP	+	NP^1	VP	+	NP^2

主谓式拈连：

耳朵		聋，	我的心	并不	聋
NP^1	+	AP	NP^2	+	AP

① 吴礼权：《修辞心理学》，昆明：云南人民出版社，2001年，第90页。

其中,“VP”表示动词或动词性词语,“AP”表示形容词或形容词性词语,“NP^1”表示与“VP”、“AP”作常规搭配的名词或名词性词语,“NP^2”表示与“VP”、“AP”作超常规搭配的名词或名词性词语。

(一)“一体二格式拈连”的构成

在语言实例中,有这样一类拈连格式引起了我们的注意。例如:

(46)夜里风冷北风急,班长下岗月儿西;手拿针线灯下坐,为我熬夜缝军衣;线儿缝在军衣上,情意缝在我心里。

(《部队歌谣选·情意缝在我心里》)

(47)我曾扶起跌跤的盲人,
一边听他诉说儿媳的不孝,
一边钉好折断的手杖,也在他的心里钉好折断的温暖

(胡平《当代人·来自鞋摊的诗报告》)

(48)街市渐渐平静了,珠江水啊,载着一船船商品,载着一船船欢笑,载着一船船酒一般香醇的生活味儿,离开了小墟。 (杨羽仪《沸腾的墟日》)

修辞学界使用频率最高、分析最多的拈连实例莫过于例(46)了。但人们对它的分析各不相同。如有人分析:“缝”这个词一般用来缝衣服,“情意”是不能缝的;这里顺便从上文“拈”来“连”在下文里,让“缝”同“情意”巧妙地连在一起。① 有认为这是主谓变格式拈连的,“情意缝在我心里”是连着“线儿缝在军衣上”说的,前后辉映,由表及里,由生活到精神,把缝军衣的意义升华了,表现了班长与战士深厚的阶级情谊。② 也有认为“线儿缝在军衣上”是被拈连体,“情意缝在我心里”是拈连体的③;有论著分析为“甲事物‘军衣’(具体),乙事物‘情意’(抽象),甲事物‘军衣’所适用的动作动词‘缝’,连带地应用于乙事物‘心情’方面,这样就把班长给兵士熬夜补军衣的一片深情细致地描写出来”。④ 还有人则认为这是“把具体的缝军衣的动作,顺势连于人的感

① 北京师范大学现代汉语教研室编:《现代汉语》,北京:北京师范大学教材科,1980年,第318页。

② 郑颐寿:《比较修辞》,福州:福建人民出版社,1982年,第154页。

③ 吴士文:《修辞格论析》,上海:上海教育出版社,1986年,第200页。

④ 张弓:《现代汉语修辞学》,石家庄:河北教育出版社,1993年,第92页。

情之中，巧妙地将事与情融合在一起”。[①] 也有人说这是“把‘缝军衣’的‘缝’顺势用到了‘心’上，巧妙而形象地表现了人民子弟兵之间的战友情谊，写得朴实无华却十分真切感人”；[②]或分析说“把缝军衣的‘缝’巧妙地拈连于下句，变异运用，组成‘情意缝在我心里’，深刻表现了战士们互相关心、互相爱护、互相帮助的深厚革命情谊”。[③] 等等。

我们注意到李庆荣2002年编著的《现代实用汉语修辞》中将例(46)分析为：“‘缝在军衣上’，‘缝(在)’，拈词；‘军衣上’，本体。‘缝(进)(拈词)我心里(拈体)’，述宾结构，为述宾拈连。”[④]2010年《现代实用汉语修辞》的修订版中在以上一段分析后用括号加上了一段“说明”，即(说明：此例为歌谣，有一定特殊性。所以作以上的分析。严格说来，“缝在军衣上”是述补结构，“缝”述语，“在军衣上”是由介词结构充当的补语。)[⑤]有论著认为例(47)：“钉好”“温暖”，孤立看来是不合逻辑，违反常理的，但由于“钉”是承上文顺势拈来，用作“温暖”的述语，却能借助上文的语义关照与衬垫，把所要表达的意思有效地传给读者，一点也不费解。[⑥] 也有人说是“由动词‘钉(手杖)’顺势拈出的‘钉温暖’”。[⑦] 有论著分析例(48)：“由本体‘载着一船船商品’中的‘载着’，顺手拈来造了拈体‘载着一船船欢笑’”。[⑧]

以上三例是很特殊的拈连构成。我们试做分析：例(46)有两个被拈连体“线儿”和“在军衣上”，两个拈连体“情意”和“在我心里”。动词“缝”不仅与主语“情意”超常搭配，也与处所补语“在我心里”超常搭配，一句中有两个典型的拈连格式：主谓式拈连和中补式拈连。以上各家的分析，多未提到后半部分，而提到后半部分的却又忽略了公认的前半部分。例(47)也有两个拈连体“温暖”和“在他的心里”，因此，也有两个超常搭配。动词性词语“钉好”既与

---

① 杨鸿儒：《当代中国修辞学》(第二版)，北京：中国世界语出版社，1997年，第277页。

② 汪丽炎：《汉语修辞》，上海：上海大学出版社，1998年，第225页。

③ 黄伯荣、廖序东主编：《现代汉语》(增订四版)，北京：高等教育出版社，2007年，第194页。

④ 李庆荣：《现代实用汉语修辞》，北京：北京大学出版社，2002年，第270页。

⑤ 李庆荣：《现代实用汉语修辞》(修订版)，北京：北京大学出版社，2010年，第245页。

⑥ 刘焕辉：《修辞学纲要》(修订本)，南昌：百花洲文艺出版社，1997年，第278页。

⑦ 姚勤智：《汉语修辞格的阐释与比较》，北京：中国文联出版社，2007年，第188页。

⑧ 骆小所：《现代修辞学》，昆明：云南人民出版社，2010年，第199页。

"温暖"构成动宾超常搭配，也与处所状语"在他的心里"构成状中超常搭配，从而也形成两个拈连格式：动宾式拈连和状中式拈连。例(48)又与例(46)、例(47)不同，它不是由一个动词或动词性词语同时构成两个以上超常搭配，而是由名词或名词性词语同时构成两个以上超常搭配，即名词"欢笑"、名词性词语"酒一般香醇的生活味儿"既与"载着"构成动宾超常搭配，又与"一船船"构成定中超常搭配，从而也形成两个拈连格式：动宾式拈连和定中式拈连。

我们还发现了这样的语言实例，一个拈连文本有三个拈连格式。请看：

(49)萧长春忘了吃饭，瞪着两只眼睛听着。领导同志讲的话，一句一句地都吃到他的心里了。　　（浩然《艳阳天》，人民文学出版社，1964 年）

有文章对例(49)做了这样的分析："话……吃到他的心里"，从语义上看不合事理，前半部分只有"吃饭"、"吃菜"之类的组合，哪有"吃话"的说法？后半部分，"吃"的东西只可能在肚里，哪能在心里？从语用上看，虽然违背客观事理，却具有特殊的修辞效果。这里用了"拈连"的修辞手法，生动地表现了萧长春对待领导们的讲话的认真态度。①

我们认为，例(49)的动词"吃"与名词"饭"构成常规搭配，又与三个拈连体，即主语"领导同志讲的话"，状语"一句一句"和补语"到他的心里"都构成超常搭配，即"领导同志讲的话(被)吃"、"一句一句吃"和"吃到他的心里"，从而形成三个拈连格式：主谓式拈连、状中式拈连和中补式拈连。

我们把这种一个词（动词或名词）或一个词语（动词性词语或名词性词语）同时有两个以上超常搭配的拈连格式姑且称作"一体二格式拈连"。用公式表示如下：

线儿　　缝　　在军衣上，情意　　缝　　在我心里
NP^1 ＋ VP ＋ 补^1， NP^2 ＋ AP ＋ 补^2

（在他的手里）　钉好　　折断的手杖，在他的心里　钉好　折断的温暖
状^1 ＋ VP ＋ NP^1　　状^2 ＋ VP ＋ NP^2

载着　一船船商品，载着　一船船　欢笑，载着　一船船酒一般香醇的生活味儿
VP ＋ 定^1 NP^1 VP ＋ 定^2 ＋ NP^2 VP ＋ 定^2 NP^2

---

① 骆小所：《艺术语言再探索》，昆明：云南人民出版社，2001 年，第 170 页。

吃　　饭 领导同志的话，(吃)一句一句地　都吃　到他的心里
VP＋NP¹　　NP²＋　　VP　　状²　　＋ VP ＋　　补²

其中，NP¹表示与动词或动词性词语作常规搭配的名词性词语，NP²表示与动词或动词性词语作超常规搭配的名词性词语。"补¹"、"状¹、"分别表示与动词或动词性词语作常规搭配的处所补语和处所状语，"定¹"表示与名词或名词性词语作常规搭配的数量词语；"补²"、"状²"分别表示与动词或动词性词语作超常规搭配的处所补语、处所状语和方式状语，"定²"表示与名词或名词性词语作超常规搭配的数量词语。"VP"表示充当拈连词的动词或动词性词语。

(二)"一体二格式拈连"的分辨

值得注意的是，有一类拈连格式与"一体二格式拈连"很相似，例如：

(50)姑娘在下面递砖，小伙子在上面砌墙。姑娘递上的不仅是砖，并且是一丝丝甜蜜的微笑；小伙子也把一缕缕温情砌到砖缝里去。

(转引自张潜《修辞语法论稿》)

这是一个句组，前后两句构成间隔式拈连，也有两个拈连格式，但它们是彼此独立的。第一句中两个分句都是常规搭配。第二句中，"姑娘递上的不仅是砖，并且是一丝丝甜蜜的微笑"是一个由主语"姑娘递上的"先与宾语"砖"常规搭配，又与宾语"一丝丝甜蜜的微笑"超常搭配构成的拈连；"小伙子也把一缕缕温情砌到砖缝里去"与第一句中"小伙子在上面砌墙"共同构成拈连格式。这个格式在形式上与"一体二格式拈连"很相似，动词"砌"后面也有处所补语"到砖缝里"，但这里的"砌"和"到砖缝里"是常规搭配，只有"把一缕缕温情"与"砌"超常规搭配，这与"一体二格式拈连"的"VP同时有两个超常搭配"的特征不同。公式表示如下：

姑娘　　在下面　递　　砖（递）　一丝丝甜密的微笑
　　　　状²　＋VP＋NP¹　VP ＋　　　NP²

小伙子　　在上面　砌　　墙，把一缕缕温情 砌　　到砖缝里
　　　　　状¹　＋VP＋NP¹　　　状²＋　　VP＋　　补¹

(51)在默默里算着，八千多日子已经从我手中溜去；像针尖上一滴水滴

在大海里，我的日子滴在时间的流里，没有声音，也没有影子。

（朱自清《匆匆》）

这是一个复句，分号后面是一个“A 像 B，C”式比喻的倒装，调整格式即为：“我的日子滴在时间的流里，像针尖上一滴水滴在大海里，没有声音，也没有影子。”这是一个比喻的套用格式，本体“我的日子滴在时间的流里”中还有一个比喻，即把“时间”比成“水流”。因此，“滴在时间的流里”是常规搭配的中补结构。“我的日子滴在时间的流里”只有一个超常规搭配，即“我的日子滴”构成主谓式拈连。公式表示如下：

像　针尖上一滴水　滴　在大海里
　　NP^1 ＋VP＋ 补^1
　　我的日子　滴　在时间的流里
　　NP^2 ＋VP＋ 补^1

（52）你要为我钉一颗小小的纽扣，……啊！衣襟上钉上了一颗滚烫的心！　（李瑛《战斗喜报·哨子响了》，《红柳集》，作家出版社，1963 年）

例句中“钉一颗小小的纽扣”和“钉上了一颗滚烫的心”是动宾式拈连，但“衣襟上钉”不是超常搭配。也用公式表示，即：

钉　一颗小小的纽扣衣襟上　钉上了　一颗滚烫的心
VP＋　NP^1　状^1 ＋ VP ＋ NP^2

（53）割麦的人醒得早/天色还未醒/地里黄透了的麦子还未醒/他们就蹲在窗下/很响地磨镰刀/把清晨的夜色磨得/锃亮锃亮/……

（张鸿雷《割麦的人》，《诗刊》1990 年第 8 期）

这段诗句连用了三个拈连格式（同类辞格连用）。前半部分的被拈连体“割麦的人醒得早”与两个并列主谓结构拈连体“天色还未醒”、“地里黄透了的麦子还未醒”分别构成主谓式拈连；后半部分被拈连体“磨镰刀”和拈连体“把清晨的夜色磨”构成状中式拈连。其中“把清晨的夜色磨得锃亮锃亮”也有两个超常规搭配，即除了“把清晨的夜色磨”搭配超常外，还有“磨”的补语“锃亮锃亮”与语义指向的“清晨的夜色”搭配超常，但拈上连下的动词“磨”与“锃亮锃亮”是常规搭配，因此，不构成“一体二格式”拈连。也用公式表示，即：

割麦的人　醒得早　天色　还未醒　地里黄透了的麦子　还未醒
NP^1 ＋ VP　NP^2 ＋ VP　NP^2 ＋ VP

磨镰刀　把清晨的夜色　磨得锃亮锃亮
VP NP^1　状^2 ＋ VP　补^1

结　语

关于拈连的分类、拈连研究的范围、拈连的结构与特点等等都还有很大的研究的空间。我们强调的是分析拈连，最好能先说明该拈连格式的构成。吴士文(1986:200)就曾指出:"'拈连'从哪儿起，到哪儿止;哪儿是被拈连体，哪儿是拈连体，没有标明。这种分析法，极易助长人们'不求甚解'，马虎从事。如果采取标明起讫点的做法，就不会出现囫囵吞枣的情况。"我们希望以上对拈连格式的分析可以为相关的研究提供可参考的意见，能够帮助学习者更好地掌握和理解拈连辞格。

第三章

现代汉语超常规表达格式的探究

随着社会生活的丰富多彩,我们的语言也相应产生了各种新的表达格式。不管是崭新的组合,还是旧有组合的突破,它们的产生都向原有的语法规则和语法系统的解释力提出了挑战。语言生活需要这样的挑战,刘大为(1989:66)曾指出"一种语言的语法假如只允许生成合格的、规范的句子,而不具备一定的机制以产生相对对于合格句来说是不合格的、但在交际中却有效的句子—破格句,那么这种单调乏味的语言一定不是实际存在着的自然语言,更不可能指望它会发展出绚烂多彩的文学语言(指文学作品语言)来"。大量新的表达格式的涌现,折射着社会的发展,折射着人们思想意识的变迁。

本章论述某些表面看似不符合语言规律,但是在人们的交际中已被广泛使用的表达格式能够成立的理据和特殊的语用价值。我们把表面看似不符合语言规律的表达格式称为超常规表达格式。

第一节 新发展的AABB重叠格式

引 言

任何语言都有重叠或叠用现象。认知语言学研究成果已表明，语言中的重叠或叠用现象是人类社会生活在语言中的投射。譬如我们钉钉子，就得用锤子，一般都不可能锤一下就能把钉子钉进去，特别是当钉子比较粗的情况下，总是要梆，梆，梆，锤好几下才行。还有敲门，怎么敲呢？基本没有敲一下就停下来等着主人来开门的，总是梆，梆，梆，梆，敲好几下。正是这种现象反映到语言里，就出现了重叠或叠用的现象。

当然各种语言情况不一。像英语似只有叠音现象，Long long ago 里的 long long 就是叠音。汉语是节律性很强的语言，不只存在大量的叠音构词（如"蛐蛐"、"潺潺"、"皑皑"、"姥姥"等），语素重叠构词（如"星星"、"刚刚"、"仅仅"、"姐姐"等）和叠用（如："来来来，帮我拿一下。""快去快去快去，你快去拿来吧！"）等现象，重叠现象也特别丰富，这在我国最早的诗歌总集《诗经》里就已出现，风、雅、颂都有。如"委委佗佗"（《鄘风・君子偕老》）、"济济跄跄"（《小雅・楚茨》）、"苾苾芬芬"（《小雅・信南山》）、"颙颙印印"（《大雅・卷阿》）、"雝雝喈喈"（《大雅・卷阿》）、"兢兢业业"（《大雅・云汉》，《大雅・召旻》）、"赫赫炎炎"（《大雅・云汉》）、"赫赫明明"（《大雅・常武》）、"赫赫业业"（《大雅・常武》）、"绵绵翼翼"（《大雅・常武》）、"皋皋訿訿"（《大雅・召旻》）、"实实枚枚"（《鲁颂・閟宫》）等等。丰富的重叠现象，这可以说是汉语的一大特色。

关于AABB重叠格式，如"干干净净""认认真真"和"上上下下""进进出出"等，前人早就注意，并从可重叠范围、重叠特点及其表达作用等方面都做了不少研究。20世纪80年代中后期至90年代，AABB重叠格式进入了一个特别活跃的时期，它们超越语法常规，突破习惯用法，以崭新的面貌频频出现于口语和书面语中。笔者曾经关注过这种重叠现象(1996,1998),之后也有学者谈及,如沈孟璎(2000:121—123)等,但似尚未引起学界充分注意。这一节就谈这一现象。

一、超越语法常规的AABB重叠现象

请先看几个实例:

(1)路家的80岁的奶奶很有福气,她有一大群孝孝顺顺的媳妇;路家的男人们很有福气,他们个个都有朴朴实实的女人;路家的孩子们很有福气,他们都有善善良良的母亲……

(梅洁《贺坪峡印象》,《中国当代中青年抒情散文选》,哈尔滨出版社,1992年)

(2)后来辗辗转转地听人说,她结了婚,开头一直怀不上,过了阵子倒是怀上了,却是一胎一胎地流。(张翎《寻》,《收获》1995年第3期)

(3)"那让我们正式握手告别吧!"他向她伸出了手。她注视着他,摇摇头,"免了最后这种礼礼貌貌的礼貌吧。"

(梁晓声《雪城》,北京十月文艺出版社,1988年)

(4)宿舍里只有你和他,那场面是尴尴尬尬陌陌生生的,或许正因这样,你们才格外倾注,格外亲切。

(素素《北方女孩》,《中国当代中青年抒情散文选》,哈尔滨出版社,1992年)

(5)如果没有呼吸、代谢,就不能变成活活生生的物质……

(著名动植物学家孙佩松语,中央电视台《东方时空:东方之子》)

(6)黄良牛皮鞋油黑油亮,一身半旧的中山装笔笔挺挺,干干净净……

(古华《大院小景三章——献给改革者》,《上海文学》1983年第12期)

上述例句中的"孝孝顺顺、朴朴实实、善善良良、辗辗转转、礼礼貌貌、尴尴尬尬、陌陌生生、活活生生、笔笔挺挺"等是20世纪80年代中后期被大量使用的AABB重叠格式。这种AABB重叠格式,与人们的一般语感不合,似与语法常规有悖。这可以看作新发展的AABB重叠格式。这里所谈不涉及由两个单音词重叠而成的结合式,如"悲悲喜喜"、"坦坦爽爽"、"分分合合"、"红红绿绿"等,只谈可以还原为双音词原式的AABB重叠格式(文中加点的)。根据我们初步考察,这种新兴的AABB重叠格式,大致可以分为以下几种类型。

(一)新兴的双音节形容词AABB重叠格式

双音节形容词可以重叠,如“干干净净、大大方方、整整齐齐、舒舒服服”等是大家所熟悉的,但并不是所有的双音节形容词都能重叠。据学者的研究,“能重叠的多为日常生活中常用的”双音节形容词(刘月华、潘文娱、故韡,1983:128);“美丽、幸福、熟悉、光明、复杂、调皮、合适、亲爱、兴隆、清脆、古老、逼真、骄傲、悲痛、淘气”等等,一般都不能重叠(胡裕树,1989:46)。也即书面语色彩较浓的双音节形容词和贬义形容词不能重叠。但现在出现了新情况。

1. 书面语色彩较浓的双音节形容词重叠形成AABB重叠格式。如上面所举例子中的“孝孝顺顺、善善良良、尴尴尬尬、陌陌生生”等。再如:

(7)一个劳动模范,不光应该是一个劳模,也应该是一个活活泼泼、坦坦爽爽、普普通通的年轻人呢!

(张辛欣、桑晔《北京人·一百个普通人的自述》,上海文艺出版社,1986年)

(8)其中,他对数学兴趣最大,空着翰林院的官服,痴痴迷迷地投入了精密的西方数学思维。(余秋雨《上海人》,东方出版中心,2004年)

(9)想通后我就振作起来了,坚坚强强地生活下去了,大家看以我现在活得不是很好嘛!(《千万别把我当人》,《钟山》1989年第4期)

(10)也许会遇上大风大雨,也许会一块倒霉,也许到头来平平淡淡,可我们组成的家庭肯定能幸幸福福……

(刘心武《一窗灯火》,华艺出版社,1991年)

(11)我不相信方孝儒会轻轻易易的为着什么一定要忠于建文帝而不为明成祖办事从而杀头。(张新泉《吸取过去的教训》,《读书》1994年第2期)

(12)在我看来,刘心武“三个世界”的划分显示了某种自觉,而究其实“文革的日子”是再怎么划分也划不完的,它是每个人具具体体地一天又一天过过来的。(倪文尖《遥想那日子》,《读书》1995年第7期)

例句中的“活泼”、“痴迷”、“坚强”、“幸福”、“轻易”、“具体”等都是含书面语气息的双音节形容词,过去不能重叠,现在也能重叠了。

2. 贬义形容词重叠形成AABB重叠格式。例如:

(13)人们都跑来看稀罕,瞧着这粗粗糙糙的,蠢蠢笨笨的碌碡,肃然起

敬。 （贾平凹《十八碌碡桥》，《贾平凹散文自选集》，漓江出版社，1987 年）

（14）我一个才练习写作的小青年的一篇幼幼稚稚的散文，倒得到了他的笔墨指点，这使我很激动，也鼓起我写散文的勇气。

（贾平凹《一匹骆驼》，《贾平凹散文自选集》，漓江出版社，1987 年）

（15）她于是就草草率率收拾起一个出门的提包，准备第二天动身。

（路遥《平凡的世界》，中国文联出版社，1988 年）

（16）就拿那个名声最坏的唐伯虎来说吧，自称江南第一才子，也不干什么正事，也看不起大小官员，风流落拓，高高傲傲，只知写诗作画，不时拿几幅画到街上出卖。

（余秋雨《白发苏州》，《文化苦旅》，东方出版中心，1992 年）

（17）但是，这个坟地好生奇特，门面狭小，黑色的旧铁栏萎萎缩缩。

（余秋雨《这里真安静》，《秋雨散文》，浙江文艺出版社，1994 年）

（18）他那身衣服尽管式样裁剪得勉强还算是学生装，但分明是自家织出的那种老土粗布，而且黑颜料染得很不均匀，给人一种肮肮脏脏的感觉。

（路遥《平凡的世界》，中国文联出版社，1988 年）

以上例句中的“轻率”、“狼狈”、“粗糙”、“蠢笨”、“幼稚”、“草率”、“高傲”、“萎缩”、“肮脏”等都属于贬义形容词，以往都不能重叠使用。

3. 状态形容词重叠形成 AABB 重叠格式。

状态形容词本身带有程度意义，黄伯荣、廖序东（2007：12）指出：“状态形容词如‘雪白，漆黑、血红’，本身已表示特定状态和程度，而且程度较深，不用加‘很’或重叠。但可以作词的重复，表示强调，属于修辞的反复格，如‘漆黑漆黑（的）、雪白雪白（的）’，不算构形重叠。”但我们发现还有以下用例：

（19）黄良牛皮鞋油黑油亮，一身半旧的中山装笔笔挺挺，干干净净……

（古华《大院小景三章——献给改革者》，《上海文学》1983 年第 12 期）

（20）他就是鼎鼎大名的游击队长……人们诧异地看着他，穿得干干净净，笔笔挺挺，谁都不相信他真的是。

（李国文《冬天里的春天》，人民文学出版社，1981 年）

（21）这些废车或拼装车在城市没市场，但在乡村却卖得火火红红（流入乡村的也有合法旧车）。 （《报刊精选》1994 年第 9 期）

（22）百代流芳　火火红红 （《报刊精选》1994 年第 5 期）

以上例句中的“笔笔挺挺”、“火火红红”都是状态形容词的 AABB 重叠格式，且不只出现在个别人笔下。

（二）新兴的双音节动词 AABB 重叠格式

众所周知，双音节动词有一部分能重叠，但重叠格式是 ABAB，如“研究研究、商量商量、讨论讨论、观察观察”等。似乎也有 AABB 格式，如“走走停停、敲敲打打、吹吹打打、来来去去”等，但一般认为实际上这不是双音节动词重叠式，而是由两个单音节动词分别重叠后并列而成的。“走走停停”实际是“走走”和“停停”的并列，“敲敲打打”实际是“敲敲”和“打打”的并列，余者类推。可是，上文所举例(3)里的“辗辗转转”和下面例句里的 AABB 则是一种双音节动词的重叠格式：

(23)降大睡不着，折折腾腾，名字浓缩了他的历史。

（徐大辉《狼仇》，《小说月刊》1997 年第 6 期）

(24)怎么说起来，开演唱会也不及一家人在一起团团聚聚。

（《大众电视》1994 年第 2 期）

(25)语言似“魔方”，令人掂玩不腻；组组合合有着神奇的“魅力”。

（林成植《语言的真谛在于修辞》，《修辞学习》1995 年第 5 期）

(26)我是在叫叫嚷嚷的声音里，走进了南门的村庄。

（余华《在细雨中呼喊》，南海出版公司，1999 年）

(27)需要好好把这些事安顿给副队长田福高，不敢让社员应应付付了事。

（路遥《平凡的世界》，中国文联出版社，1988 年）

（三）新兴的双音节名词 AABB 重叠格式

关于名词，语法学界普遍认为“一般不能重叠”，只有极个别的名词（如“人”）以及少数兼属名词和量词的单音节名词能重叠，如“人人”和“碗碗、瓶瓶、杯杯”等；双音节名词则根本就不能重叠。而“坛坛罐罐”已成为一个多音节词，表示一种隐喻义，“泛指各种家什”（《现代汉语词典》2002 增订本）。然而，这些年来由双音节名词重叠而成的 AABB 重叠格式也出现不少。如上面举过的例(4)里的“礼礼貌貌”。再如：

(28)活了五十多岁不知道什么是吃醋，临老了醋劲倒上来了，莫非女人到了更年期就这么神神经经的？

（蒋子龙《燕赵悲歌》，中国青年出版社，1985 年）

(29)我的原则是不参加辩论，别卷进去，稳居中游，只做边边沿沿没风险的事。 (冯骥才《一百个人的十年》,《十月》1986年第6期)

(30)女人最爱的是晚上，她知道太阳在白天散尽了热，晚上就要变成柔柔情情的月亮。

(贾平凹《商州又录.小序》,《贾平凹散文自选集》,漓江出版社,1987年)

(31)马县长说"我想暂时把她送回娘家，女人们累累赘赘的，有点事行动不方便。" (慕湘《晋阳秋》,人民文学出版社,2008年)

(32)仍然单纯，天真，仍然稚稚气气地生活在晴空下，想怎么样就怎么样地快活。 (陆星儿《太冷的不是夏天》,《中篇小说选刊》1991年第1期)

(33)说她早已不是正经女人，不然为什么放着堂堂正正的国家干部不当，要去过那种风风险险的日子……

(彭荣生《报复永远是一柄双刃剑》,《青年月刊》1994年第1期)

以上例句中的各个AABB重叠格式分别是"神经"、"边沿"、"柔情"、"累赘"、"稚气"和"风险"等名词的重叠。

(四)新兴的由其他重叠式状态词变形而成的AABB重叠格式

除以上AABB重叠类型外，大量的ABB、AAB和A里AB等不完全重叠式状态词被变形为AABB重叠格式。如例(5)"活活生生"。再如：

(34)他出了操场，又毫无目的地走出了校门，昏昏然然来到街道上……

(路遥《平凡的世界》,中国文联出版社,1988年)

(35)半尺长的线线辣椒，就夹在二拇指中，如山东人夹大葱一样，蘸了盐，一口一截，鼻尖上，嘴唇上，汗就咕咕噜噜地流下来了。

(贾平凹《黄土高原》,《贾平凹散文选》,1992年)

(36)往日里是娇娇滴滴不出大门的小姐，娇得怕豆腐硌了牙，怕头发垫了腰，这咱也成了千人瞧万人看的了。

(梁斌《烽烟图》,百花文艺出版社,1986年)

(37)1957年，有一天他喝酒喝得晕晕乎乎，在给乡政府写标语时把"东风压倒西风"写成了"西风压倒东风"。

(余秋雨《酒公墓》,《秋雨散文》,浙江文艺出版社,1994年)

(38)胖头胖脑、肉肉乎乎的刘斌于是就当上了管姜文的片儿警。

(张杨《闲话刘斌》,《大众电影》1994年第5期)

(39)男女搭档的小品不外乎就是妻子生气,丈夫讨好,女的咋咋乎乎,男的傻傻乎乎这一套。(《泉州晚报》1994 年 8 月 29 日)

(40)这不是"大"文化,而是将"小小气气"、"俗里俗气"膨胀为"昏头昏脑"、"傻里傻气",属于低文化范畴,甚而属于非文化范畴。

(毛志成《呼唤"大文化"》,《社科信息文荟》1994 第 21 期)

以上例句中,人们习惯了的"昏昏然"、"咕噜噜"、"娇滴滴"、"晕乎乎"、"肉乎乎"、"傻乎乎"、"小里小气"等都变形成了 AABB 重叠格式。

(五)新兴的故意将 AABB 倒过来说而形成的 AABB 重叠格式

有的 AABB 重叠格式,实际是 BBAA 格式。例如:

(41)本期焦点:平平淡淡,淡淡平平,山山谷谷,谷谷山山,人生何处不风景,寻寻觅觅,觅觅寻寻。(《当代青年》1994 年第 10 期)

(42)社会上的复复杂杂,单位上的是是非非,工作上的绊绊磕磕,爱情上的纠纠缠缠,我才知道了一个山地儿子的单纯。

(贾平凹《我的台阶和台阶上的我》,《出版参考》2004 年第 5 期)

以上两例中"山山谷谷"、"复复杂杂"、"纠纠缠缠"分别归属新兴双音节名词、双音节形容词、双音节动词 AABB 重叠格式。另有"淡淡平平"、"谷谷山山"和"觅觅寻寻"、"绊绊磕磕"就分别由"平平淡淡"、"山山谷谷"和"寻寻觅觅"和"磕磕绊绊"倒过来说而形成的。

二、AABB 重叠格式大量兴起的原因

上述新兴的 AABB 重叠格式,其实并非今天所新创,在老一代作家的笔下就已出现过。例如:

(43)但我却从来没有看见过她有一毫勉强慌张的态度,匆忙忧倦的神色,总是喜喜欢欢从从容容的。

(《冰心小说散文选集》,人民文学出版社,1954 年)

(44)于震海想小铺的油老板刚才见自己时言语错乱,虚虚伪伪,重重复复,像有什么心事压身…… (冯德英《山菊花》,解放军文艺出版社,1986 年)

(45)周榕说:"你原来闹着要念书,后来总算凑凑合合,对付过了这几年,怎么又变了卦?" (欧阳山《三家巷》,作家出版社,1963 年)

(46)你不要以为她一句话不说,仿佛厚厚道道,没心没意的。

(《曹禺剧本选》,解放军文艺出版社,2000年)

(47)葡萄藤舒舒展展,凉凉快快地在上面呆着。

(汪曾祺《葡萄月令》,《汪曾祺散文选集》,百花文艺出版社,2009年)

(48)想起那时狼狼狈狈的样子,他怨一通民兵,又怨自己……

(周立波《暴风骤雨》,人民文学出版社,1952年)

(49)老刘妈和纪妈一块吃饭的时候,她嫌纪妈的嘴太大……况且纪妈老委委屈屈的呢,这更使她非常的生气。

(老舍《牛天赐传》,文汇出版社,2009年)

(50)他冒了火,准备明天早上小崔若来到,他必厉厉害害的骂小崔一顿。

(老舍《四世同堂》,北京十月文艺出版社,2008年)

(51)他的一只长胳膊朝周围稻地一晃,神神气气。

(柳青《创业史·题叙》,中国青年出版社,2009年)

(52)无数焦黄的手指颤颤地抚着筹码,数着钱,盘盘算算,然后一横心把它们推到前面。

(柯灵《罪恶之花》,《柯灵散文选集》,百花文艺出版社,2009年)

(53)高夫人愈加高兴,立刻叫亲兵头目张材进来,吩咐把客人带到厢房里烤火休息,赶快弄一点热热乎乎的东西给他充饥。

(姚雪垠《李自成》,长江文艺出版社,2009年)

AABB重叠格式的这种用法还可以再往上追溯,请看:

(54)阿弥陀佛,你快别问我,我哪里知道这些事?罪罪过过的!

(曹雪芹《红楼梦》,长春出版社,2006年)

(55)山后有千万丈挟魂灵台,台后有古古怪怪藏魔洞,洞中有叮叮当当滴水泉,泉下有弯弯曲曲流水涧。

(吴承恩《西游记》,人民文学出版社,1980年)

这种AABB重叠格式虽然出现得早,用例也不少,但不是那么普遍,也没引起人们注意。在20世纪80年代中后期发展迅速,这有一定原因。

(一)这一语言现象符合汉语的发展规律和民族审美心理

我们知道,汉语的词原是以单音节形式为主的。随着文言文向白话文的转化,汉语的词逐渐由单音节向双音节化发展,形成了汉语双音节词在汉语词汇中占绝对优势的局面。汉语词之所以有这种变化，当然有语言本身的因素，譬如双音化更有利于词汇化，而且双音词比单音词更能表达完整确切的语义，除此之外，还与汉族人的审美取向有关。汉民族的心理特征之一，即以“成双配对”（美学中的对称美）为美，而词的双音容易造成整齐和谐的节奏感，增强语言的音乐美。这种情况也古已有之，例如“山”和“水”都是单音词，为了“成双配对”，增强语言的节奏感和音乐美，就出现了“山水”双音词和“山山水水”这样的 AABB 重叠格式。而近几十年来，不仅大量出现原来不能重叠的双音词形成的 AABB 重叠格式，就连原为三音节的不完全重叠式 AAB 和 ABB 也变形为 AABB 重叠格式。这种情况正反映了汉族人以“成双配对”为美的审美取向。因为从音节结构看，AABB 式正是两两拼合的一个音群。吕叔湘（1963：14）曾经指出“不得不承认 2＋2 的四音节也是现代汉语里的一种重要的节奏倾向”。就是说，由四个音节构成两个音步，是汉语节拍的基本模式（王希杰，2000：552）。可见，AABB 重叠格式的大量涌现，既符合语言自身的发展规律又符合民族的审美心理。

（二）新的社会环境的影响

语言是一种社会现象，社会的发展是它发展的基础，因而在语言发展的过程中必然具有历史的继承性和时代的差异性。这种差异性在词的构成和词的形成方面同样得到反映。20 世纪 80 年代以来，随着国家的改革开放、科学技术与经济建设的突飞猛进，人们文化生活的日新月异，全民族文化素质也得到了相应的提高，人们的审美取向发生了很大的变化，在使用语言方面也不例外。人们不再满足于循规蹈矩地遵循原有的语言模式，而是根据自己的感受、情绪、意图和要求，按照汉语的固有规律，对语言的结构要素进行新的组合，从而把汉语的优点、蕴藏在汉语中的各种美的因素，最大限度地调动起来，最和谐地表现出来。突破语法常规的 AABB，就是受到人们青睐的表现手段之一。我们欣喜地看到，人们一改过去的文风，开始讲究用词的创新性，注意追求语言的节奏美。于是，少用“最”、“最最”、“非常”、“无限”等字眼，代之以新颖活泼的 AABB 重叠格式，使语言鲜明生动与悦耳动听和谐地统一起来。

我们还特别注意到这样的现象，文化圈中人，如贾平凹、冯骥才、王朔、刘心武、余秋雨等都喜欢用这类新兴的AABB重叠格式。如冯骥才发表于1986年的小说《三寸金莲》(四川文艺出版社)中就屡屡出现这种AABB重叠格式,略举几例:

(56)月桂抽抽搭搭委委屈屈说:"您瞧,大娘……"

(57)佟忍安说到这儿忽然卡住,眼珠子变得浑浑噩噩朦朦胧胧虚虚幻幻离离叽叽,发直。

(58)香莲看桃儿脸上刷刷冒光,手指她身后,张嘴说不出话来,霎时间香莲恍恍惚惚糊糊涂涂真以为佟忍安诈尸还阳了。

(59)据说一棵是一辈,非得一棵接一棵一气儿垂下五棵……五世同堂,才算养到家,这就一波三折重重叠叠累累赘赘打一丈多高。

(三)港台文化的影响

20世纪80年代中后期,随着大陆和港台交往的增多,加上大陆人对港台文艺的欣赏与崇拜的心理,在语言上喜好仿效港台人的腔调和用语。AABB重叠格式就是仿效用语中的一种。相对而言,港台人特别是在台湾文人笔下,有许多AABB重叠格式原先在大陆普通话中是不能用的,尤其是状态形容词的重叠。例如:

(60)她说得很肯定,但现在李寻欢却发觉她的手忽然变得冰冰冷冷,而且还像是已沁出了冷汗。 (古龙《小李飞刀》,宁夏人民出版社,1994年)

(61)店里的伙计一直恭恭敬敬笔笔直直的站在旁边等着他点菜,虽然站得笔直,腿却还是有点发抖。 (古龙《陆小凤传奇》,珠海出版社,2005年)

(62)她对这儿的地势原不熟悉,四周又都漆漆黑黑,连盏路灯都没有。

(琼瑶《水云间》,花城出版社,1996年)

(63)尔泰和永琪互看,两人都有些紧紧张张。

(琼瑶《还珠格格之二·水深火热》,花城出版社,1996年)

(64)可是他又分分明明属于郝家的一员。

(云菁《花树下的人》,中国友谊出版社,1985年)

(65)你看,她哪次说要回婆家时,不是扮得妖妖精精的。

(白先勇《玉卿嫂》,《白先勇自选集》,广东省出版集团,2009年)

(66)大家都吃得这么幸幸福福,但是我呢?今晨还没有吃到任何东西。

(黄灵芝《蟹》,《台湾作家小说选集》第2卷,1982年)

(67)我每次遇到这种事情时，实实际际讨厌透了我这个行业。

(黄灵芝《蟹》，《台湾作家小说选集》第2卷，1982年)

(68)小屋看来简陋不堪……我迷迷糊糊的醒来，立即就放放心心的睡去。(琼瑶《在深山里》，《台湾作家小说选集》第3卷，1982年)

(69)两个胞弟都赘给人家了，自己豁着老命，简简陋陋讨了一房丑妻，给赵家留了一点香火……

(洪醒夫《扛》，《台湾作家小说选集》第4卷，1984年)

(四)大众传媒的影响

港台文化的影响首先在大众传媒中扩散。我们看到，在20世纪90年代的广播电视、报刊甚至商业广告里都频频出现AABB重叠格式，甚至译文也不例外，这无疑扩大了新兴AABB重叠式的影响，加速了它的传播。请看：

(70)让他放放心心，走光光明明的路，发发达达，过顺顺溜溜的日子。

(电视连续剧《都市放牛》第17集，秋菊语)

(71)一年中的热热乎乎，是真是假是甜还是苦。

(电视剧《过把瘾》歌词)

(72)中国人 海角天涯一条根 你和我逢盛世担大任 做一个坦坦荡荡磊磊落落堂堂正正中国人 (京歌《我是中国人》歌词)

(73)人在旅途，风风雨雨，坎坎坷坷，欢欢乐乐，悲悲喜喜，平平安安，忧忧愁愁，都会有，也是不足为奇的……

(电影演员潘红答记者问，《大众电视》1994年第6期)

(74)健健康康地活着，对社会一直是有用的人……

(著名舞蹈艺术家陈爱莲语，中央电视台《与你同行·与名人分享健康》)

(75)有了它，心也沉沉重重，腿也沉沉重重，一切的理想都要化为泡影…… (《天津日报》1995年7月11日)

(76)水绿的长袖翩翩然然。 (《新华日报》1998年6月12日)

(77)看盛会，行行业业欢欣鼓舞，学报告，干部群众争先恐后。

(《福建日报》1992年10月14日)

(78)有幸的是，我们终于认识了，欣赏了，比起先先辈辈来，算是一个福份。 (《泉州电视周报》1994年4月5日)

(79)精精神神喝一罐，专心听讲别开岔

美美滋滋喝一罐，开开心心玩一玩
清清爽爽喝一罐，醒醒脑袋要靠它
……
（中央电视台，杭州“娃哈哈”广告）

（80）他们对妇女彬彬有礼，对男人，尊尊敬敬。
（约翰·托兰《从乞丐到元首》，1989年）

（81）售票员耐心地又解释一遍，但老太太一路上总是紧紧张张的……
（[德]奥根·来治《模范售票员》，《读者》200期合订本，1994年）

（五）有独特的表达作用

这种AABB重叠格式有独特的表达作用和修辞效果，所以会为传媒界和文学艺术界广为使用。例如：

（82）后面的那辆车，是两个花枝招展的陪娘坐着，噘着嘴唇，狼狼狈狈地紧抱着陪箱，陪被，枕头，镜子。
（贾平凹《黄土高原》，《贾平凹散文选》，人民文学出版社，1992年）

（83）轻轻率率地把美丽青春大把大把地花去，毫不足惜。
（何立伟《流水落花》，《作家》1986年第11期）

（84）开饭时，男人要女人去村里的代销点买两瓶“黑地雷”……女人便纳闷，一辈子小小气气的男人今日咋的就大方起来。
（刘满望《男人》，《三月风》1996年第1期）

（85）后来辗辗转转地听人说，她结了婚，开头一直怀不上，过了阵子倒是怀上了，却是一胎一胎地流。（张翎《寻》，《收获》1995年3期）

（86）村民们很把我的上学当做一回事，早晨看我背着书包出去时只要遇到乡亲就会叮叮嘱嘱地欢送，傍晚背着书包回来时又会在村口细细询问。
（余秋雨《秋雨散文·后记》，浙江文艺出版社，1994年）

例（82）—例（84）的“狼狼狈狈”、“轻轻率率”、“小小气气”强调了程度，弱化了贬义；例（85）、例（86）的“辗辗转转”“叮叮嘱嘱”不再受双音节动词语法特点的限制，自由地处于状语的位置，加重了语言描写的成分。这些例句里作状语的AABB重叠格式，不仅用得新颖、别致，而且不用副词胜用副词，增强了语言的生动性，也匀称了音节，使语言富有节奏感。再如：

（87）你看这娃子，长得多像咱肖县长，眉眉眼眼，简直像得……
（李文华《重婚》，敦煌文艺出版社，1993年）

(88)花花絮絮,星星点点。 (《大众电视》1994年第1期)

初读以上例句似觉别扭,但细加琢磨品味,便能发现此类名词重叠有一定修辞作用——例(87)的“眉眉眼眼”在原义之外又加上了喜爱的色彩;而例(88)的“花花絮絮”则表明了该栏目小而内容丰富,同时又与“星星点点”形成一种节奏匀称的美。它们都收到了独特的修辞效果。

结 语

上述新兴的AABB重叠格式的出现,不光在节律上显示了优势,且有的改变了语法功能,有的增加了修辞意义,有的改变了感情色彩。因此,这种AABB重叠格式具有丰富而生动的表现力,增强了语言的审美功能。但也不是所有用例人们都能接受的。例如:

(89)工作疲惫不堪后,去超市走走,接受新的商品信息,也接受琳琳琅琅的诱惑和刺激。 (陈祖芬《为你着想》,作家出版社,1998年)

(90)明明白白是一个人,又似似乎乎有一个“壳”。

(《小说选刊》1985年第10期)

(91)你们说港台歌星没有内涵,脑子里空空白白,那你们自以为很了不起了? (《女友》1993年第12期)

(92)我就是我,一个坦坦白白的我。 (《语文月刊》1993年第7期)

有人对以上例句提出批评意见。有文章指出例(89):这里的“琳琳琅琅”显然是和“琳琅”被当作形容词使用有关。所谓“琳琅”,“琳”是美玉;“琅”指琅环,也是一种玉。这两个名词组合而成的“琳琅”仍然是名词,指精美的玉石,后引申指美好的事物。成语“琳琅满目”,说的便是美好的事物数量十分丰富。“琳琅”是名词。双音节名词有些可以重叠,如“花草”“山水”可以重叠为“花花草草”“山山水水”,但重叠后仍然带有名词性,不能当作形容词使用。用“琳琳琅琅”来修饰“诱惑和刺激”是说不通的。① 有人认为例(90)“副词不能重叠,套用作者的‘语言模式’,我们‘可可以以’说:作者‘好好像像’是把‘似乎’误作形容词了”。② 这些意见不无道理。我们也认为,例(91)、例(92)

---

① 罗川:《“琳琅”二误》,《咬文嚼字》2000年第8期,第9页。

② 王伯熙、隋晨光:《当前文学作品中的语言问题》,《中国语文天地》1987年第4期,第1页。

放着现成的更切合句义的"空空洞洞"、"清清白白"不用,而用名词"空白"、动词"坦白"来重叠使用,这也让人感觉别扭。

这种新型的 AABB 重叠格式还在发展中,进入 21 世纪,使用者更加自如,接受者更加包容。再看几个实例:

(93)关山把这么一个苗苗条条、柔柔韧韧、妖妖娆娆、哭哭泣泣的女孩子拥抱在怀里,他的心中陡然涌起了万般的爱怜。

(池莉《怀恋声名狼藉的日子》,云南人民出版社,2001 年)

(94)《大梦敦煌》火火热热整一年 (《人民日报》2001 年 5 月 8 日)

(95)"马老太太"文文气气,盘腿而坐。

(谢友鄞《大赢家》,《小说月报》2002 年第 10 期)

(96)笑语融融的单位,亲亲切切的单位,最近频频出现在梦中的单位,再次宽容地向我敞开了大门。 (《中国妇女》2002 年第 11 期)

(97)可以说类似这样"紧紧巴巴"的奥运现象一直持续到了上一世纪的 60 年代初。 (《北京纪事》2002 年第 17/18 期)

(98)但正是这样一位风云人物,他最初的人生追求只是娶一个善善良良的妻子,生几个聪聪明明的孩子,想一些简简单单的问题,过一个平平常常的日子。 (王海宾《名人传记》2008 年第 4 期)

(99)传统的班级管理是班主任凡事必亲躬,仅靠班主任自己的严格管理,虽能把学生"管"得规规矩矩,"理"得笔笔直直,可是这种效果却无法持久…… (阎爱《如何从"人治"走向"法治"》,《辅导员》2012 年第 1 期)

更有甚者,如今还有以这种新兴的 AABB 重叠格式命名的,例如:

吉吉祥祥的博客(新浪博客)

英英俊俊的微博(新浪微博)

幸幸福福的微博(腾讯微博)

俊俊俏俏的帖子(播种网)

美美丽丽生活用品(中国)有限公司

语言随着社会的发展不断在发展变化。新起的、似不合传统语法规范的用词用语,一开始往往带有偶发性,属于个人的言语行为,会让人感到不习惯,尤其是人们在 AABB 重叠格式的滥用与非滥用之间界限难以确定。但语言有自我调节作用,其中的一部分适应需要的、富于表现力的就会在人们的使用中保存下来，反之就逐渐被淘汰。AABB 重叠格式大量涌现，这是客观存在的事实。对种种新出现的 AABB 重叠格式，我们先不必简单地加以肯定或否定，可以让其发展一个时期，而后结合语言运用的实际情况来进行适当规范。

第二节　特殊的"NP＋不＋X＋谁＋X"格式

引　言

在本书第二章第二节我们说了，"NP＋不＋X＋谁＋X"格式的"X"也可以是个名词性成分，我们用"NP'"来表示。也即"NP＋不＋X＋谁＋X"格式的子格式除了"NP＋不＋VP＋谁＋VP"和"NP＋不＋AP＋谁＋AP"外，还有"NP＋不＋NP'＋谁＋NP'"。关于"NP＋不＋VP＋谁＋VP"和"NP＋不＋AP＋谁＋AP"，苏培成(1984：16)、于根元(1999：307)、潘建华(2000：28—29)、殷树林(2007：100)、胡德明(2010：98)等都曾不同程度地涉及或谈论过，但对"NP＋不＋NP'＋谁＋NP'"格式都未给以特别的关注。而当"X"为名词性成分时，由此形成的"NP＋不＋NP'＋谁＋NP'"格式，无论在结构特点、构成要素的语义特征还是在语用形式方面，都有与其他子格式不同的特点，(即为"特殊")，需要专门说说。

一、"NP＋不＋NP'＋谁＋NP'"格式的结构特点

相比较而言，"NP＋不＋X＋谁 X"格式的三种形式以"NP＋不＋NP'＋谁＋NP'"的紧缩程度最强。

(一)格式的组合超常规

按常规，名词通常不能受副词"不"的修饰，可是在"NP＋不＋NP'＋谁＋NP'"格式里，"NP'"就受"不"修饰。例如：

(1)毛泽东:“给我家划的是什么呀?”

老乡:“贫农,你不贫农谁贫农?” (电影《开国大典》)

(2)你不教授谁教授?

(杨曲《你不□□谁□□》,《杂文选刊》2002 年第 3 期)

(3)这期评选,我不劳模谁劳模?

(HOOPCHINA 社区:虎扑篮球,2009 年 12 月 18 日)

(4)我不英雄谁英雄 (《大同谍》,红袖网小说频道)

因此,我们认为“NP+不+NP'+谁+NP'”属于超常组合。那么,这应该怎么理解,怎么分析呢?

我们认为,就语法层面看,“NP+不+NP'+谁+NP'”属超常组合;但是,这种格式与当“X”为动词或形容词性词语时的“NP+不+VP+谁+VP”和“NP+不+AP+谁+AP”实际上是一样的,我们完全可以理解为在“NP”和“NP'”之间、在“谁”和“NP'”之间省略了一个动词,优先理解的是联系动词“是”,因此前后还是可以看作是两个小句。下面的实例就是很好的证明:

(5)老窝瓜(洋洋得意):我不天才谁天才?(顺口数落,仿佛又道起数来宝)“天牌地牌与人牌,字号招牌换不来!” (曹禺《正在想》)

(6)当婷婷读书忘了吃饭,周弘就欣喜地将她拉到台板前:“孩子,你看,你符合天才儿童第一条,读书废寝忘食,孩子,你不是天才谁是天才?”

(《南方周末》2001 年 4 月 27 日)

(7)把酒临风,高歌一曲,唱不尽我心中的万丈豪情。想对你说:你不天才谁是天才? (起点中文小说网:小说阅读)

(8)“你是我们厂出了名的小诸葛,你不是天才谁天才!”小汪也插嘴说。

(《狮城扶轮文学奖得奖作品集》,新加坡风云出版社,1990 年)

对照例(5)、例(6)、例(7)、例(8),可以清楚地看出,“NP+不+NP'+谁+NP'”可以有以下四种变体形式:

a. NP+不+NP'+谁+NP' (你不天才谁天才)

b. NP+不是+NP'+谁+是+NP'(你不是天才谁是天才)

c. NP+不+NP'+谁+是+NP' (你不天才谁是天才)

d. NP+不是+NP'+谁+NP' (你不是天才谁天才)

在“谁”和“NP'”之间也可以是别的动词,如“当”、“做”等,例如:

(9)郑秀兰:我听大李说你们那儿,要给您评教授是吗?

高宝生:啊,是,报是报上去了,批得下来批不下来还得看运气。

郑秀兰:肯定能批下来,您这么有学问,您不当教授谁当教授啊?是吧?（电视连续剧《居家男人》）

(10)我不做流氓谁做流氓?

（王朔《我不做流氓谁做流氓》,贵州人民出版社,2002 年）

例(9)换说为“您不教授谁教授啊?”,例(10)换说为“我不流氓谁流氓?”,意思没有太大的差别。

(二)格式中的“NP’”多为双音节名词语

“NP＋不＋NP’＋谁＋NP’”格式主要在口语中运用。一般多音节“NP’”进入格式,句子说起来显得拗口。如,之所以一般不说“你不劳动模范谁劳动模范?”、“你不英雄好汉谁英雄好汉?”等,就在于音节拗口。就我们所搜集的语料看,充当“NP＋不＋NP’＋谁＋NP’”格式中的“NP’”除以上各例所示的双音节名词语外,还有一些是多音节名词语缩略而成的双音节名词语。例如:

(11)王宝泉:我不魔鬼(指“魔鬼训练”,笔者注)谁魔鬼

（《西藏商报》2010 年 4 月 5 日）

(12)我不大牌(指“大牌影星”,笔者注),谁大牌!!

（娱乐前线,2004 年 10 月 30 日）

(13)他不双生(指“双胞胎”,笔者注),谁双生

（XQ 论坛,2008 年 11 月 8 日）

例(11)为文章标题,其正文有“中国女排新帅王宝泉让全国媒体见识了什么叫‘魔鬼训练’,什么叫‘狠’。每天起码 8 小时的高强度训练,让队员感到了王宝泉的‘恐怖’,他用行动告诉队员,我不魔鬼谁魔鬼!”例(12)、例(13)情形相同。

我们看到,近年来一些非指人名词语也进入“NP＋不＋NP’＋谁＋NP’”格式充当“NP’”。例如:

(14)深圳:我不豪宅谁豪宅　（《第一财经日报》2005 年 11 月 20 日）

(15)北京不第一谁第一?

（腾讯网,腾讯教育 2006 年 11 月 20 日 00:13）

(16)你不风景谁风景？春也风景，冬也风景。

(澳洲长风信息网《我在读你——致华夏周报春节问候》)

(17)拍案陈安苏：你不神马(“什么”，笔者注)谁神马！

(人民聊吧：黄山，2011 年 8 月 3 日 08:43:31)

(18)许霆！你不无期(“无期徒刑”，笔者注)谁无期？

(春秋战国全球中文网，2008 年 2 月 23 日)

(19)洪大夫继续批评那位得心肌梗死的大款……健康的四大基石你条条对着干，你不心肌梗死谁心肌梗死？

(舒云《洪昭光健康讲座启示录》，《北京文学》2003 年第 5 期)

例(19)是疾病类名词，以此类推，也可以说“你不肝炎谁肝炎?”、“你不高血压谁高血压?”、“你不糖尿病谁糖尿病?”等等。格式的高使用率“孕育着语法化的契机”(王建军，2006:78)，例(14)—例(19)说明，“NP＋不＋NP’＋谁＋NP’”同其上位格式“NP＋不＋X＋谁＋X”一样可能也正在经历语法化的过程。

我们认为，格式中的“NP’”多为双音节名词语，这是语言格式中韵律调节的结果，具体说是双音节作为一个音步优胜的结果。“NP＋不＋NP’＋谁＋NP’”的“二二三”式正是汉语以双音节结构为主的韵律特点，读起来朗朗上口，铿锵有力。

如果格式中“NP’”是名形、名动兼类的，则句子有歧义。

你不先进谁先进?

你不领导谁领导?

你不典型谁典型?

……

此处的“先进”既可以理解为形容词，也可以理解为名词；“领导”既可以理解为动词，也可以理解为名词；“典型”既可以理解为形容词，也可以理解为名词；还含有褒贬不同色彩。不同理解会有意思上的区别，具体得联系上下文语言环境判断。

(三)格式中的标记不能被替换

在第二章第二节中我们说到，在语言运用中，“NP＋不＋X＋谁＋X”的子格式不管是“NP＋不＋VP＋谁＋VP”还是“NP＋不＋AP＋谁＋AP”，作为标记的“不”和“谁”，都可以被替换，即“不”的位置也可能会出现“没(有)”，“谁”的位置也可能会出现其他疑问代词，而句首“NP”也会随着疑问代词的更替而不同，但所表示的语法意义跟“NP＋不＋X＋谁＋X”格式相同，也常用来强调表示“NP 肯定具有 X 所指明的情况或属性”这样的意思，格式中两个小句(陈述性否定句形式和反问句形式)也前呼后应，形成强烈的评判色彩和反问语气，含有“X 所指明的情况或属性非 NP 莫属”的强调意味。因此，“NP＋不＋X＋谁＋X”格式可以有如下的上位格式：

NP＋否定成分＋X＋疑问成分＋X

但是，在“NP＋不＋NP'＋谁＋NP'”格式中，作为标记的“不”和“谁”却不能被替换。因此，严格意义上说，“NP＋否定成分＋X＋疑问成分＋X”的下位格式“NP 不 X 谁 X”中不包含“NP 不 NP'谁 NP'”这种结构形式。这也是“NP＋不＋NP'＋谁＋NP'”与其他一般“NP＋不＋X＋谁＋X”格式不一样的特点。

二、“NP＋不＋NP'＋谁＋NP'”中“NP'”的语义特征

据考察，能进入“NP＋不＋NP'＋谁＋NP'”的“NP'”多为指人名词语或与人相关的一些名词语。值得注意的是，不是所有的指人名词语都能进入“NP'”位置。先看两组句子：

A：	B：
*你不学生谁学生？	你不差生谁差生？
*你不教员谁教员？	你不教授谁教授？
*你不老师谁老师？	你不导师谁导师？
*你不学员谁学员？	你不党员谁党员？
*你不同行谁同行？	你不高手谁高手？
*你不家长谁家长？	你不科长谁科长？
*你不同事谁同事？	你不兄弟谁兄弟？
*你不记者谁记者？	你不名记谁名记？
*你不会计谁会计？	你不讲师谁讲师？
*你不阿凤谁阿凤？	你不阿 Q 谁阿 Q？
……	

从形式上看，这两组句子词类序列相同，句法结构关系相同，语义结构关系也相同，但口语中只出现B组句。为什么？我们认为这与B组句中指人名词语的语义特征有关，并且认为这种格式中的指人名词语与现代汉语中另两种格式中的指人名词语有相同的特点。这两种格式分别是“NP了”和“副+NP”格式。

(一)关于相关“NP”的语义特征

为了方便说明，我们先来了解相关的名词种类，再观察“NP了”和“副+NP”格式中的“NP”。

1. 具有顺序义和表示性状化的名词。

王钰(2001:223—225)以能否受副词修饰为标准把名词分为两个类别：副名，非副名。按照接受副词的种类不同，把副名分为三个小类：具有度量义的名词，具有顺序义的名词，可以表示性状化的名词。

A. 指人顺序义名词。包括两个小类：

衔位名词。如学士、硕士、博士；小学生、中学生、高中生、大学生、研究生；助教、讲师、副教授、教授；科长、处长、局长、司长、部长；村长、乡长、县长、专员、省长；班长、连长、营长、团长、旅长、师长、军长、司令员；准尉、少尉、中尉、上尉、少校、中校、上校、少将、中将、上将、大将。

年龄名词。胎儿、新生儿、乳儿、婴儿、幼儿、小男孩、小货子、男子汉、老头子；儿童、少年、青年、壮年、中年、老年；小姑娘、大姑娘、少妇、妇女、老太太。

B. 可以性状化的名词。包括四个小类：

社会阶层和社会角色的名词。如官僚、瘪三、市侩、流氓、天才、市民、农民、贵族、学究、权威、绅士、傻瓜、笨蛋、小市民、王八蛋、哥们、英雄好汉、江湖骗子、奶油小生。

易于引起某种联想和共鸣的专有名词，如中国、日本、美国、法国、东方、西方、上海、北京、香港、百慕大、西伯利亚。

现象、状况、范畴名词。如原则、艺术、传统、青春、水平、危机、文化、朝气、哲理、情趣去、情感、罪恶、色情、福分、诗意。

经常用来打比方的现象或事物名词。如铁、脓包、饭桶、废物、草鸡、野马、维纳斯、唐·吉诃德、夏洛克、罗密欧、希特勒、法西斯。

2.“NP 了”和“副＋NP”中“NP”的语义特征。

A.“NP 了”中的“NP”具有“推移性”

邢福义（1984:24）认为：能进入“NP 了”句式的 NP 具有推移性。表示人或事物的名词和名词短语带上了“了”，意味着人或事物发生由小到大、由新到老、由低级到高级、由存现到消失等等的变移。如“大姑娘了”（小姑娘→大姑娘），“老兵了”（新兵→老兵），“中学生了”（小学生→中学生），“高等动物了”（低等动物→高等动物）。文中所举部分语言实例为：“我老了，废物了，忘性比记性好。”（浩然《老人和树》，《当代》1982 年第 6 期，第 138 页）“我真想命令他把帽子摘下来，可又想，要走的人了，算了，只当没看见。”（龚绍东《他，就这样走了》，《小说选刊》1983 年第 2 期，第 44 页）“夫妻了，还分那么清干什么？”“老夫老妻了，还讲这个？”“还住这么小的房子，大干部了！”

B.“副＋NP”中的“NP”具有“内涵义”

于根元（1991:19—22）指出：人们常常用具体的人和物来指称某种特性。例如，以“官僚”指称高高在上、不知下情、不关心群众、拿架子等，于是可以说“太官僚”。以“铁”指称极其牢固，因而可以说“很铁”。以“流氓”指称下流，因此可以说“太流氓”。文中所举部分语言实例为：

“老教师们已经开过几门课，他们很快接过一些课目……我也不能太露怯，太瘪三，我接受了自己比较熟悉和喜欢的两个剧目。”

（马中行《我要属狼》，《中国作家》1988 年第 6 期，第 138 页》）

“你也太书呆子啦……”

（张炜《童眸》，北京十月文艺出版社，1988 年，第 107 页）

“我要是把想的什么都说出来，那可太流氓啦。”

（陈建功《鬈毛》，《十月》1986 年第 3 期，第 14 页）

“他从摊位下拉出一条白色的麻布裤，‘这式样行了吧，够青春的啦。’”

（李晓《关于行规的闲话》，《收获》1988 年第 1 期，第 30 页）

“卜琳，你别以为那小子是草包，他可不奶油……”

（易丹《卜琳》，《小说界》1988 年第 4 期，第 105 页）

“爸很绅士地点点头，问我：‘小姐，游泳衣带了吗？’”

（冯敬兰《失却的伊甸园》，《长城》1989 年第 2 期，第 89 页）

刘晓峰(2002:79—82)认为:在"副+名"结构中,"很"并不指向具体名词的概念义,而是指向它们的内涵义。内涵义是附加在概念义上的意义,社会、阶级、阶层、集团或个人都可以给一个词附加上内涵意义。如:

女人:人,具备成熟、雌性等特征。(概念义)

柔弱、精致、顺从……(内涵义)

"很女人"可以解释为很柔弱、精致、顺从。

汉子:人,具备成熟、雄性等特征。(概念义)

讲义气、正派、正义……(内涵义)

"很汉子"可以解释为很讲义气、正派、正义。

……

(二)关于"NP'"的语义特征

经考察,能进入"NP+不+NP'+谁+NP'"格式的"NP'"必须具有以下语义特征:

1."NP'"具有"顺序义"

所谓具有顺序义特点的名词也包括具有推移性意义的名词。这一类名词性词语我们把它描写为"NP'[+顺序义]"。

我们发现,凡能进入"NP了"格式的"NP"都能进入"NP+不+NP'+谁+NP'"格式。例如:

你不大姑娘谁大姑娘?

你不老兵谁老兵?

你不中学生谁中学生?

你不高等动物谁高等动物?

你不废物谁废物?

你不要走的人谁要走的人?

我们不夫妻谁夫妻?

我们不老夫老妻谁老夫老妻?

你不大干部谁大干部?

邢福义先生认为:如果没有由彼到此的推移性,也不能说成"NP了"。例如:

大孩子了,对大人要有礼貌!

*小孩子了,对大人要有礼貌!

"大孩子"跟"小孩子"相对,并且是由"小孩子"变来的,因此能说成"大孩子了";"小孩子"跟"大孩子"相对,但不是由"大孩子"变来的,因此不能说成"小孩子了"(邢福义,1984:25)。但是,对"NP+不+NP'+谁+NP''"格式来说,不具有由彼到此推移性意义的指人名词,只要有[+顺序义]特征,同样可以进入这一格式。例如:

你不小孩子谁小孩子?

你不小姑娘谁小姑娘?

2."NP''"可以"性状化"

所谓可以性状化的名词即能指称某种特性、附加上内涵义的名词。这一类名词我们把它描写为"NP'[+可性状化]"。

王钰(2001:225)指出:"只要该名词的内涵义是具有个性的,富有特色的,比较普及的,尤其是足以引起人们联想的,都可以具有陈述性、性状化。"我们发现,凡能进入"副+NP"结构的"NP"也都可以进入"NP+不+NP'+谁+NP''"格式,格式中否定副词"不"也指向"NP''"的内涵义。换一种说法,能进入"NP+不+NP'+谁+NP''"格式的名词,如"博士"(学历的最高级)、"教授"(职称的最高级)、"雷锋"(助人为乐)、"流氓"(放刁、撒赖,施展下流手段)、"陈世美"(忘恩负义)、"大款"(富有)等,其典型特征应该是无需语境制约就可激活的。例如:

他不北大谁北大?　　他不瘪三谁瘪三?

他不博士谁博士?　　他不流氓谁流氓?

他不大款谁大款?　　他不饭桶谁饭桶?

他不汉子谁汉子?　　他不女人谁女人?

他不雷锋谁雷锋?　　他不狗熊谁狗熊?

他不胆小鬼谁胆小鬼?　　他不陈世美谁陈世美?

他不哥们儿谁哥们儿?　　他不书呆子谁书呆子?

在实际语言中,否定副词"不"修饰"NP"的现象并不少见,这同样与"NP"具有[+可性状化]的语义特征有关。例如:

(20)原地还嘴:谁流氓……你流氓你……你……!

对流半天,女性吃不起这亏,只好说:好好好你不流氓你出去,你先出去行吗? (王朔《看上去很美》,人民文学出版社,2006 年)

(21)有了孩子就要抱,有人在前面就要握手,被扔了鸡蛋要镇定,稍不高兴就会变得“不绅士”、“无风度”。 (《杂文选刊》2002 年第 2 期)

(22)许多人一说中了大奖就回家,要么就跟领导较真,太短视了,干吗老想着领导,不领导不行吗? (《杂文选刊》2002 年第 2 期)

(23)果果本是顺口幽默,没想到碧羚以西方式的坦率立刻回应地说:“哪里,你不很男人,很不男人……”

(刘心武《一窗灯火》,华艺出版社,1993 年)

由此可见,能进入“NP+不+NP'+谁+NP'”格式的“NP'”必须具有[+顺序义]或[+可性状化]语义特征。

三、“NP+不+NP'+谁+NP'”格式的语用形式

与“NP+不+X+谁+X”的另两种子格式相比,“NP+不+NP'+谁+NP'”语用形式也不同。主要是:

(一)没有复句形式

在语言运用中,“NP+不+VP+谁+VP”或“NP+不+AP+谁+AP”都可以有大量复句形式,即中间加上逗号。例如:

(24)“我不冲在前,谁冲在前” (《江西日报》2008 年 6 月 1 日)

(25)我不出监狱,谁出监狱? (《文化博览》2007 年第 8 期)

(26)姚明不伟大,谁伟大? (《体坛周报》2010 年 12 月 3 日)

(27)“丁桥男”不红,谁红? (《青年时报》2010 年 1 月 17 日)

“NP+不+NP'+谁+NP'”未见有这样的实例,这也许与“NP+不+NP'+谁+NP'”格式前半部分“NP 不 NP'”(陈述性否定句形式)不成小句有关,因此中间不能有停顿。

(二)没有扩展形式

在语言运用中,“NP+不+VP+谁+VP”或“NP+不+AP+谁+AP”都有大量扩展形式的用例,具体是再插入一个甚至更多“NP+不+VP(AP)”,

中间可以没有停顿，也可以有停顿，例如：

(28)你不奉献我不奉献谁来奉献？你也索取我也索取向谁索取？

(全国劳动模范徐虎格言)

(29)你不诉苦，她不诉苦，大家都不诉苦，谁诉苦呢？

(周而复《上海的早晨》，人民文学出版社，1979年)

(30)你不干，我不干，谁干呢？(吴强《红日》，人民文学出版社，1958年)

(31)这是你的土地，这是我的土地，你不爱护、我不爱护，谁来爱护？

(唐默思《千古一问》)

从理论上讲，“NP＋不＋NP’＋谁＋NP’”也可以扩展，如“你不英雄我不英雄谁英雄？”，但未见实例。

(三)没有连用现象

在语言运用中，“NP＋不＋VP＋谁＋VP”或“NP＋不＋AP＋谁＋AP”格式都存在着连用现象。例如：

(32)出身贫农自然“根红苗正”，自然“纲”也“举”了，“目”也“张”了。你不从政谁从政？你不当官谁当官？

(《流浪诗人子页》，《国际人才交流》1999年第9期)

(33)周恩来以“我不入地狱谁入地狱”、“我不入虎穴谁入虎穴”、“我不入苦海谁入苦海”的精神，忍辱负重，忘我工作，尽可能地减轻动乱造成的破坏。

(曹应旺《协力、同心、共命——周恩来与毛泽东》，四川人民出版社2008年)

(34)谁让咱是支部书记呢？你不忙谁忙？你不累谁累？你不吃亏谁吃亏？ (《山区农村奔小康的榜样—关于山西省阳城县神南村的调查报告》，《人民论坛》1996年第5期)

(35)昨日本报记者采访了郑彦英，他告诉记者，“韩寒的言行体现了年轻人的秉性，年轻人不张狂谁张狂，年轻人不浮躁谁浮躁？”

(《郑州晚报》2008年9月23日)

而“NP＋不＋NP’＋谁＋NP’”格式未见连用实例。

(四)偶作句法成分

在语言运用中，多见“NP＋不＋VP＋谁＋VP”或“NP＋不＋AP＋谁＋

AP”格式充当各种句法成分，如本书第二章第二节中例47—例(55)，而用“NP＋不＋NP’＋谁＋NP’”格式充当句法成分的，我们仅找到以下两例：

(36)我不风景谁风景的角落。　　(西祠胡同，www. xici. net)

(37)给你个大学教授当当简直是委屈了你，因此就“你不教授谁教授”了——果如此，这比从农民嘴里说出来的“你不贫农谁贫农”，难道就高明多少，难道有什么质的不同？

(杨曲《你不□□谁□□》，《杂文选刊》2002年第3期)

例(36)中的“我不风景谁风景”充当定语，例(37)中的“你不教授谁教授”、“你不贫农谁贫农”分别充当谓语中心语和定语中心语。

结　语

综上所述，“NP＋不＋NP’＋谁＋NP’”是一种特殊的表达格式，在语言运用中有它自己的句法特点。较之一般紧缩式确指反问格式，其结构更为紧缩而独特。大量的语料考察证明，近年来，“NP＋不＋NP’＋谁＋NP’”格式在口语和书面语中都有越来越高的使用率。我们还将在第五章第一节中讨论关于“NP＋不＋NP’＋谁＋NP’”格式作标题的情况。

第三节　文学作品中的超常式状中格式

引　言

在语言交流活动中，一方面人们要遵守约定俗成的规律，用规范的语言进行交际，以使人与人之间的交流畅通；另一方面为表达的需要，或在审美本能的驱使下，人们在遇到用常规的语言结构形式难以达到某些特殊表意需要时，又会不囿于规范的束缚寻觅崭新的途径，作非常规语言结构使用的尝试，突破语言的“模式”进行交际，于是出现“超常搭配”的语言变异现象。

这种变异一般说来最早总是出现在小说家、诗人这些对社会生活异常敏感者笔下。作家们常常会不循规蹈矩地遵从原有的语言模式，而根据自己的感觉、情绪、意图和要求，对语言素材进行新的组合，尝试着艺术地对语言进行重构和创建。正如刘大为先生所说“现代文学注重用语言去重新构造人的感受方式而恢复世界存在方式的丰富多彩”，“文学世界不能再容身与日常语言的常识和逻辑预设之下，于是多种多样的破格句大量出现于文学语言之中”（刘大为，1989：76）。许多超出寻常的、看似违反逻辑的说法使语言表达“新鲜化”、“陌生化”，获得特殊的表达效果。这在“状－中”格式搭配中也表现得特别明显。

在通常情况下，状语只是句子的附加成分，说写者在状中的正常搭配中就可以一般地完成信息传递的任务，可是作家们总是不满足于既有的一般。为了使语言呈现出新的美的光彩，他们冲破状中搭配的常规，创造出反常搭配的结构模式。我们知道，描写人物肖像的词语，一般处于定语或谓语位置，例如“苗条”、“胖胖的”都是用来描写人的体态的，通常或说“苗条的姑娘”、“胖胖的春伢子”，或说“淑琴那姑娘很苗条”、“春伢子胖胖的”。可是，有时为了表达的需要，还可以让“苗条”和“胖胖的”去作状语。（本文的引例中，有将状语成分的后附成分写作“的”字的，不改动，一律视作“地”。）例如：

(1)设若他稍微能把心放松一些，他满可以胖胖的躺在床上，姨太太与儿女们把他伺候得舒舒服服的。

（老舍《且说屋里》，北京燕山出版社，2011 年）

(2)小瑜就很苗条地过来，拿了纸，拿了今年的刊物，一大堆码到我手上。

（徐晓鹤《诱惑》）

以上的“胖胖的躺在床上”、“很苗条地过来”就形成了超常规的状中拼接。本文所说的“超常式状中格式”就是指这种语言现象。下面例句中加着重号的，都属于“超常式状中格式”：

(3)阿 Q 便全疤通红的发起怒来。

（鲁迅《阿 Q 正传》，花城出版社，2009 年）

(4)袁纪右眼青肿地终于说了话。（何立伟《水库》）

(5)我们这个小城也有很多洋人来参观，他们鼻梁很高地这里那里地照相。

（何立伟《日子》，作家出版社，2009 年）

(6)“欢迎欢迎”老板身材魁梧地打量我。（徐晓鹤《诱惑》）

上面例句中处在状语位置的“全疤通红”、“右眼青肿”、“鼻梁很高”、“身材魁梧”明显地都是用来描写人物肖像的词语，可是在句中却分别用作人物动作“发起怒来”、“说了话”、“照相”、“打量我”的状语。笔者(1991:72—74)曾将这类状语称作“超常状语”，高万云(1993:16—20)称作“指名性状语”。刘大为先生曾把汉语里一些能在状语和主/宾语的定语间移动的修饰性成分(写作 M)，分成 MA、MB、MC、MD、ME 五种类型。其中 MA 中的“(1)a 扔过来一个红红的野果子➜(1)b. *红红地扔过来一个野果子(2)a 满头白发的老汉脱了鞋➜(2)b. *老汉满头白发地脱了鞋”都不能按最低的标准(移动前后 M 所处的句子语义上合格)移动，即处于定语的位置而不能向状语的位置移动(1992:17—22)。这“红红地扔过来一个野果子”、“满头白发地脱了鞋”就是我们所指的超常式状中格式。下面具体分析这种超常式状中格式的结构特点、表述特征及表述功用。

一、超常式状中格式的结构特点

(一)充任状语的成分有特色

我们知道，现代汉语中最能作状语的是副词和介词结构，可是充任超常式状中格式中的状语既不是副词，也不是介词结构。在超常式状中格式中作状语的成分主要有以下几种：

1. 形容词性词语，包括性质形容词性词语和状态形容词性词语。例如：

(7)小瑜就很苗条地过来，拿了纸，拿了今年的刊物，一大堆码到我手上。 (徐晓鹤《诱惑》)

(8)啪啦啪啦，这锣声这唤声，惊飞了那两只水鸟，从那绿汪汪里，雪白地滑起来，悠悠然悠悠然远逝了。 (何立伟《白色鸟》)

(9)车副婆婆东一扫把西一扫把地扫进去，猛抬头，却好看见常老倌精瘦地站在那里急不可耐。 (徐晓鹤《宣传宝及其他》)

(10)马猴子一面瘦精精地爬起来，一面用功系裤扣。 (何立伟《水库》)

(11)设若他稍微能把心放松一些，他满可以胖胖的躺在床上，姨太太与儿女们把他伺候得舒舒服服的。

(老舍《且说屋里》，北京燕山出版社，2011 年)

(12)太阳落了,黄黄地照着路边的土墙。

(王安忆《小鲍庄》,花城出版社,2009 年)

(13)刘翠用毛巾擦着手,白胖光亮地到了客厅里

(柯云路《龙年档案》,中国文联出版社,2008 年)

例(7)是由一个性质形容词“苗条”为中心的形容词性词语充任状语,例(8)、例(9)、例(10)是由状态形容词“雪白”、“精瘦”、“瘦精精”充任状语,例(11)、例(12)是由单音节形容词“胖”、“黄”的重叠式“胖胖”、“黄黄”带“的(地)”充任状语,例(13)是由并列式形容词性短语充任状语。

2、主谓短语,包括形容词性和名词性主谓短语。

A. 由形容词性词语充任谓语的主谓短语。这类实例最多,请看例句:

(14)“欢迎欢迎”老板身材魁梧地打量我。 (徐晓鹤《诱惑》)

(15)白莉萍脸色苍白地说:“大姐,这水还会涨吗?”

(魏继新《燕儿窝之夜》,重庆出版社,1984 年)

(16)袁纪右眼青肿地终于说了话。 (何立伟《水库》)

(17)我们这个小城也有很多洋人来参观,他们鼻梁很高地这里那里地照相。 (何立伟《日子》,作家出版社,2009 年)

(18)一直听不清他鼻音很重地对我讲了些什么话。

(徐晓鹤《那天晚上》,四川文艺出版社,1996 年)

(19)黄娭毑白发苍苍地说。

(何立伟《一夕三逝》,《新时期文学二十年精选 · 短篇小说卷》,上海教育出版社,2002 年)

(20)他也就目光灼灼地嘴唇通红地坐在雪地里。

(鲁迅《雪》,《语文》,北京教育出版社,2006 年)

(21)赵司晨脑后空荡荡的走来。

(鲁迅《阿 Q 正传》,花城出版社,2009 年)

(22)女人眼白很多地说。 (何立伟《一夕三逝》)

(23)上台阶时,他脑壳很大地晃了一晃,就醒过来了。

(何立伟《影子的影子》)

B. 名词性词语充任谓语的主谓短语。例如:

(24)一面慢慢地啜着……看女服务员满面横肉地蓄着日本式的披发…… (何立伟《影子的影子》)

(25)马曼丽满头披发撞向赵小军。

(刘震云《我叫刘跃进》,长江文艺出版社,2011 年)

关于主谓短语作状语,(刘月华,1983:307)阐述状语的分类时提及主谓短语可以充任描写动作者的状语,尹世超则重点探讨了加“地”做状语的主谓短语的特点,即“1.格式短小,以四字格最为常见。2.形容词谓语居多,少数动词谓语也具有描写性。3.主语和全句主语有领属关系。4.描写施事主语的动作情态,只能修饰动词,而且多是表示具体动作行为的动词,不能修饰形容词”(1983:23—24)。我们讨论的这种超常式状中格式中无论是哪一种主谓短语,也都具有类似特点:

第一,全部都是四字格,少有例外。

第二,全句的主语跟主谓短语的主语之间存在领属关系。请看:例(14)全句主语“老板”与主谓短语的主语“身材”之间、例(15)全句主语“白莉萍”与主谓短语的主语“脸色”之间、例(16)全句主语“袁纪”与主谓短语的主语“右眼”之间,例(17)全句主语“他们”与主谓短语的主语“鼻梁”之间、例(18)全句主语“他”与主谓短语的主语“鼻音”之间都是领属关系。其余各例无一例外。

3、名词性偏正短语(定中短语)。此实例不多,例如:

(26)船舱里的睡人也一身腻汗地醒来。

(钱钟书《围城》,人民文学出版社,2003 年)

(27)院长把他抱出来,抢过手上的两只包子射在后生的脸上。然后很大身坯地抓起疯子就走。

(徐晓鹤《院长和他的疯子们》,湖南文艺出版社,1987 年)

作状语的“一身腻汗”、“很大身坯”都是名词性偏正短语。也是四字格。

(二)充当状语的词语

充当状语的词语(形容词性词语、主谓短语、名词性偏正短语)都具有[+述人]的语义特征。这些状语在形式上是修饰动词性词语的,但在语义上都指向上位层面的间接成分——全句主语,如例(1)中的状语“胖胖的”指向句子主语“他”,例(2)状语“很苗条的”指向句子主语“小瑜”,例(3)状语“全疤通红”指向句子主语“阿 Q”,例(4)状语“右眼青肿”指向句子主语“袁纪”,例(5)“鼻梁很高”指向句子主语“他们”,例(6)“身材魁梧”指向句子主语“老板”。

其余各例无一例外。

(三)状语都带有状语标记“地”

状语都带有状语标记“地”(有作者写作“的”)张邱林(2005:42)注意到“有些NA主谓短语本来不能与后面的动词直接组合,在‘地’的强制规约下,可以组合成状中结构”。其实,那状语无论由主谓短语充任,还是由形容词性词语充任,或是由名词性定中短语充任,都得带有“地”。上面所举的例(7)—例(25)如果不加“地”,无一例外地都不能成句。请看:

(7’)*小瑜就很苗条过来,拿了纸,拿了今年的刊物,一大堆码到我手上。

(8’)*啪啦啦啦,这锣声这唤声,惊飞了那两只水鸟,从那绿汪汪里,雪白滑起来,悠悠然悠悠然远逝了。

(9’)*车副婆婆东一扫把西一扫把地扫进去,猛抬头,却好看见常老倌精瘦站在那里急不可耐。

(10’)*马猴子一面瘦精精爬起来,一面用功系裤扣。

(11’)*设若他稍微能把心放松一些,他满可以胖胖躺在床上,姨太太与儿女们把他伺候得舒舒服服的。

(12’)*太阳落了,黄黄照着路边的土墙。

(13’)*刘翠用毛巾擦着手,白胖光亮到了客厅里。

(14’)*“欢迎欢迎”老板身材魁梧打量我。

(15’)*白莉萍脸色苍白说:“大姐,这水还会涨吗?”

(16’)*袁纪右眼青肿终于说了话。

(17’)*我们这个小城也有很多洋人来参观,他们鼻梁很高这里那里地照相。

(18)*一直听不清他鼻音很重对我讲了些什么话。

(19’)黄娭毑白发苍苍说。

(20’)*他也就目光灼灼嘴唇通红坐在雪地里。

(21’)*赵司晨脑后空荡荡走来。

(22’)*女人眼白很多说。

(23’)*上台阶时,他脑壳很大晃了一晃,就醒过来了。

(24’)*一面慢慢地啜着……看女服务员满面横肉蓄着日本式的披

发……

(25') *马曼丽满头披发撞向赵小军。

其中,例(15')、例(16')、例(19')、例(20')和例(23')—例(25')虽删去了"地",似乎也能成立。其实,真要能成立,得在动词性词语前加上个逗号。拿例(15') 例(20')来说,真要成立,得改成例(15'')、例(20'')。

(15'')白莉萍脸色苍白,说:"大姐,这水还会涨吗?"

(20'')他也就目光灼灼,嘴唇通红,坐在雪地里。

而这一来结构性质也变了——例(15'')"脸色苍白"跟前面的"白莉萍"构成主谓关系;例(20'')"目光灼灼"、"嘴唇通红"与后面的"坐在雪地里"构成连谓关系修饰主语"他"。

(四)状语都具有典型的描写性

刘月华(1983:305—309)将状语分为限制性的状语和描写性的状语。这种超常式状中格式中的状语无一例外地都属于描写性状语。

由这种超常式状中格式作谓语的句子,就其句式来看都有如下变换式。例如:

a.(A)阿Q全疤通红的发起怒来➔(B)全疤通红的阿Q发起怒来➔(C)阿Q全疤通红,发起怒来

b.(A)洋人鼻梁很高地这里那里照相➔(B)鼻梁很高的洋人这里那里照相➔(C)洋人鼻梁很高,(他们)这里那里照相

c.(A)老板身材魁梧地打量我➔(B)身材魁梧的老板打量我➔(C)老板身材魁梧,(他)打量我

d.(A)他胖胖的躺在床上➔(B)胖胖的他躺在床上➔(C)他胖胖的,躺在床上

状语,如果它修饰的是动词性谓语,那么它会拥有同其他句子成分(除却动词性词语充任的谓语)不同的语法职能,那就是动感性。这是受它直接搭配成分谓语动词的影响而自然产生的句法语义特征(常月华、崔应贤,1994:57)。观察以上变换式可见,"一个M(修饰语)如果作为定语出现就会显示出一种事物性而成为关于事物的状态,如果作为状语出现则显示出一种行为性而成为关于行为的状态"(刘大为,1992:18)。这种超常式状中结构中描写人

物肖像的词语处于状语位置，与人物动作组合后便具有了一种动态感；而其变换式，描写人物肖像的词语不管是处在定语的位置上(B)，还是处在谓语的位置上(C)，它们所修饰或陈述的状况是已然的，属于静态组合。从语感上说，变换式语言成分还原了语义指向所在的位置，搭配妥帖，但语言表达却显得单调刻板，缺乏一种强烈的生动感和新鲜感。

二、超常式状中格式的表述特征

从信息论的角度看，语言是一种传递信息的符号系统。语言符号具有线条性，一句话就是一个线性语流。客观事物在人的感知上本来就有先后，这种先后感知投射到语言，在语序上，便往往先感觉到的客观现实居于后感觉到的之前。这种超常式状中格式表现人们的感觉时，就合情合理地反映了人们对客观事物的接受过程。例如：

(28)黄娭毑白发苍苍地说。

(何立伟《一夕三逝》，《新时期文学二十年精选·短篇小说卷》，上海教育出版社，2002 年)

(29)车副婆婆东一扫把西一扫把地扫进去，猛抬头，却好看见常老倌精瘦地站在那里急不可耐。 (徐晓鹤《宣传宝及其他》)

(30)这河大约只能算作溪，不宽，不深，绿绿地流过去。

(阿城《洗澡》，《阿城精选集》，北京燕山出版社，2006 年)

以上例句所表述的情况对接受者来说最先摄入的自然是视觉信息，因此，首先强烈感觉到的是“白发苍苍”、“精瘦”、“绿绿(的)”，其次才听“黄娭毑说”，才见“常老倌站在那里急不可耐”、“流出去”。这种超常式状中格式把人的视觉感受突现出来，这样的表达与人们的思维是合一的。刘大为(1992：220)阐述了这种定移状位的理据：句法结构中的各种位置都以自身的结构意义来接纳相应的认知语义，当某词语的认知语义与某位置的结构意义不一致但是事实上进入了该位置时，由于结构意义靠了语言形式强大无比的力量，句法位置总是强制性地把固有的结构意义赋予这个词语。……于是原来只能成为事物状态的“黄黄”(“半人高的畜生，黄黄地窜出来”，笔者注)、“精光着脑壳”(“常大伯便精光着脑壳问”，笔者注)现在被强制性地叠加到行为上，成了能随行为在时间上变化的动态过程。

语言中有的结构投射着我们对这个世界的认知图景。图形—背景论源于心理学，后由认知语言学家用来研究语言结构的意义。Ronald Langacker从语义结构的角度解释意象"人们以不同的视角、选择不同的注意点、凸显不同的方面观察某一情景，形成不同的意象。同一情景由于观察方式和角度的不同，产生不同的表达方式"(陈忠，2006：229)。每一种句式都与人对客观世界某一图景的认识有关，都是人的认知图式的符号化结果。同一个场景，选择不同的句式或使用不同的语序来表达，它们的语义内涵和语用价值并不是完全相同的(唐依力、齐沪扬，2010：64)。对于超常式状中格式，我们也可以采用"图形—背景"的意象图式来加以分析。

超常式状中结构呈现的是：作者站在观察者的角度，把生命体动作以及这一动作的伴随物(肖像、神态等)作为图形一并突显出来，并把五官中最先感觉到的"所见"作为强调的成分前移，以吸引读者的注意力，使之成为注意的焦点。可见，"不同的句法构造常常是出于不同的识解方式，起着不同的功能，也反映了不同的认知"(唐依力、齐沪扬，2010：64)。

值得我们注意的是，如果状中格式是一种静态的陈述，而非动态的描述，那么这种状中格式就不是我们这里所说的超常式。例如：

(31)四爷脸色黄黄地说。 (作者自拟)

(32)四爷脸色黄黄地说不出话，绝不在于这二百多个蛐蛐罐儿，胜负也为兵家常事，只是栽了祖宗的面儿…… (魏润身《顶戴钩沉》)

例(31)是对所见动感的描述：听到"四爷说"的同时，首先映入眼帘的是四爷的脸色"黄黄"，不能删"地"；而例(32)则是对所见静止状态的陈述："脸色黄黄(地)，说不出话"，其中"地"可以删去。

心理学表明，凡是新奇异常的事物都能引起人们的注意，"人们对语言也有一种强烈的好奇心，这种好奇心往往是对寻常不能听到、不能看到的新颖语言的期待"(骆小所，2001：174)。超常式状中格式这种似乎有违语法常规的"超常搭配"符合汉语句子产生的自然过程，符合人的认知规律，因为搭配的不合"约定俗成"，形成了强烈的"陌生化"而使语言异常鲜明生动起来。于是，如(刘大为，1992：22)所说"当我们接受了这种语义内容而被迫去想象那陌生的动态过程时，也就身不由己地处在一种与常识迥然不同的新鲜体验中"。

三、超常式状中格式的表述功用

语言是一种约定俗成的产物，因而在一定程度上具有习惯性与固定性。人们通过语言感知事物，对“习惯化”的语言总是失去了新鲜感。俄国文艺理论家什克洛夫斯基主张艺术应该“陌生化”，认为“那种被称为艺术的东西的存在，正是为了唤回人对生活的感受，使人感受到事物”。“艺术的目的是使你对事物的感觉如同你所见的视像那样，而不是如同你所认知的那样；艺术的手法是事物的‘反常化’手法，是复杂化形式的手法，它增加了感受的难度和时延。既然艺术中的领悟过程是以自身为目的的，它就理应延长”。也即：在文学活动中，重要的不是目的而是感知的过程，只有在过程中，文学主体才能感受和体验；为了延长感受的过程，就必须增大感受的难度；增大感受难度的最佳途径是使事物变得反常、陌生，即对于人们早已司空见惯、习以为常的事物加以陌生化的处理（马新国，2002：385）。

汉语的某些语法现象是同修辞现象密切结合着的。“从它的形成发展到完成转化，都同表达上的（主要是修辞上的）需要密不可分的”（张炼强，1992：163）。为了引起人们的注意，文学家有时要有意突破语言的固有约定，破坏现存语言的规范结构，以唤醒人们的感知力，令人产生一种惊奇和新鲜感，从而获得语言的审美效应。

这种超常式状中格式变更了语言线性组合的习惯，将状中组合重新配置，把人们熟悉的东西“陌生化”。这种作家们刻意求新的反常组合、不相协调的错位搭配，使平常词语在特定语境中显示出神奇的表达效果。

（一）反常搭配，使嵌合错位而新奇

把跟动作毫无关系的形象特征与动作“强行”嵌合在一起，不般配组合形成的“错位现象”给读者带来了绝妙的新奇感。例如：

（33）“欢迎欢迎”，老板身材魁梧地打量我。（徐晓鹤《诱惑》）

（34）我们这个小城也有很多洋人来参观，他们鼻梁很高地这里那里地照相。（何立伟《日子》，作家出版社，2009年）

（35）马猴子一面瘦精精地爬起来，一面用功系裤扣。（何立伟《水库》）

以上例句中的“身材魁梧”，“鼻梁很高”、“瘦精精”用语本来很平常，因为

被置于反常处，便抹上了一层特别的光彩，给人一种强烈的突兀感、新鲜感。倘说“身材魁梧的老板打量我”或“老板身材魁梧，（他）打量（着）我”；“鼻梁很高的洋人……照相”或“洋人鼻梁很高，（他们）……照相”；“瘦精精的马猴子一面爬起来”或“马猴子瘦精精的，一面爬起来……”则司空见惯，不足为奇，陡换成“身材魁梧地打量”、“鼻梁很高地照相”、“瘦精精地爬起来”，动感十足，就好像在读者面前打了一个惊叹号。对常规的偏离造成读者的陌生感，自然地引起了读者的审美注意，令人不得不展开丰富的遐想，添补进读者各自生活体验不同的许多新内容，获得新奇感受，从而满足了审美情趣。

（二）反常搭配，使文字简约而容量大

冯广艺（1993：116）指出，“从言语的容量这一点看，超常搭配是一种意义上的‘凝聚物’。它的一个突出的表达作用就是能够凝聚言语容量，做到言简意赅”。小说艺术中的审美想象是在字里行间进行的，高明的作家总是对小说语言所提供的信息做尽可能地减省，追求一种“言约而事丰”的效果。这种超常式状中格式能把两个句子表达的意思糅合为一句，言简意赅。“被糅合的两个句子，一个是描写句，一个是动作句，二者一前一后，一静一动，互济互补”（高万云，1993：20）。因此，具有语言简练而信息包容量大之特点的这种超常式状中格式往往受到作家们的青睐。如：

（36）小瑜就很苗条地过来，拿了纸，拿了今年的刊物，一大堆码到我手上。（徐晓鹤《诱惑》）

（37）懒猫腰痛地说。（何立伟《水库》）

（38）“不，还是先把你的朋友请来……”陈誉娇脸色苍白地说。

例（36）“很苗条地过来”，既摹写了静态的人物形象，又传达了动态的人物动作，二者合而为一；例（37）“腰痛地说”，则会促使阅读者去充分调动有关“腰痛”（有经验的、无经验的）的想象，想象那“懒猫”说话时腰痛的样子，体会身临其境的感觉；例（38）用“脸色苍白”修饰“说”，既描绘了人物的面部表情，又能让读者以此主谓结构为媒介，去想象人物的神态及其他方面。有人曾把例（38）看作病句，认为“文中的特定情境是，女主人公陈誉娇为爱人失踪而惊惶失措，脸色苍白。脸色苍白是情状，说话是嘴在动作，怎么能用‘脸色苍白地’这个副词来形容她‘说’话的声调，语气和状态呢？如果把它们分隔开来，

改成两个短句—‘陈誉娇脸色苍白，声音颤抖地说’，或许会确切一些吧”。①我们认为这个改句把原句变成了复句，增加了编码的长度(原本未必“声音颤抖”)，而信息却等于零，读者只能在这种限定的模式中接受语句所提供的信息。如果不采用这种超常式状中格式来表达，而分成几个一般小句来表达，如“小瑜很苗条，她过来……”或“苗条的小瑜过来……”，“懒猫腰痛，他说……”或“(正)腰痛的懒猫说”、“陈誉娇脸色苍白，她说……”或“脸色苍白的陈誉娇说”，就不能突显“苗条”、“腰痛”、“脸色苍白”的形状、情状伴随性，句子在结构和语气上也不如原来紧凑，而显得松散、舒缓。呆板的句子，限制了读者在艺术欣赏中的再创造。

20世纪80年代的“诗化小说”多用这种超常式状中格式，对人物不作静止的肖像描写，而是抓住人物外形最突出的一两点，做几笔粗粗的勾勒，用笔非常吝啬。例如：

(39)黄娭毑白发苍苍地说。

(40)女人眼白很多地说。

(41)黄娭毑寒火不清地问。　　(何立伟《一夕三逝》)

(42)他有一张宽大的藤躺椅，每天瘦瘦地躺在那上面，举一本古老的书看。　　(徐晓鹤《老五号人家》)

例句中作者将一笔带过的人物描写，巧妙地分散在句中状语的位置上，寥寥几字，一个活泼泼的人物形象便跃然纸上。这种超常式状中格式既体现了语言的经济性原则，又提高了现代汉语的表现力。

(三)反常搭配，使表达夸张而幽默

在特定的语言环境中，这种超常式状中格式将最风马牛不相及的词语连在一起，进行让人意想不到的拼接；在语用上增强了句子俏皮、风趣的色彩，具有强烈的幽默感。这种表达格式读来不但不觉得别扭，反而感到新颖别致，对欣赏者具有一种冲击力。例如：

(43)上台阶时，他脑壳很大地晃了一晃，就醒过来了。

(何立伟《影子的影子》)

---

① 陶雄:《求精篇》,《修辞学习》1985年第4期，第62页。

(44)一面慢慢地啜着……看女服务员满面横肉地蓄着日本式的披发……

(何立伟《影子的影子》)

(45)院长把他抱出来,抢过手上的两只包子射在后生的脸上。然后很大身坯地抓起疯子就走。

(徐晓鹤《院长和他的疯子们》,湖南文艺出版社,1987年)

(46)口天吴打个呵欠,说是要起身去屙屎,被院长胳膊粗壮地挡住了。

(徐晓鹤《院长和他的疯子们》,湖南文艺出版社,1987年)

例(43)中的"脑壳很大地晃了一晃",例(44)中的"满面横肉地蓄着日本式的披发",例(45)中的"很大身坯地抓起疯子",例(46)中的"胳膊粗壮地挡住",都醒人耳目!这种漫画式的夸张,形象生动而令人忍俊不禁。如果改用常规的线性组合,如例(44)改为"女服务员满面横肉,蓄着日本式的披发"或"满面横肉的女服务员蓄着日本式的披发",就显得淡而无味,失去了新奇感,风趣幽默的意味也没有了。这种超常式状中格式提供了超常的视觉刺激,也提高了语句的可读性和可感性,最大限度地激发了读者的审美联想。

结 语

文学语言表达中的常规与变异对立统一地存在着,它们相互依存,紧密相连。陈望道先生1962年在解答有关修辞学几个问题的讲话中指出:"修辞是格局无定的。我反对呆板的格局。……为了适应题旨情境而超常越格才好。"(陈望道,1985:268)在艺术创作中,作家不仅应该有自己独特的修辞手法,也可以根据表达需要突破语法的规范,去寻找新的语言表达格式。可以说,没有变异就没有文学语言。

一种满足表达需要的语法规则的创新,在得到社会公认而普遍使用之前,总是首先出现在对语言有特殊需要的少数人甚至个别人的言语中,其后再转化成为社会公认的普遍使用的语言事实。"这种转化一般都要经受一段较长时间的考验。有的创新,在长期的语言运用中为社会所接受,进入全民语言体系中,有的则因不适应社会的需要而被淘汰,有的则始终停留在个人的言语事实上,停留在修辞的运用上"(张炼强,1992:161)。本节我们论述的超常式状中格式都只见于文学作品。这是作家们对语法规范的有意识的临时破坏。这种超常式状中格式也有一个由变异到规范的过程，其中有的类型可能被淘汰，而有的类型已变为常规而被读者接受。规范、变异、再规范、再变异，语言正是循着这样一个过程向前发展的。

第四章

现代汉语表达格式规范的思考

世间万事万物都永远在那儿运动、变化、发展，语言也是如此。在语言发展的长河中，语法也逐渐在改进着，它不断改善和改正自己的规则，又不断有新的规则充实进来。王力先生曾说“语法里只有习惯，没有天经地义”，“在语法上无所谓‘理’，只有‘事实’”(王了一，1957：1—3)。语言总是在规范与创新的竞争中变化发展，有些约定俗成的语言格式会随着时代的发展而老化，有些原本不被接受的格式则会随着时间的推移而被社会接受，约定俗成。语言的规范是相对的，语言的变异是绝对的，变异决定于它的表现力。那么，面对语言发展和语言使用中出现的各种现象，作为语言工作者的我们到底应当采取怎样的态度来看待，语言运用中对原有语法规范的突破是有益的还是无益的，我们的任务是什么，这些则是需要讨论的问题。

本章探讨部分学界认为有病的表达格式，通过大量语言事实的考察，从“无理”中寻找其存在并发展的合理性因素，根据“约定俗成”的原则加以正名；探讨法律文本中特定表达格式的特点和运用的规范，结合语境讨论对语句的评判和修改问题。

第一节 特殊“V＋着”格式

引 言

吕叔湘、朱德熙的《语法修辞讲话》（以下简称《讲话》）自 1952 年发表至今已经 60 个春秋了。今天，人们生活方式、思想观念等都发生了巨大的变化，作为交流、沟通的工具，现代汉语也有了很大的发展。“新词酷语，连同其组合都在以我们意想不到的速度与方式涌现”（张巨龄，2005：22）。不少学者通过与《讲话》所举用例比较，探讨从 20 世纪 50 年代以来现代汉语的变化发展。其中比较全面的有：朱景松（1995：33—39）对《讲话》进行全面梳理，分类说明，“甲类，今天看仍然有毛病，也就是说，两位先生对这些用例的批评，经受住了 45 年历史的考验。……乙类，当时被批评的用例，今天已是很正常的用法了”。杨海明（1997：10—12）则以《讲话》的初版与 1979 年再版的修改为基础，全面考察了现代汉语在 20 世纪 90 年代的发展与规范。在学者们归纳的“今天已是很正常的用法”的类型里，我们认为还有一种语法现象也属于此类情况，这就是如“采取着”、“需要着”“说明着”类“V＋着”格式。为了与常规“V＋着”格式区别，我们称之为特殊“V＋着”格式。

《讲话》中被判为有语病的特殊“V＋着”格式，60 年来用例不断，特别是进入 20 世纪 80 年代后，用例更是日渐增多，有的已成为风行的现代汉语语法格式之一。这其中的道理和缘故还是值得研究和探讨的。

一、《讲话》中判为有病的“V＋着”格式

《讲话》从书籍、报刊，课本、文件和通信、习作中收集了大量的正反面例子，分门别类，把语法、修辞、逻辑结合起来分析当时语用中流行的语病，以

“帮助学习写文章的人解决一些实际的问题：哪些格式是正确的，哪些格式是不正确的，某一格式怎样用是好的，怎样用是不好的”（《讲话·序》，1952）。对于当时语言运用中“着”的使用，《讲话》认为“总结一句话，‘着’和‘了’非必要的时候不要用。现在这两个字都用得太滥，尤其是‘着’字”（1952：115）。《讲话》指出以下几种情况不能用“着”：

（一）“不能持续的行为就不能用‘着’”

《讲话》指出：“着”表示行为的持续　在动词后头加“着”字，表示这个行为在持续之中。因此不能持续的行为就不能用“着”。像这两句里的“着”就是多余的：

对婚姻法的贯彻执行，部分干部采取着漠不关心的态度。

这一勘察团的组织与工作，便充分的表现着这种新的方向与新的作风。

没有采取的时候是没有采取，已经采取就是“采取了”，不能老在那里“采取着”。（作者的意思也许是“抱着”。）“表现”也是这样，一下子就表现出来了，用不着“表现着”……（1952：109；1979：81）

（二）“动词本身含有持续的意思，也就不必用‘着’”

《讲话》指出：“爱”、“恨”、“害怕”、“拥护”这些，都不是一下子就过去的，我们就不能说“爱着”、“拥护着”等等。“需要”、“企图”这些也是这样，所以下面这两句里的“着”字是多余的。（1952：110；1979：81）

还有许多伟大的计划和方案需要着我们的劳动和知识。

这说明了地主直到现在还不死心，还企图着再站在人民头上。

（三）“有结束的意思不能用‘着’”

《讲话》指出：“着”字既然是表示行为的持续，那么如果行为已经结束，自然不能再加‘着’。有些格式里的动词是有结束的意思的。例如某些个两个字的动词，第二个字表示第一个字的结果。像下面的例子：

充分说明着在工人阶级面前没有不可战胜的困难。

我们要……创造农业集体化的必要条件，来为几万万农民的灿烂的明天铺平着道路。

因“说”而“明”，因“铺”而“平”，都有结束的意思就不能加“着”。

上下文也能决定某一行为是否结束。

他用行动回答着老乡们的问题。

应该是“回答了”。(1952:111;1979:82—83)

(四)受前面一些词语影响，后面的动词不能用“着”

中国工人开始过着美好的日子。

《讲话》认为：行为刚才开始，就不能同时已在持续，应该去掉“着”字。

近百年来，中国不断发生着战争。

火车上不时地播放着悦耳的歌曲。

“不断”跟“不时”似乎跟“着”字配合得很好(这两句的作者就这样想)，其实不然。“不断”和“不时”都表示一次又一次，是断断续续的，不是持续的。(1952:113—114;1979:84—85)。

(五)“着”和“了”同时出现

在中国境内肃清了并正在肃清着帝国主义的影响。

《讲话》指出：这是模仿新兴句式而没有顾及到逻辑，弄得自相矛盾：既然已经“弄清”，哪里还有东西可供“肃清着”呢？(1952:115;1979:85)

从《讲话》的两个版本可见，直至上个世纪70年代末，“着”的使用还受到严格的规范。可是语言事实告诉我们，以上五种情况的“V+着”格式现在都用得很普遍。

二、学界的普遍看法

以上看法并非《讲话》独有。我们看到，除《讲话》外，在20世纪50—60年代，一些语法论著，包括北京大学中文系1955、1957级语言班编的《现代汉语虚词例释》也都有类似的看法。如张撝之(1960:23)就认为：一个动词能不能加时态助词是受它的意义的限制的。下边几个动词不能加“着”：(1)动词本身就含有持续的意思的。如“爱”、“恨”、“害怕”、“忘记”、“拥护”、“反对”、“需要”、“知道”、“重视”、“轻视”等。(2)动词本身表示一种不能持续的行为的。如“进”、“出”、“生”、“死”、“加”、“减”、“采取”、“表现”、“遗失”、“消灭”等。(3)

动词后面有补语或者动词本身是动补式的合成词。如“做完”,“吃饱”、“说清楚”、“扫干净”、“说明”、“看见”、“听见”、“到达”、“推广”、“扩大”、“铺平”等。(4)动词之前有介词“把”、“被”组成的介词结构的,不能加“着”,因为这也是表示行为有了结果。(5)动词之前有了能愿动词,动词之后不能加“着”,因为动作还没有成为现实。(6)动词之前有“将”、“还”、“没有”等副词,后边不能加“着”。因为这些副词表示动作还没有开始。动词之前用了“渐渐”、“常常”、“时常”等副词,也不能加“着”,因为这些副词表示动作的频率,是一次又一次的,而不是持续的。1962 年初商务印书馆即排出清样,于 1982 年正式出版的《现代汉语虚词例释》(1982:542)也认为,“不能表示持续的动词(如:倒、掉、死、塌、遗失、消灭、丢等)或表示一种静止的状态,本身已包含持续性的动词(如在、是、像、包括、反对、含有、富有、忘记、承认、佩服、禁止、知道等)不能用时态助词‘着’。助动词、介词和动补结构之后,一般也不能有‘着’”。

从 20 世纪 90 年代以来,学界研究“V+着”的成果不少,但是,看法也基本与《讲话》一致。如戴耀晶(1991:97—98)认为“着”因为具有非完整性的语义特征,所以它不与表示动作结果的词语同现,因为动作有了结果,相应的事件就带上了完整性,与‘着’的语义内容不相符。所以“掏出”、“拉亮”、“找到”、“读懂”、“看完”、“累垮”、“办好”、“走进”、“跑开”、“听明白”、“打扫干净”等动补结构的短语在句子中通常都不与“着”同现。同时,“着”又具有持续性的语义特征,因此,从理论上说,瞬间动词与“着”在语义上是不相容的,二者不能在句子里同现。如“离开”、“忘”、“到”、“成立”、“达到”、“跌”、“获得”、“毕业”、“开除”、“碰见”、“取消”、“死”、“停止”、“忘记”、“牺牲”、“遗失”、“遇到”等。张黎(1996:6—11)分析“着”的语义分布及其语法意义,也认为“表示从动作的开始到动作的结束瞬间结束的动作”的动词多数都不能同“着”搭配,如“丢”、“粉碎”、“逮捕”、“完成”、“接受”等;“表示动作经过一段时间以后得到完结”的各种动补结构,也不能同“着”搭配,如“吃饱”、“喝醉”、“打坏”等。

总之,《讲话》所批评的那些“V+着”格式,学界也普遍认为是不合规范的格式。

那么这些所谓有“病”的“V+着”格式,实际使用情况如何呢?

三、特殊"V＋着"格式的实际使用状况

我们通过北京大学汉语语言学研究中心现代汉语语料库（CCL 语料库）检索，以上《讲话》中所举例句中不能加"着"的动词后面加"着"使用的实例大量存在，尤其是动结式动词后面加"着"已是普遍现象。我们检索的结果是：

（一）不能持续的行为动词加"着"——"采取着"12 例，"表现着"110 例。相类的还有"完成着"34 例、"粉碎着"2 例、"逮捕着"2 例、"消灭着"7 例、"接受着"75 例、"丢着"18 例（"散丢着"、"乱丢着"5 例）等。各举一例如下：

（1）大家知道，党中央从一九三五年以来，对于党内犯错误的党员，就一直采取着这种分别对待的方针，而实践证明，采取这种方针是正确的，有利于党的团结和党的事业的蓬勃发展的。

（邓小平《关于修改党的章程的报告》，《邓小平文选》，人民出版社，1992 年）

（2）她用不同于剪纸、刺绣、皮影、面具的新感觉、新形式，创造性地表现着生死、爱情这些体现生命本质的永恒主题。

（《黄世芳的铜雕与绚丽》，《电影画刊》2010 年第 7 期）

（3）在小学生的年龄，大脑皮层正在完成着它的成熟过程，它在整个神经活动中已能起主导作用。

（方富熹《方格儿童的心理世界——论儿童的心理发展与教育》，北京大学出版社，1989 年）

（4）张承志曾经努力承认过现在，《绿夜》是这方面的代表作，他自己粉碎着自己，打破着过去的梦。

（蔡翔《永远的错误　关于〈金牧场〉》，《读书》1988 年第 7 期））

（5）天一黑就戒严，鬼子在清查户口，逮捕着中国居民。

（刘知侠《铁道游击队》，时代文艺出版社，2009 年）

（6）她那细致的一丝不苟的手势仿佛不是在消灭着什么，而是在制作着什么。

（铁凝《大浴女》，湖南文艺出版社，2008 年）

（7）沿着墙根儿一眼望去——数也数不清的人，一个挨着一个，身体紧紧贴在墙上，双目微闭默不作声，静静接受着"神墙"的灵气。

（肖克凡《膏药失灵》，《祝您健康》1998 年第 6 期）

（二）本身含有持续的意思的动词加"着"——"爱着"达 500 例（语料库一

次性搜索的最高限数)，“恨着”58 例，“害怕着”7 例，“拥护着”4 例。各举一例如下：

(8)可是，感情脆弱的我，虽然感到他身上的缺欠，对他不满，可他还在爱着我，在心的某个角落，我也还爱着他……

(杨沫《我一生中的三个爱人》，《自白：我的日记》，北京十月文艺出版社，1994 年)

(9)他硬着头皮，听着她的饶舌，心里恨着这老媒婆公然的无礼，一直陪到了终席。(礼平《小战的黄昏》)

(10)我还想着他的心里一定也像我一样的感觉恐怖而畏怯，他一定也害怕着风雨与黑暗。(关露《秋夜》，《诗歌月刊》2010 年第 5 期)

(11)一些造反组织的造反头头们就努力跟着她围着她和捧着她，抬举着拥护着或者挟持利用着她去干这个说那个。

(游雨霁《悲剧式的人物——李敏》)

(三)有结束意思的(动结式)动词后面加“着”——我们考察了部分同语素或正反义的动结式动词后面加“着”的情况：“说明着”41 例，“表明着”21 例，“证明着”69 例，“阐明着”1 例，“纠正着”14 例，“摧毁着”14 例，“改进着”2 例，“扩大着”30 例，“缩小着”5 例，“放大着”2 例，“延长着”1 例，“压缩着”3 例，“打破着”1 例，“提高着”11 例，“降低着”2 例，“促进着”26 例，“推进着”16 例，“推动着”413 例，“说服着”4 例，“穿透着”4 例，“毁坏着”1 例，“抓紧着”1 例，“端正着”1 例，“立正着”4 例。各举一例如下：

(12)这比例数字其实说明着：我们平常所说的百万民工下珠江的“南下打工潮”，其主流实际上是 20 岁左右的少女们。

(张建伟《寻找真情的打工妹》)

(13)棕色皮包也始终背在肩上，找东西时都没有放下来过，清清楚楚表明着她的来意，她来只是为拿东西。

(王海翎《中国式离婚》，北京出版社，2004 年)

(14)它结束了千百年来离乱聚散的历史命运，和所有幸存的古书画一起，证明着一个古老民族文明的传承。(纪录片《故宫》解说词)

(15)懂哲学的人的通常见解，又有时候我们就以为他是用一种新的词汇在阐明着柏拉图主义。

(何兆武、李约瑟《西方哲学史》，商务印书馆，1976 年)

(16)村里的老年人端然肃然地纠正着外乡人的发音,过后还边摇头边感叹,说外乡人就是笨。

(余秋雨《乡关何处》,《文明的碎片》,春风文艺出版社,1994 年)

(17)它的最大悲剧在于它不仅仅远远超过大地震的摧毁力,而且正摧毁着中华民族生命的根基。(《报刊精选》1994 年第 10 期)

(18)这些法规和标准逐年加严,敦促着汽车厂商不断改进着尾气排放系统。(《报刊精选》1994 年第 7 期)

(19)有不少博物馆在经费困难的情况下,朝气蓬勃,奋斗不已,取得了很好的社会效益,日益扩大着博物馆在社会上的影响。

(《报刊精选》1994 年第 7 期)

(20)波尔特拉奖奥对塞瑞说:"在师傅心里头,那帽占整整一堵墙面的《安加利之战》,在一天天地缩小着呢,而这幅《蒙娜·丽莎》别看才这么点尺寸,却在一天天地放大着、放大着,简直要把师傅的胸膛撑破,充塞到天地宇宙哩!"(刘心武《永恒的微笑》)

(21)林小枫极力延长着这种解释,因此而显得琐碎,絮叨,令宋建平心烦。(王海鸰《中国式离婚》,北京出版社,2004 年)

(22)极易压缩着卑劣的、羞于见人的部分;极易放大着漂亮、自以为是的部分。(肖复兴《人之随笔》,《读者》200 期合订本)

(23)生命科学等新兴学科的发展正越来越显著地提高着人们的生活质量和工作效率,给人类生活和生产带来深刻的革命性变化。

(冯德荣《生物传感器产业现状和发展前景》)

(24)心目中黄米又终归是黄米,他们一面抬高它的品格,又自觉不自觉地降低着它的成色,到头来黄米终不能和江米并列。

(铁凝《小黄米的故事》,《青年文学》1996 年第 3 期)

(25)走进千家万户的无线电收音机在改变信息传播方式的同时,也促进着企业的广告宣传……(《大国崛起》解说词)

(26)一切都让人感到开发区的建设正按照自己的规划扎实、稳妥、节奏鲜明地向前推进着。(《报刊精选》1994 年第 1 期)

(27)随着语用学的发展,人们对语言的研究已从静态逐步转向动态,进而拓宽了语言研究的范围,推动着语言研究向深度,向适用方向发展。

(张世年《关于汉语句法组合的制约因素》,

《江苏教育学院学报》1995年第2期)

(28)何建国这样说服着自己,一下一下拨了电话,同时在心里设想着小西的回答和他的回答。 (王海鸰《新结婚时代》,作家出版社,2006年)

(29)一方面是因为她优秀的演唱风格:"丰润、滑顺的旋律中穿透着动感节拍与神秘诱人的气息";另一方面,她与命运顽强抗争的精神……

(戴方《百年奥运最后的歌声》)

(30)刘云从卫生间出来,站在客厅里看耿林毁坏着他们从前的家,没有感到任何惊恐,也没有半点阻挡的企图。

(皮皮《比如女人》,人民文学出版社,2005年)

(31)他倏地丢掉竹篙,抱头坐在了船头,他的脸深埋在膝头,一双大手10个指头像爪子似的抓紧着那满头浓密的黑发,两个肩头却在风中抖动。

(谌容《梦中的河》,海峡文艺出版社,1996年)

(32)时间在检验、端正着党的政策,1956年12月10日,公安局的局长冯基平签发了上报公安部呈请释放在押犯徐宗yao的请示报告。

(于行前《徐宗yao:从"死刑犯"到政协委员》)

(33)也就在这时,我才发现了几乎每一位王爷身旁,都值班似地立正着一位日本军曹。 (冯苓植《雪驹》,河北少年儿童出版社,2000年)

目前,就北京大学CCL语料库里,"铺平"、"缩短"、"推广"、"推翻"、"戳穿"、"照明"等动结式动词后面还未见加"着"的用例。但我们通过福建"泉州文献之窗"搜索,发现从20世纪50年代至今这些动词后面加"着"也有大量的用例。有的多达上千例,如"推广着"、"缩短着""照明着"等;有的达几百例,如"推翻着";用例相对少些的是"铺平着"64例"戳穿着"12例。各举一例如下:

(34)六百零六次的科学实验,意味着六百零五次的失败,但是,每一次的失败都为后来的成功铺平着道路,这里面该包含着多么顽强的意志和毅力啊。 (郎景和《外科解剖刀就是剑》2009年)

(35)进入新世纪,青海正在努力缩短着与国内发达地区的差距……

(《青海日报》2007年1月24日)

(36)譬如在今日,我们谈造林,但却眼看着千千万万株旺生生的树被剥得精光,净待着秋后死掉;我们正推广着卫生常识,灾民们却把观音土吞下肠胃,净待着肠胃烂掉……

（文芳《黑色记忆之天灾人祸》,中国文史出版社,2004 年）

(37)这对小子晃到好莱坞,穷兮兮地却在饭馆里跟那些家伙一样,脸对脸吃“商务午餐”……一边瞎编着故事,不断编着,不断推翻着,终于在《心灵捕手》(Good Will Hunting,1997 年)一举成名。

（张辛欣《我的好莱坞大学》,花城出版社,2003 年）

(38)“听领班小姐讲。平时你的客人很多。如果不提前打电话是很难见到你!”景小林觉得冬冬小姐在撒谎。于是,他很不客气地戳穿着。

（候锡奎《城市的远方》,中国文联出版社,2008 年）

(39)所以,我说:历史是一面明镜,不碎的明镜,像星一样,永远是光明的种子,照明着伟大的时代!

（周俊旗《闲情雅趣》,天津人民出版社,1998 年）

从以上数据和实例看,动结式动词后面加“着”已经是相当普遍的语用现象了。

(四)前面有学界所说的词语,而后面的动词仍用“着”。请看:

1.“开始”后面的动词用“着”——“开始过着”10 例,其他“开始～着”也多。例如:

(40)原始农业和原始畜牧业的出现,使人类能够通过自己的劳动来增加动植物的生产,生活有了保障,人口不断增长,开始过着比较安定的生活。

（《中国儿童百科全书》,中国大百科全书出版社,2010 年）

(41)在北京安顿下来后,我就开始忙着找工作。

（卞庆奎《中国北漂艺人生存实录》,中国青年出版社,2005 年）

(42)他一边刻苦自学英文,一边用在部队中学到的修理无线电的技术赚钱糊口,同时他开始学着做生意、炒股。

（徐金威《志愿军战俘一生不改初恋情》）

(43)随着中国 20 多年的改革开放,这个阶层已在逐渐崛起并稳步发展,并开始悄然改变着中国的社会结构。

（人民网:市场报,2004 年 3 月 23 日）

(44)学好汉语是我很多年前就开始追寻着的一个梦。

（《福建日报》2004 年 3 月 22 日）

(45)他说:“西迁的匈奴人在公元 374 年击灭位于顿河以东的阿兰国

后，便开始扮演着推动欧洲民族大迁徙的主要角色，对欧洲历史产生了很大影响。”（《大河报》2005 年 2 月 25 日）

(46)虽然罗马尼亚要等到 2007 年 1 月 1 日才能加入欧盟，但年轻人早就开始憧憬着入盟带给他们的好处了。（《环球时报》2004 年 5 月 5 日）

(47)后来我发现他们自己也开始尝试着在新仪器上进行操作了。

2. 时间副词后面的动词用“着”——“不断～着”、“不时(时不时)～着”在语言生活中也已经俯拾即是，语料库搜索实例上百条。例如：

(48)日复一日，年复一年，外面的世界不断发生着变化，唯有这里没有变化，仍是死一般的沉寂。（李威海《贺龙元帅悄然离去……》）

(49)新闻发布会上，她的手一直放在膝间，孩子般地不时拨弄着自己的小手指。（新华网，2004 年 4 月 10 日 20:32）

(50)没有丝毫的“耳提面命”和故作“艰涩”，“深沉”，却让人感到话语与命题的份量极重极重，思想的闪电时不时映亮着读者的心扉，令人精神为之大振。（《报刊精选》1994 年第 10 期）

(五)关于“‘着’和‘了’同时出现”

在一个句子中“‘着’和‘了’同时出现”的现象极为普遍。本章第二节将专门探讨“‘着’和‘了’同时出现”的表达格式的特殊表意功能。为读者阅读方便，这里先举几个实例：

(51)而在以后，在许多地区，又采取适当的步骤，纠正了或者正在纠正着“左”的偏向。（毛泽东《在晋绥干部会议上的讲话》）

(52)但与前几次不同的是：陈丹青重新被关注已经不仅仅是因为绘画事件，而是因为他经历了和正在经历着更为多元的文化追问。

（江流《文化的追问者：陈丹青》，《科学社会主义》2008 第 6 期）

(53)他以生命为代价，以血为墨著华章，弹拨了一曲生命的绝唱，激励了和正在激励着无数青年于逆境中自强……

（厚夫、欣雨《路遥：让我们聆听生命的绝唱》，《延安文学》2007 年第 6 期）

(54)我们的文艺评论工作者在介绍优秀的中篇作品、推动中篇小说创作并批评某些作品的不良倾向方面已经做了和正在做着有益的工作。

（《中篇小说论集》，《读书》1984 年第 6 期）

(55)应当考察分析我国当前社会道德赖以存在的经济生活究竟具有何

种特征……以及它对我国社会道德已经产生了和正在产生着何种影响。

（于文军《弘扬传统美德的思考》，《求是》1997 年第 13 期）

四、特殊“V＋着”格式存活并发展的原因

当年《讲话》从实际应用出发，收集了丰富的例证，以活的具体的语言现象来阐释、说明汉语的规律；今天我们也立足语言实际，发现《讲话》所批评的“V＋着”格式都在今天的语言生活中风行，并且还处在不断丰富和发展的进程中。从语法规范的角度看，这些格式中“着”的用法都会被认为是不规范的，可这些说法却受到人们的青睐。我们认为原因主要有两个，一是特殊“V＋着”格式有其独特的表意特点，有特殊的语用价值；二是时至今日，人们语言观发生了巨大变化，由“严厉”趋向“宽容”。

（一）“V＋着”格式具有独特的语用价值

1. 使音节匀称，节奏舒缓

从大量语用现象看，一些本来不能与“着”组合的单音节动词后面加“着”，大多与音节数有关系：或组合成双音节，以适应双音节化倾向的要求；或使前后音节数对应，形成整齐匀称的音节排列，使音律谐调平衡，增强表达效果。例如：

(56)他居然把爱当作人生的灵魂，他爱妻子，爱儿子，爱同学，爱朋友，也不隐瞒仍然爱着不知去向的几十年前的初恋对象。

（《作家文摘》，1995 年）

(57)表现着宇宙的节奏，跳动着生命的脉搏……蓦地，一道响声拖得很长很长。（权延赤《红墙内外》，内蒙古人民出版社，1998 年）

(58)他深深地爱着、恨着，走到了一个极端。

（张炜《柏慧》，中国社会出版社，2004 年）

例(56)中“爱妻子，爱儿子，爱同学，爱朋友”都是“1＋2”节拍，“爱……初恋对象”却是“1＋n”节拍，用“爱着”双音节就很好地舒缓了这个语言片段节拍上前短后长的不适；例(57)“表现着”与后面的“跳动着”音节对应，节奏匀称；例(58)的“爱”和“恨”后面加“着”使音节延长，节奏舒缓，又表现了“爱”和“恨”的绵延之意。

2.使行为反复，表现动态

在特殊“V+着”中，“着”不表示一般所说的“持续”、“进行”义。它与一般表示一次性动作之延续的“着”不同，它表示由动作多次反复进行所构成的一个过程的连续。如《讲话》认为不该加“着”的句子“他用行动回答着老乡们的问题”表达的是“用行动回答老乡问题”的一个过程的连续。再如：

(59)他们为打倒帝国主义，为反对政府的不抵抗，为争取民族的解放，和劳苦大众的利益而组织在一块，用革命战争回答着帝国主义的侵略。

(丁玲《五月》，《丁玲散文》，浙江文艺出版社，2007年)

(60)78岁高龄的蒋红英和83岁的赵基生胸戴大红花，喜笑颜开地接受着人们真诚的祝福。(深水《失散六十年的红军伴侣》)

(61)乞丐心理的基点，在于以自浊、自弱为手段，点滴而又快速地完成着对他人财物的占有。

(余秋雨《小人》，《余秋雨精品集》，北方文艺出版社，2009年)

(62)在现实粉碎着理想的痛苦中，我也这样长久地、朦胧地希望着，却丝毫不肯让自己去摆脱掉什么。

(陆星儿《也许，这才是可靠的归宿》，《现代家庭》1989年第4期)

以上例句中的“回答”、“接受”、“完成”、“粉碎”都因为后面加“着”而使该动作有了“反复进行”的语义，也即“需要回答的问题”、“需要接受的祝福”、“需要完成的占有”、“需要粉碎的痛苦”不少，不是一次可以完成的。“着”使这些动作有了一个反复的过程。

动词结束性与“着”的非结束性这两种相互矛盾的范畴意义结合在一起构成的组合是异常的，但语义是和谐的。再如：

(63)客人进着门道：“你们哪一位负责？”

(赵树理《李家庄的变迁》，人民文学出版社，1957年)

(64)他丢着人现着眼，却自觉高她们一等，他用这虚张出来的高人一等的傲慢来掩饰他的尴尬和无奈，他却死也不愿意在尹小跳面前表现这些。

(铁凝《大浴女》，湖南文艺出版社，2008年)

(65)具体的设想和规划，让“咕叽教授”自己再去咕叽。何况她站着、醒着、睡着、哪怕死着，都在做小木屋的梦吧？

(黄宗英《小木屋》，福建人民出版社，1984年)

刘大为(1989:69—73)精辟地分析过“他进着门,没有看见小王在门外扫地”这一破格句中“着”的表现力:“对说汉语的人来说,‘进’属于结束性行为范畴,也就是说我们的常识理解中‘进’是一种不会在时间上延续的瞬间行为。只有对属于非结束性范畴的‘看’、‘修’、‘守’等行为我们才能说‘看着门’、‘修着门’、‘守着门’”。但是……任何人只要“不仅不怀疑说话者的语言能力和真诚意图,同时坚信他是在用语句意义表述已经确定为真的事实”而“仔细体验‘他进着门’的意义,就必然会产生这样一种语感—‘进门’由原来的瞬间行为奇妙地延长了,变成一种可以明显觉察到它的时间进程的行为。”同样,这种“奇妙”也可以在例(64)和例(65)中感受到:词语“丢人现眼”插进“着”就使“丢人”也好,“现眼”也好,都有了奇妙的动作延长的强烈的动感;“死”加上“着”竟使得瞬间变化的一次性动作奇妙地变成了可反复出现的动作行为。

3.使结构经济、表意丰富

这一语用特点突出地表现于“‘着’和‘了’同时出现”的句式。例如:

(66)这是从两方面来看的。一方面,晋绥的党组织反对了右的偏向,发动了群众斗争,在全区三百多万人口的二百几十万人口中,完成了或者正在完成着土地改革工作和整党工作。 (毛泽东《在晋绥干部会议上的讲话》)

(67)市场改变了并且继续改变着我们的行为、欲求和希望,这种改变影响着我们的生活方式,也影响着我们社会的基本架构。

(梁治平《市场·国家·公共领域》,《读书》二十周年合集,1995年)

(68)当然,说他们肯定,并不是从价值论和情感态度上说的,而是指他们对已经发生和正在发生着的一切持一种认可的默契。

(汪政、晓华《互补的青年意识》,《读书》1989年第7期)

从理论上来讲,“着”和“了”表示不同的体态—“着”表示进行体,“了”表示实现体。孤立地看,它们确实不能共现。但正因为是两个不同体态的特殊构成,所以能够巧妙地表现运动着的客观事态,精练地说明纷繁的事物和复杂多样的思想变化,概括地反映各种事件并存的复杂的社会现象。本章第二节将详细分析这种“了”“着”同现的“(已经)V(了)+(正在)V(着)”格式。

一种语言格式由不规范到大量被使用自有其可分析的理据,特殊“V+着”格式六十年来使用情况的变化正反映了“语言文字在使用中发生的变化包含着一定的价值”“语言的变化是在言语使用中发生的”(戴昭铭,1999:4)。一个语言形式的生命力,首先取决于它是否合理、合乎发展规律,同时也取决于社会对它的态度。这二者本应是统一的,然而事实上并不统一。合理的形式,社会不一定接受;社会接受的,不一定都合理。语言学家评判一个形式,主要是要求它合理,而社会对它采取什么态度,那是随着时间的推移逐步确定的,是语言学家难以预料的(朱景松,1995:37)。最典型的例子就是“恢复疲劳”、“打扫卫生”的说法,明显的不合乎情理,也就是不合逻辑,但人们就那么说,而且是无法为“恢复健康”、“打扫垃圾”所代替,因为二者所表达的意思是有区别的。可见语言表达所需要的形式,有的一开始社会不一定都接受,但由于有它独特的表达效果,最终在使用中会为社会所认可。

(二)人们语言观由“严厉”趋向“宽容”

人们对语言要素的不同编码是为了表达的需要,而不是为了遵守某种既成的规范。因此,语言是在不断发生变化的,过去一个时期可能被认为是语法错误的说法,在将来一个时期可能就会成为正确的。朱德熙(1988:17)在探讨“现代汉语语法研究的对象是什么”的问题时指出,“作为现代汉语标准语的普通话,目前还不是十分稳定的”,“这种不稳定在书面语和口语上都有所表现”。《讲话》成书于50年代,“原来的例句大多数取自当时的报刊,现在有不少过时了”(1979年再版前言)。《讲话》再版从汉语实际出发,注意到语言的发展,作了不少实事求是的修改。

当今的语言学者们更加注意以变化发展的眼光来分析语言问题,宽容的态度和弹性的尺度相伴,刚性原则和柔性原则并重。如戴昭铭(1999:5—10)指出:“语言规范,尤其是词汇和语法格式的规范,不能定于一尊,目前已成普遍的共识。语言规范是发展中的规范,人们现在称之为‘动态规范’。……一方面语言体系本身有一种潜在的创新可能,另一方面,由于交际情景和表达目的的丰富多变,单纯的既成规范难以满足交际需要,言语使用者必须利用语言体系中的这种潜在的创新可能,创造出既合乎情景目的又新颖生动的言语形式。……‘可能规范’的概念可以给我们增加一个观察语言现象的理论视角,使我们在规范工作中具备宽容的态度和弹性的尺度,力求从交际功能方面去分析语言变化,从中寻找合理性因素,从而避免因主观武断造成的规范性错误。”冯志伟(1999:115)也认为:“语言的规范化是一个动态的过程,我们要从动态的观点出发来看待语言的规范,而不是单纯的‘匡谬正俗’。……我们不能把语言规范看成是僵死的、凝固的、静止的系统,把它们作为条条框框到处去套活生生的语言。实际情况是语言的变异不断冲击着现存的规范,在它的冲击之下,大部分原有的规范总是保存着,可是一部分旧的规范被突破了,更多的新规范出现了,语言也就因之而向前发展了。”又如张巨龄(2005:17)所说,“语言发展的进程中真的常常有一种奇怪的现象,即,有些看似违背了语言规律的组合,你要‘规范’它,它偏偏不被你‘规范’;你不去在意它,它反而(由于某些最终不能获得约定俗成的内因的驱动)会在人们的使用中悄悄退出,或走向规范。……我这样讲,并不是看轻语言和语文工作者规范化、标准化的作用,而是讲语言发展的最终的裁判者是使用,是如著名语言学家张志公先生所说的‘群众的语言实践’”。施春宏(2005:77)认为,“只有认识到语言是动态的、开放的、多层次的、有某种自我调节功能的,语言生活是多样化的、富有弹性的、基本上实现了交际需要的,才能形成正确的规范观、语言观,才能对当前的语言生活和规范化的形势给予比较积极的评价”。

正因为学界让语法规范拥有了“弹性”,对于语言运用的具体现象能够尽量“宽容”;如果某格式有特定的语用价值,一般不简单排斥,而是让它保存下来,自由发展;语法规范拥有了“弹性”,这才有了这些特殊“V+着”格式存活和发展的今天。

语法规则应当是灵活的,它会随着语言的发展不断地完善自身的系统。我们要树立语言规范意识,遵守语言规则,但更要尊重语言事实。

结　语

本节针对《讲话》相关内容探讨特殊“V+着”使用发展情况,其实“V+着”在语言运用中还有“不合语法规范”的其他用法。如贺卫国(2009)考察的动词重叠式“ABAB着”和“AABB着”格式。例如:

(69)老焦的眼睛眨巴眨巴着,不知道是高兴还是忧闷。

(潘能军《冥信》,《小说选刊》2004年1月下半月号)

(70)中学生们眼睛一霎,嘴里忙不迭的改不了词儿咕噜咕噜着,麻副局长又想,还是要把革命“支持”下去呀……　(林斤澜《哆嗦》)

(71)黑色话筒像破旧的自来水管,滴答滴答着主持人的声音。

(汪剑钊《朗诵会》)

(72)碰到好玩的地方,立马就可以下来玩玩。就这么走走玩玩着。十几里路走了两三个钟头还没有走完。

(方方《奔跑的火光》,《北京文学》2002 年第 3 期)

(73)贱货不知为了什么吵吵闹闹着,英芝的婆婆跟着贱货进到屋里,英芝见时机来了,拿起她的包,开了门锁,便往外跑。 (方方《奔跑的火光》)

(74)领班进进出出着多次了,有的小姐已经被叫过三次了,但仍没有轮到阿莲。 (潘灵《天麻》,《十月》1999 年第 4 期)

在一般情况下,(ABAB)AABB 式重叠并不具备带动态助词“着”的语法性质,但在特定语境中,为了强调某种动作或状态一直在持续,表达某种特殊的语义,获得某种表达效果,……某些语言运用者便让(ABAB)AABB“获得了”这种性质。而且,能够进入“(ABAB)AABB 着”格式的词语不是个别的、偶然的,而是成批量的(贺卫国,2009:124)。

“活的语言总是经常在变动之中的”(《讲话》,引言:3)。《讲话》中批评的“V+着”格式,在 60 年后的今天依然活跃在我们的语言生活中,这一事实再次表明,语言的发展是不以人们的主观意志为转移的客观规律。张巨龄(2005:20)曾提醒“语言和语文工作者当然要做规范和标准化的工作……更重要的是为新产生的语言现象寻找其所以产生,所以存在,以及流行无阻的理论依据;不仅要用已有的语言法则去指导人们正确地使用语言,更重要的是要从新的语言现象中去归纳、概括、挖掘出新的语言规则,以不断丰富已步入了新的繁荣期的汉语语法理论”。

语言的发展,以及语言表达格式在语用中所表现出来的变化,也使我们对语言的功能有了更多的认识。因此,面对语言的各种变化,我们的态度应该如陈望道《修辞学发凡》(2001:255—256)所说“我们的憧憬原本不是在守成,而是在创新。……总之,不当注意空谈,而当注意实际;不当偏重过去,而当偏重将来;不当单看固定,而当留心进展”。语言的变异是大量的,不一定最后都能为社会所接受从而进入共同语。能不能为社会所接受,根本的就看这种变异现象在人们实际的交际中是否具有独特的表达作用,无论在语音上还是表义上。

第二节 “(已经)V(了)和(正在)V(着)”格式

引言

下面的句子在20世纪50年代吕叔湘、朱德熙《语法修辞讲话》中被视为病句：

在中国境内肃清了并正在肃清着帝国主义的影响。

吕叔湘、朱德熙先生认为，这是“模仿新兴句式而没有顾及到逻辑，弄得自相矛盾：既然已经‘弄清’，哪里还有东西可供‘肃清着’呢？”(1952:85)。与此相关的，吕叔湘、朱德熙先生还就助词“着”的使用作了特别的说明，“‘着’字既然是表示行为的持续，那么如果行为已经结束，自然不能再加‘着’。有些格式里的动词是有结束的意思的。例如某些个两个字的动词，第二个字表示第一个字的结果。像底下的例子：充分说明着在工人阶级面前没有不可战胜的困难。因‘说’而‘明’，有结束的意思就不能加‘着’”(1952:83)。复旦大学中文系编《现代汉语(下)》也持这种观点，“现在有一种新兴的句式，在同一句中既用‘了’又用‘着’，例如：‘我们国家对个体劳动者实行了并正在实行着社会主义改造的政策。’运用这种句式要注意如果动词本身已表明了行为的结果，就只能用‘了’，不能同时又用‘着’，以免在逻辑上自相矛盾，例如下面的句子就产生了这种矛盾：‘事实粉碎了并正在粉碎着敌人的谎言。’既然敌人的谎言已经‘粉碎’了，‘粉碎着’就不仅是多余的，而且是自相矛盾的”(复旦大学中文系，1976:334)。又如“动补结构的短语大都表示了动作结果……它们在句子中通常都不与‘着’同现，但可以与具有完整语义内容的‘了’同现”(戴耀晶，1991:96)。可见，动结式动词本身已表示了行为结果，不能再加“着”，只能用“了”，这是语法学界的共识。

为了称说方便，我们把以上例句中前后“了”“着”共现的格式码化为：

(已经)V(了)和(正在)V(着)

其中V表示动词性词语，括号表明格式中的“已经”或“了”，“正在”或“着”，可以全部出现，也可以只出现一个；“和”代表能连接词和短语的连词。

我们所收集的大量语料表明，以上被认为不合规范的“(已经)V(了)和(正在)V(着)”说法，在书面语体中实际使用率很高，尤其频繁地出现于政论文体，几乎已经成为一种书面常见的表达格式，而且不限于单个动词，动补短语也可以进入该格式。请看例句：

(1)参加第二期整党的地、县级单位，吸取了第一期整党的经验……同时用力抓了对大案要案的查处，这些对促进党风的好转起了和正在起着重要作用。

(薄一波《关于新时期党的建设的几个问题》，《红旗》1986年第16期)

(2)……应当考察分析我国当前社会道德赖以存在的经济生活究竟具有何种特征……以及它对我国社会道德已经产生了和正在产生着何种影响。 (于文军《弘扬传统美德的思考》，《求是》1997年第13期)

(3)我们的文艺评论工作者在介绍优秀的中篇作品、推动中篇小说创作并批评某些作品的不良倾向方面已经做了和正在做着有益的工作。

(王蒙《序〈中篇小说论集〉》，《读书》1984年第6期)

(4)所有这些，造成了和造成着为中国最后胜利所不可缺少的重要的条件。 (毛泽东《论联合政府》)

(5)数以十万计的群众自己交学费自己在市场中学会游泳，造就了并继续造就着一批不同档次的经营人才。 (《报刊精选》1994第1期)

(6)伟大的胜利的中国人民解放战争和人民大革命，已经复兴了并正在继续复兴着伟大的中国人民的文化。 (毛泽东《唯心历史观的破产》)

(7)但是我们学会了并且正在学会着生产，这样一来，我们又活跃了，我们又生气勃勃了。

(毛泽东《论军队生产自给，兼论整风和生产两大运动的重要性》)

(8)最近发生的极为重要的事件，已经改变了并且正在改变着迄今为止一直为大西洋两岸的人们思路根据的论据。

(康春林《东西方在东欧问题上的冲突与冷战起因》，《世界历史》1990年第4期)

(9)新时期的话语风格也发生了而且正在发生重要嬗变。

(眸子《语言生活与精神文明》，《语文建设》1997年第1期)

(10)在以邓小平同志为核心的第二代中央领导集体领导下，取得的改革开放和社会主义现代化建设的成就，使中国发生了而且正在继续发生巨大而深刻的变化。

(11)令人鼓舞的是，我们党不但胜利地实现了或正在实现着每一次转折后所面临的任务，而且经得起每一个转折的考验……

(任仲平《论孔繁森的时代意义》，《人民日报》1995 年 6 月 2 日)

(12)自非统组织 31 届首脑会议以来，一些国家的内部冲突或社会动乱已经得到或正在得到解决，非洲地区的“热点”已普遍降温。

(13)而在以后，在许多地区，又采取适当的步骤，纠正了或者正在纠正着“左”的偏向。 (毛泽东《在晋绥干部会议上的讲话》)

(14)这个比例又随着机器在这些行业中已经占领或者正在占领的范围不同而有很大变化。(乔瑞金《马克思资本主义社会矛盾思想的微观分析》，《山西师大学报》2008 年第 3 期)

从线性组合序列看，“(已经)V(了)和(正在)V(着)”格式中两个相同的动词性词语分别与“了”和“着”组成一个不同体态的结构。二者之间，可以是并列关系，一般用“和”连接，如例(1)—例(4)；也可以是递进关系，用“并”“并且”或“而且”连接，如例(5)—例(10)；也可以是选择关系，用“或”“或者”连接，如例(11)—例(14)。也有在后一动词前加上修饰成分“继续”的，如例(5)、例(6)、例(10)。

这些句子中，“了”的位置上也可以用“过”或“出”等词语。例如：

(15)所谓“国强必霸”，那些已经“强”过和正在“强”着的国家的霸道行径，就中国的发展而言，完全不是什么“规律”。

(《瞭望东方周刊》2010 年第 40 期)

(16)多少年来，PC 基本架构的一脉相承昭示着“遗传”的作用，而第一台笔记本电脑、家用电脑的出现以及新近 Tablet PC 的推出，都证明着 PC 的变异已经开拓出和正在开拓着新的市场和领域。

(《微电脑世界》2002 第 21 期)

例(15)是我们查找到的唯一的形容词用作动词的句例。

我们发现，对这种表达格式，以往的语言学研究者已有所注意。20 世纪 80 年代初，朱林清(1981：42－48)就已注意到此类句式，将这一说法看成是“新兴的成分共用法”，并分析了这类句式的运用问题。这里我们在前人研究的基础上再探讨"(已经)V(了)和(正在)V(着)"这一表达格式特殊的表意功能和修辞效果。

一、"(已经)V(了)和(正在)V(着)"与共用成分的语义关系

"(已经)V(了)和(正在)V(着)"格式与句中共用成分(不管是直接成分还是间接成分)产生的语义关系是多方面的、复杂的。

(一)"(已经)V(了)和(正在)V(着)"格式与一个共用成分产生复杂的语义关系

1."(已经)V(了)和(正在)V(着)"格式与共用宾语产生复杂的语义关系。例如:

(17)去年以来,中央已经采取了和正在采取一系列加强宏观调控,抑制通货膨胀的措施。(《人民日报》1995年2月27日)

(18)我们领导他们发动了斗争,消灭了和正在消灭着新区的封建剥削制度和老区半老区的封建剥削制度的残余。

(毛泽东《在晋绥干部会议上的讲话》)

(19)"川军",不只是赚钱改变家乡的面貌,还在于学到了新知识、新观念,改变了和改变着"川军"本身。

(20)我们已经处理了并正在继续处理历史上特别是文化革命期间遗留下来的问题,从而消除了和正在消除大量不安定的因素。

(元旦社论:《迎接大有作为的年代》,《人民日报》1980年1月1日)

(21)市场改变了并且继续改变着我们的行为、欲求和希望,这种改变影响着我们的生活方式,也影响着我们社会的基本架构。

(梁治平《市场·国家·公共领域》,《读书》1996年第5期)

(22)人类社会已经经历和正在经历着三个时代:采集经济时代、农业经济时代、工业经济时代。

(何孔周《文化力与中国的未来:读高占祥的〈文化力〉札记》,《学园》2009年第1期)

(23)这是因为我们的人民群众今天早已摆脱了灰色的悲惨的生存,几十年来在党的领导下创造了并且创造着惊天动地的业绩,而努力在精神上

和他们合而为一的作家们，无疑会沿着这个传统取得更加坚实的成就。

（绿原《路翎这个名字》，《读书》1985 年第 2 期）

例(17)“已经采取了和正在采取”与共用宾语“一系列加强宏观调控，抑制通货膨胀的措施”产生复杂的语义关系：中央的“加强宏观调控，抑制通货膨胀的措施”是“一系列”的，这些措施不可能一次性到位，必须是逐步“采取”，即有的“措施”“已经采取了”，有的“措施”还正在“采取”。例(18)“消灭了和正在消灭着”与共用宾语“新区的……和老区半老区的……残余”产生复杂的语义关系：有些“新区的……和老区半老区的……残余”可能已经“消灭了”，有些“新区的……和老区半老区的……残余”可能还“正在消灭着”；而且“新区的封建剥削制度残余”和“老区半老区的封建剥削制度的残余”还会呈现多种多样的复杂情形，要一一消灭它们自然有时间上的先后。例(20)是个特例，前后分句都用了“(已经)V(了)和(正在)V(着)”格式，即“已经处理了并正在继续处理”与“消除了和正在消除”，形成语义上的前后照应。例(20)出自 1980 年的《元旦社论》，原文在本例句后还紧接有“但是我们的困难和问题是长期积累下来的，不是一下子可以完全解决的”。可见，句中的“已经处理了并正在继续处理”与共用宾语“历史上特别是文化革命期间遗留下来的问题”之间的语义关系是复杂的：“困难和问题”是“长期积累下来的”，因此，“历史上特别是文化革命期间遗留下来的问题”，有些“已经处理了”，有些还“正在继续处理”；而随着“遗留问题”的先后“处理”，“大量不安定的因素”也跟着“消除了”和“正在消除”。余例有同样复杂的语义关系，分析略。

2.“(已经)V(了)和(正在)V(着)”格式与共用主语产生复杂的语义关系。例如：

(24)你们已经执行了或者正在执行着这个方针，这也是对的。

（毛泽东《在晋绥干部会议上的讲话》）

(25)他们写出一篇又一篇作品，反映了……，他们表达了……，他们说出了劳动人民的心里话，并且创造了和正在创造着一种纯朴、平实、大众化的风格，这是非常可喜的。

（王蒙《谈我国作家的非学者化》，《读书》1982 年第 11 期）

(26)随着市场经济的发展，企业所处的社会生存环境发生了和正在发生着变化。（《企业市场营销的新理念》，《现代企业》2000 年第 2 期）

(27)新时期的话语风格也发生了而且正在发生重要嬗变。

(眸子《语言生活与精神文明》,《语文建设》1997年第1期)

(28)在肃反工作中,凡是已经发现了的错误,我们都已经采取了或者正在采取纠正的步骤。 (毛泽东《关于正确处理人民内部矛盾的问题》)

(29)中国政治生活中的各阶级、阶层、政党以及武装势力,重新改变了与正在改变着它们之间的相互关系。

(毛泽东《关于目前政治形势与党的任务的决议》)

(30)他们在斗争中已经改造或正在改造自己,我们的文艺应该描写他们的这个改造过程。 (毛泽东《在延安文艺座谈会上的讲话》)

例(24)中"执行了或者正在执行着"与共用主语"你们"产生复杂的语义关系:"你们"中的一部分"已经执行了""这个方针";"你们"中的另一部分"正在执行着""这个方针"。例(25)"创造了和正在创造着"与共用主语"他们"产生复杂的语义关系:联系全文可知这里的"他们"指高玉宝和崔八娃等非学者型作家,"他们"中间有的已经"创造了",有的还"正在创造着""一种纯朴、平实、大众化的风格"。例(26)"发生了和正在发生着"与共用主语"企业所处的社会生存环境"产生复杂的语义关系:"企业所处的社会生存环境",有的"已经发生了",有的还"正在发生着""变化"。余例有同样复杂的语义关系,分析略。

3."(已经)V(了)和(正在)V(着)"格式与共用状语产生复杂的语义关系。例如:

(31)在高原那两条钢轨之间,发生了和发生着多少平凡而又难忘的故事,弹奏出怎样隽永而又令人荡气回肠的乐章。

(32)在中国人民的伟大斗争中,已经涌出并正在继续涌出很多的积极分子。 (毛泽东《中国共产党在民族战争中的地位》,人民出版社,1976年)

(33)两年内,特别是最近一年内,在人民解放军中,实行了有秩序的、有领导的、由全体战斗员和指挥员一起参加的民主运动,开展了自我批评,克服了和正在继续克服着军队中的官僚主义……

(毛泽东《关于正确处理人民内部矛盾的问题》,人民出版社,1957年)

(34)这些主张作为全国通用教材中权威性的观点,对于执教者和学生已经制造和正在制造着无穷无尽的困惑和苦恼……

(叶知秋《"文学审美特征论"批评》,《甘肃联合大学学报》

2011年第3期）

（35）韦维尔将军在利比亚的胜利，在西班牙的舆论中已经起了并且还要起着重要的作用。（温斯顿·丘吉尔《第二次世界大战回忆录》第三卷，韦凡译，商务印书馆，1975年）

例（31）“发生了和发生着”与共用状语“在高原那两条钢轨之间”产生复杂的语义关系：“高原那两条钢轨之间”指代广阔的地域，有的地方已经“发生了”，有的地方还“发生着”“平凡而又难忘的故事”，而且这些“平凡而又难忘的故事”在“高原那两条钢轨之间”的各个地方还层出不穷地出现。例（32）“已经涌出并正在继续涌出”与共用状语“在中国人民的伟大斗争中”产生复杂的语义关系：“在中国人民的伟大斗争中”指代“伟大斗争的一个长过程”，在这一伟大斗争过程中，已经涌出很多积极分子，还在继续涌出很多的积极分子。例（33）“克服了和正在继续克服着”与共用状语“两年内，特别是最近一年内”、“在人民解放军中”产生复杂的语义关系：在不同的时间（两年内）、在“人民解放军”不同的群体中，有的已经“克服了”，有的还“正在克服着”“军队中的官僚主义”。余例有同样复杂的语义关系，分析略。

4.“（已经）V（了）和（正在）V（着）”格式与共用中心语产生复杂的语义关系。例如：

（36）他们的错误，主要是被国民党的反动潮流所吓倒，不敢支持已经起来和正在起来的伟大的农民革命斗争。

（《〈湖南农民运动考察报告〉解读》，新浪教育，2010年5月12日）

（37）相反，辞格研究成果需要梳理、筛选和某些方面的再阐释，汇集已经开发和正在开发的学术资源。

（谭学纯《辞格生成与理解：语义·语篇·结构》，《当代修辞学》2010年第2期）

（38）当然，说他们肯定，并不是从价值论和情感态度上说的，而是指他们对已经发生和正在发生着的一切持一种认可的默契。

（汪政、晓华《互补的青年意识》，《读书》1989年第7期）

（39）这个比例又随着机器在这些行业中已经占领或者正在占领的范围不同而有很大变化。

（乔瑞金《马克思资本主义社会矛盾思想的微观分析》，《山西师大学报》

2008 年第 3 期)

(40)今天中国的进步在什么地方呢？在于它已经……有了已经觉悟或正在觉悟的广大人民，有了共产党，有了政治上进步的军队……

(毛泽东《论持久战》)

(41)为此目的，一切宣传鼓动应顾到下述各方面，一方面，利用已经产生并正在继续产生的民族革命典型(英勇抗战、为国捐躯、平型关、台儿庄、八百壮士、游击战争的前途，慷慨捐输，华侨爱国等等)向前线后方国内国外，广为传播……　(毛泽东《最高国务会议上的讲话纪要》1957 年 10 月)

(42)假如赫尔利政策继续下去，美国政府便将陷入在中国反动派的又臭又深的粪坑里拔不出脚来，把它自己放在已经觉醒和正在继续觉醒的几万万中国人民的敌对方面。　(毛泽东《评赫尔利政策的危险》)

(43)因为发生和正在发生的事堆积如山，而且她又有如此好的感悟能力，于是便很感性地呈现出来。

(杨子《黄茵自称“野生植物”》,《作家文摘》,1995 年)

例(36)“已经起来和正在起来”与共用中心语“伟大的农民革命斗争”发生复杂的语义关系：一些“伟大的农民革命斗争”“已经起来”，一些“伟大的农民革命斗争”还“正在起来”。例(37)“已经开发和正在开发”与共用中心语“学术资源”发生复杂的语义关系：“学术资源”是丰富多样的，有的“已经开发”，有的还“正在开发”。例(38)“已经发生和正在发生着”与共用中心语“一切”产生复杂的语义关系。“一切”是指“他们”可持“认可默契”的各种情况，这些情况有的“已经发生”，有的还“正在发生”。余例有同样复杂的语义关系，分析略。

5.“(已经)V(了)和(正在)V(着)”格式与共用兼语产生复杂的语义关系。例如：

(44)在改革、开放方针政策指引下，解放思想，实事求是，艰苦创业，使全省经济建设已经发生和正在发生着历史性的巨大变化。

(45)在以邓小平同志为核心的第二代中央领导集体领导下，取得的改革开放和社会主义现代化建设的成就，使中国发生了而且正在继续发生巨大而深刻的变化。

例(44)中“已经发生和正在发生着”与共用兼语“全省经济建设”产生复

杂的语义关系:“全省经济建设”涉及方方面面,有的“已经发生”,有的“正在发生着”“历史性的巨大变化”。例(45)“发生了而且正在继续发生”与共用兼语“中国”产生复杂的语义关系:中国幅员辽阔,“改革开放和社会主义现代化建设的成就”使“中国”的有些地方“已经发生了”,有些地方还“正在继续发生”“巨大而深刻的变化”。

(二)“(已经)V(了)和(正在)V(着)”格式与两个共用成分产生复杂的语义关系

1.“(已经)V(了)和(正在)V(着)”格式与共用主语和共用宾语产生复杂的语义关系。例如:

(46)但是我们学会了并且正在学会着生产,这样一来,我们又活跃了,我们又生气勃勃了。

(毛泽军《论军队生产自给,兼论整风和生产两大运动的重要性》)

(47)经过“文化大革命”的十年动乱……党处在比过去更复杂的历史环境,各种非无产阶级思想对党的侵蚀有所增强,并且已经腐化了和正在腐化着一些共产党员。

(逄先知《延安整风是毛泽东同志对党的建设的伟大贡献》,《红旗》1983年第23期)

(48)大辩论,全民性的,解决了和正在解决着革命和建设是否正确(革命和建设的成绩是不是主要的),是否应走社会主义道路,要不要共产党领导,要不要无产阶级专政,要不要民主集中制,以及我国的外交政策是否正确等项重大问题。 (毛泽东《一九五七年夏季的形势》)

(49)伟大的胜利的中国人民解放战争和人民大革命,已经复兴了并正在复兴着伟大的中国人民的文化。 (毛泽东《唯心历史观的破产》)

(50)他们以自己的力量和智慧创造了和不断创造着巨大的物质财富和精神财富。 (《辛勤劳动创造美好生活》,《人民日报》2006年5月1日)

(51)实践已经证明并正在继续证明着,凡是对企业家放权这个工作做得好的地区和行业,就兴旺发达,发展得较快;相反,那些放放收收,收收放放,犹豫不决的地方或行业,其发展就不能尽如人意。

(《报刊精选》1994年第3期)

(52)数以十万计的群众自己交学费自己在市场中学会游泳,造就了并

继续造就着一批不同档次的经营人才。（《报刊精选》1994 第 1 期）

(53)此外，在鄂东和鄂中均有部队坚持游击战争，这些都极大地援助了和正在继续援助着老解放区的作战，并将对今后长期战争起更大的作用。

（毛泽东《三个月总结》）

例(46)“学会了并且正在学会着”与共用主语“我们”，共用宾语“生产”同时都产生复杂的语义关系：“我们”中有的人“已经学会了生产”，而另一些人还“正在学会着生产”；因为“生产”是多方面的，新的生产方式也在不断产生，因此，“我们”中有的人“已经学会了”某种“生产”，而“我们”中还有的人又“正在学会”另一种“生产”。例(47)“已经腐化了和正在腐化着”与共用主语“各种非无产阶级思想”，共用宾语“一些共产党员”产生复杂的语义关系：“各种非无产阶级思想”呈繁复性，而且它们又可能在不同时期产生或出现；“一些共产党员”是一个群体，因此“各种非无产阶级思想”对“一些共产党员”的“腐化”情况，必然复杂多变，或“已经腐化了”，或“正在腐化着”。例(48)“解决了和正在解决着”与共用主语“全民性的大辩论”，共用宾语“革命和建设是否正确，是否应走社会主义道路……等项重大问题”产生复杂的语义关系：“全民性的大辩论”涉及的人群广，所需的时限长，“革命和建设是否正确等项重大问题”涉猎的内容重大，且要辩论的项目多，因此，“大辩论”中，一些辩论“解决了”部分“重大问题”；还在继续的“大辩论”，则陆续地“正在解决着”其他项“重大问题”。余例有同样复杂的语义关系，分析略。

2.“(已经)V(了)和(正在)V(着)”格式与共用主语和共用状语产生复杂的语义关系。例如：

(54)一九四二和一九四三两年先后开始的带普遍性的整风运动和生产运动，曾经分别地在精神生活方面和物质生活方面起了和正在起着决定性的作用。（毛泽东《论军队生产自给，兼论整风和生产两大运动的重要性》）

(55)可以说，从七十年代末，八十年代初以来，世界各主要国家的经济政治体制都发生了或正在发生着本世纪以来最引人注目的变化。

（张维平谈卢因的《苏联经济论战中的政治潜流》，《读书》1987 年第 7 期）

(56)但是在这个大阶段的各个小阶段中，情形是变化了和变化着的，我们的具体纲领便不能不有所改变。（毛泽东《论联合政府》）

(57)惟独今天遇到世界上已经发生或正在发生的空前广大和空前深刻

的人民运动及其对于中国的援助。 （毛泽东《论持久战》）

例（54）“起了和正在起着”与共用主语“整风运动和生产运动”，与共用状语“在精神生活方面和物质生活方面”同时都产生复杂的语义关系：“整风运动”可能“在精神生活方面”，“已经起了”作用；“生产运动”则可能“在物质生活方面”还“正在起着”作用。或二者相反。“精神生活”和“物质生活”方面的内容是丰富多变的，“整风运动”可能“在精神生活的某方面”，“已经起了”作用，“在精神生活的另一些方面”可能还“正在起着”作用。同样“生产运动”可能“在物质生活的某方面”，“已经起了”作用，而“在物质生活的另一些方面”可能还“正在起着”作用。例（55）“发生了或正在发生着”与共用主语“世界各主要国家的经济政治体制”，与共用状语“从七十年代末，八十年代初以来”同时都产生复杂的语义关系：“世界各主要国家”是个群像，“从七十年代末，八十年代初以来”是段时间长河；在这之间，某个世界主要国家的“经济政治体制”可能在七十年代末就已经“发生了”“本世纪以来最引人注目的变化”，而某个世界主要国家的“经济政治体制”在八十年代初才“正在发生着”“本世纪以来最引人注目的变化”。例（56）“变化了和变化着”与共用主语“情形”，与共用状语“在这个大阶段的各个小阶段中”同时都产生复杂的语义关系：事物在不同时段呈现出来的样子（情形）是复杂多变的，“大阶段的各个小阶段”时间跨度长，时段分布多，因此，有些“情形”在某个“小阶段”已经“变化了”，而有些“情形”则还在另外的“小阶段”中正在“变化着”。余例有同样复杂的语义关系，分析略。

3.“（已经）V（了）和（正在）V（着）”格式与共用状语和共用宾语产生复杂的语义关系。例如：

（58）我们党在自己的二十四年奋斗中，克服了和正在克服着这些错误思想，使得我们的党在思想上极大地巩固了。 （毛泽东《论联合政府》）

（59）但是，我们在大量干部中解决了和正在解决着这个矛盾—党内无产阶级思想和非无产阶级思想（其中有小资产阶级、资产阶级甚至地主阶级的思想，而主要是小资产阶级的思想）之间的矛盾，即马克思主义思想和非马克思主义思想之间的矛盾，我们的党就能够……大踏步地但又是稳步地前进了。 （毛泽东《论军队生产自给，兼论整风和生产两大运动的重要性》）

（60）这是从两方面来看的。一方面，晋绥的党组织反对了右的偏向，发动了群众斗争，在全区三百多万人口的二百几十万人口中，完成了或者正在完成着土地改革工作和整党工作。（毛泽东《在晋绥干部会议上的讲话》）

(61)我们的文艺评论工作者在介绍优秀的中篇作品、推动中篇小说创作并批评某些作品的不良倾向方面已经做了和正在做着有益的工作。

（王蒙《序〈中篇小说论集〉》，《读书》1984年第6期）

例(58)“克服了和正在克服着”与共用状语“在自己的二十四年奋斗中”，共用宾语“这些错误思想”同时都产生复杂的语义关系：“在自己的二十四年奋斗中”，克服“这些错误思想”的时间是有先后的，“有些错误思想”早就“克服了”，“有些错误思想”现在还“正在克服着”；而“在奋斗的二十四年中”我们党的“这些错误思想”的种类也是复杂多样的，而且还会反反复复地产生，“有些错误思想”已经“克服了”，“有些错误思想”还“正在克服着”。例(59)“解决了和正在解决着”与共用状语“在大量干部中”，共用宾语“矛盾”，同时都发生复杂的语义关系：“大量干部”是一个复杂的群体，“这个矛盾”在有些干部中，可能“已经解决了”，而在另一些干部中，还“正在解决着”；非无产阶级思想复杂多样，而且它们既可以是已经存在的，也可以是正在产生的；它们与无产阶级思想形成的矛盾，既复杂多样，又有矛盾形成的先后之分；因此，对已经存在的某些“矛盾”可能“已经解决了”，而对正在产生的某些“矛盾”就可能“正在解决着”。例(60)“完成了或者正在完成着”与共用状语“在全区三百多万人口的二百几十万人口中”，共用宾语“土地改革工作和整党工作”，同时都发生复杂的语义关系：“在全区三百多万人口的二百几十万人口中”涉及范围大，“土地改革工作和整党工作”涉及内容广，因此，在部分“人口中”可能有的“完成了”“土地改革工作”的部分内容；有的还“正在完成着”。在另外的“人口中”可能有的“完成了”部分“整党工作”的部分内容；有的还“正在完成着”。余例有同样复杂的语义关系，分析略。

在实际语料里，还有两个格式连用与共用主语，分用宾语或与共用状语、分用宾语产生复杂语义关系的句子。例如：

(62)这些特点，规定了和规定着双方一切政治上的策略和军事上的战略战术，规定了和规定着战争的持久性和最后的胜利属于中国而不属于日本。

(63)党在最近一年内，一方面基本上克服了并正在继续克服着党内在某种程度上存在着的成分不纯(地主富农分子)、思想不纯(地主富农思想)和作风不纯(官僚主义和命令主义)的不良现象,另一方面又克服了和正在继续克服着跟着大规模发动农民群众解决土地问题的斗争而产生的,部分地但是相当多地侵犯了中农,破坏了某些私人工商业,以及某些地方越出了镇压反革命的某些政策界限等项"左"的错误。

(《中共中央关于九月会议的通知》,1948年10月10日)

例(62)中前后两个"规定了和规定着"与共用主语"这些特点",与分用宾语"双方一切政治上的策略和军事上的战略战术"和"战争的持久性和最后的胜利属于中国而不属于日本"同时都产生复杂的语义关系;例(63)中前后两个"克服了并正在继续克服着"与共用状语"在最近一年内",与分用宾语"党内在某种程度上存在着的成分不纯、思想不纯和作风不纯的不良现象"和"跟着大规模发动农民群众解决土地问题的斗争而产生的,部分地但是相当多地……等项'左'的错误"同时都产生复杂的语义关系。具体分析同上,此不赘述。

从以上分析可见,"(已经)V(了)和(正在)V(着)"格式作为一种涉及大容量语义的信息载体,可充任多种句法成分,但多用在动语位置上,与直接成分或间接成分共同周密地、详尽地说明纷繁的事物动态,语句内容因此而更丰富,事物性质因此而更明晰。

二、"(已经)V(了)和(正在)V(着)"格式的修辞价值

修辞效果有时来自对语法规范的偏离,来自语法形式和它所表达的意义之间的脱节和矛盾,语法上谆谆告诫的地方,有时正是修辞妙处所在(张炼强,1992:138)。"(已经)V(了)和(正在)V(着)"格式以其特有的构成与句中其他句法成分形成丰足的信息传递,其修辞价值必须进入句子才得以体现:两个不同体态的特殊构成巧妙地表现运动着的客观事态,精练地说明纷繁的事物和复杂多样的思想变化,概括地反映各种事件并存的复杂的社会现象。其所在单句因能表达丰厚、繁复的语义内容而成为大信息量的载体。

(一)结构精炼、表意丰厚

客观世态纷繁复杂,人们运用语言时,总是在不被误解的前提下,以最经

济的语言符号，精练地表达复杂多样的思想变化，概括地反映繁复多变的现实情况，达到尽可能好的表达效果。“（已经）V（了）和（正在）V（着）”格式表面看似矛盾，造成结构的陌生化，给人以新奇的感觉，触发读者展开联想；仔细思考，通过字面上“看似矛盾”的组合搭配，去体会作者要表达的“实不矛盾”的复杂的客观事实。格式在有限的单句结构框架内新颖别致地表情达意，使单句表述的“抽象外延具象化”、“单一视觉多维化”（祝克懿，1999：23），以最经济的语言符号承载着复句甚而句组的语义容量。它是句法结构的紧缩形式，是涉及多个语义指向关系的聚合体，容量大、功能强。

（二）叙述周密，说明精到

祝克懿（1999：57—60）曾考察过联合短语与繁丰语言风格之间的适应性，并根据联合短语在各种语体中出现的高频率，确认联合短语具有鲜明突出的繁丰语言风格特征。我们认为，“（已经）V（了）和（正在）V（着）”格式用于叙述说明事件的动态特征，也使得联想思维在句法结构中得到了最好的体现。同样，空间方位、时间顺序、人物事件的方方面面、事物的种种属性、事理的先后等等都能在这种格式中找到思维轨道，体现了联合短语的繁丰风格特征。

（三）框架严密、逻辑有序

“（已经）V（了）和（正在）V（着）”格式因容纳了不同体态，而有着很强的表现力。其中的“着”表示由动作多次反复进行所构成的一个过程的连续，与“了”共现，更精确、更完备地表现了动作行为发展变化的状态；更全面、更周密地展现了社会现象、矛盾斗争等接踵而至的动态的复杂性。

在话语整合过程中，运用“（已经）V（了）和（正在）V（着）”格式表述的内容可以整合为复句，也可以整合为句组，根据需要，人们有时也用复句形式替代该格式。例如：

（64）现在我们边区的军队已经学会了生产；前方的军队，一部分也学会了，其他部分正在开始学习。（毛泽东《组织起来》）

（65）好在纠正这类偏向并不甚困难，几个月内已经大体上纠正过来了，或者正在纠正着，但须各级领导者着重用力才能彻底纠正此类偏向。

（毛泽东《关于情况的通报》）

（66）这些规律的正确性，不但在第一次大革命时期和土地革命时期证明了，而且在目前的抗日战争中也在证明着。（毛泽东《共产党人发刊词》）

（67）如今他们却大办其夜学，名之曰农民学校。有些已经举办，有些正在筹备，平均每乡有一所。（毛泽东《湖南农民运动考察报告》）

（68）“四人帮”被粉碎后，各级党校，有的地方已经恢复，有的地方正在恢复。

（《中共中央关于办好各级党校的决定》，《长江日报》1977 年 10 月 10 日）

（69）市委、市政府组建后，经过几个月的辛勤努力，邢台县的问题，有些已经解决了，有一些正在解决。（《报刊精选》1994 年第 4 期）

（70）这样的事情已经发生过许多次，现在又正在发生着。

（李锐《新文化的生死劫》，《读书》1999 年第 6 期）

（71）概念是充分理性化和规范化的，它已经失去，或者正在失去那种直接接触世界的最初的敏感性和无限的可能性。

（商伟《唐诗语言的“诗化”及其启示》，《读书杂志》1987 年第 7 期））

（72）中国共产党领导了，而且继续领导着轰轰烈烈的光荣的胜利的革命战争。（毛泽东《中国革命战争的战略问题》）

相比较而言，复句形式侧重于结构的完整和意义的明了，“（已经）V（了）和（正在）V（着）”格式的使用则更侧重于结构的精炼和表义的浓缩。

三、“（已经）V（了）和（正在）V（着）”格式存在的理据

从理论上来讲，“了”、“着”表示不同的体态，“了”表示实现体，“着”表示进行体。孤立地看，它们确实不能共现，但是，为什么会出现以上格式，且大量运用于书面语，并为大家所接受呢？“（已经）V（了）和（正在）V（着）”格式存在的理据是什么？这就很值得我们探索。

客观事件的成分排列是有顺序的，反映到认知上，认知结构方式也是有顺序的；而句子内部成分的结构顺序则是对认知顺序的象似性表现（范晓，2009:3）。认知因境而异，看动态事件视角的注意点如果因时态不同而在大脑中形成了繁复多面的意象图式，投射到句子就呈现出貌似矛盾的“（已经）V

(了)和(正在)V(着)”格式。

考察大量语料后,我们注意到:凡用“(已经)V(了)和(正在)V(着)”格式,其前后的词语总是有很大的跨度—或是空间跨度,或是时间跨度。如以上例句中共现格式前后的主语、宾语、状语等内容,其所指既有“历史的长河”、“辽阔的地域”,又有“广泛的人群”、“复杂的事件”等等,这都清楚地显示句子言谈所及,或涉及很广的空间,或涉及很长的时间。从空间来看,用“了”和“着”正是说明所涉及的对象并非一下子都“V了”或都能“V了”,有一些则正处于变化过程之中(用“V着”表示);从时间来看,用“了”和“着”,正是说明所涉及的对象有的在某一个时段已经“V了”,而有的则还处于正在进行或变化当中(用“V着”表示)。语言事实告诉我们,“(已经)V(了)和(正在)V(着)”格式“V了”、“V着”共现,正是适应了这种表达的需要,产生了一种独特的表意功能和修辞效果——在看似不和谐中求得和谐,遵循着如陆俭明(2010:185—186)所说的“语义和谐律”。即,任何语言的任何句子都要求句中的词汇意义、句法结构关系所赋予的意义,语义结构关系所赋予的意义、句子超语段成分所赋予的意义、句子的构式义及句子使用的具体语境义处于一个和谐的状态。

刘大为(2010:15)指出:“构式不仅是句法的一种框架,还是我们编码认知经验、赋予经验以形式的框架。当语言使用者面对一种真实的认知场景而试图对之进行表达时,首先是认知场景激活了长时记忆中储存着的某一构式,关于这一场景的认识也就经由构式的整理和规范而被编码在该构式的组织形式中。”我们认为“(已经)V(了)和(正在)V(着)”这一构式的构式义是,所述对象在不同空间或不同时间呈现具有变化趋势的不同动态情况。“(已经)V(了)”和“(正在)V(着)”相并列,这与上述构式义显然是十分和谐的。

另外,我们知道,“客观世界是一个纵横交错的实体,客观世界所发生的各种事件在纵横坐标上同时展开,事物与事物之间的关系是复杂的,曲折的,多元的。以客观现实为基础的思维也必定是复杂的,曲折的,多元的。语言符号是线性的,只能在时间的线条上绵延,不能在空间的面上铺开。因此,线性的语言序列和要表达的立体思维有一定的矛盾。异常搭配的线性序列中蕴涵着立体思维的语义潜势和辐射型联想的丰富内涵”(曹京渊 1999:10)。“语言结构的经济性变异,有时会导致结构形式简化而语义结构不合理。但是尽管如此，这些发生变异的形式仍然在社会交际中合法存在。这种合法存在，正是由于运用中的语言句子具有表层结构和深层结构两个层次。运用语言的经济原则，使结构形式简化；语言理解的自然过程，又使这类结构形式成为合理的，可以理解的（获得合理的语义解释）”（雷友梧，1987：46—47）。“（已经）V（了）和（正在）V（着）”格式之所以能够合法存在，就因为它既符合语言结构的经济原则又遵守语义和谐律：就发送信息方面而言，用该格式可以借助经济、凝练的结构，表达复杂、丰富的内涵；就接受信息方面而言，用该格式可以借助经验和语境，通过表层结构，意会深层语义关系。因此，不难理解为什么“（已经）V（了）和（正在）V（着）”格式越来越受到人们的青睐。

结　语

综上所述，我们以为，分析句子，逻辑意义固然应该注意，但它只能作为一种手段，作为校正语法结构的一种依据。如果过分强调和扩大逻辑意义在语法中的作用，许多合法的语言结构就难免会遭到非难。“（已经）V（了）和（正在）V（着）”格式以它经济、凝练、表意性强的优点，顺应了复杂多态的社会现实，适于表达当代人缜密的思维，适于表现当代生活的千姿百态，适于展现当代社会现象的纷繁复杂。

“（已经）V（了）和（正在）V（着）”格式在被频繁运用的同时，其变式“已经和正在V（着）”也应运而生，大量出现于书面语。例如：

（73）特别是中央和省、自治区、直辖市一级全面整党的健康发展，已经和正在端正各条战线现代化建设的业务指导思想，明确改革的方向。

（《中共中央关于经济体制改革的决定》，人民出版社，1984年）

（74）在经济领域里的严重犯罪活动，已经和正在腐蚀我们的干部队伍，毒化人们的思想……

（杨易辰《最高人民检察院工作报告》，《新华月报》1984年第5期）

（75）这些反思和挑战已经和正在改变着人类学的著述方式……

（郭于华《人类学者的困惑》，《读书》1997年第9期）

（76）面对这样大批失业下岗的女职工，党和政府非常重视，把它看作是事关改革、发展和稳定的大事，也是事关搞好国有企业改革的难点、重点之一，已经和正在采取一系列的安置措施，如实施再就业工程等。

（《人民日报》1995年6月21日）

(77)伍绍祖在关于体育法草案的说明中说,随着我国的政治稳定、经济繁荣、社会进步和人民生活水平逐步提高,体育事业在我国社会主义物质文明和精神文明建设中已经和正在发挥着越来越重要的作用。

(《人民日报》1995 年 6 月 24 日)

(78)所有这些理论和方法,都已经或正在运用于现代汉语语法的研究中,并取得了一系列令人鼓舞的成就。

(刁晏斌《新时期语法变异现象研究述评》,《语言文字应用》2003 年第 2 期)

(79)斯蒂芬·劳伦斯之死,已经和正在极大地改变着英国社会……

(张西明《英国最有名的黑人是谁?》,《读书》1999 年第 5 期)

詹卫东(2000)曾指出,"联合短语是研究得不很充分的一类短语,这不仅是汉语本体研究的不足,也给面向中文信息处理的短语结构规则研究造成了诸多不便"。希望我们的分析对中文信息处理的短语结构规则研究也能有一定参考价值。

第三节 法律文本中的特定表达格式①

法律语言是民族共同语在长期的法律实践中逐步形成,服务于一切法律活动,具有法律专业特色的语言。法律语言在法律的制定、运用及研究活动中形成了自己特有的文风和格调,成为一种相对独立的语体。法律语体既遵守民族共同语的普遍规律,又有它独特的表达习惯。这种独特的表达习惯既表现在法律文本中的一些用词习惯,也体现于一些特定的句法格式的运用上。"的"字短语和"对"字短语(指由介词"对/对于"形成的介词短语)就是我国法律文本中使用频率最高的句法格式之一。它们运用形式独特,表义功能特殊。本节探讨有关法律法规文件中"的"字短语和"对"字短语的语用特点,

① 本节写作背景:中国政法大学王洁教授主持的国家语言文字应用"十五"科研项目"国家语言文字政策与法律实践"(项目编号:YB105－08),其子课题"对法律文本语言问题梳理",委托北京大学陆俭明教授主持。子课题组成员有谢英、娄开阳、应晨锦、杨玉玲等人。

分析部分使用这两种短语时存在的问题，并提出参考性的修正意见，以就教于法学、语言学的专家和广大读者。

一、法律文本中"的"字短语的特点及运用

（一）法律文本中"的"字短语的特点

1. 构成材料复杂

"的"字短语是现代汉语口语、书面语都比较常见的一种短语。一般书面语中的"的"字短语，"的"字大多附着在名词、动词、形容词或一般短语后面；而法律文本中的"的"字短语，则"的"字大多或直接附着在多项并列的短语、单句或复句形式后面，或附着在含有并列短语的复杂词组的后面。例如：

(1)有下列间谍行为之一……(一)参加间谍组织或者接受间谍组织及其代理人的任务的…… （《中华人民共和国刑法》第一百一十条）

(2)判决宣告以前一人犯数罪的，除判决死刑和无期徒刑的以外，应当在总和刑期以下，数刑中最高刑期以上，酌情决定执行的刑期……

（《中华人民共和国刑法》第六十九条）

(3)律师接受委托后，无正当理由的，不得拒绝辩护或者代理，但委托事项违法，委托人利用律师提供的服务从事违法活动或者委托人隐瞒事实的，律师有权拒绝辩护或者代理。

（《中华人民共和国律师法》第二十九条第二款）

(4)明知自己的行为会发生危害社会的结果，并且放任这种结果发生，因而构成犯罪的，是故意犯罪。 （《中华人民共和国刑法》第十二条）

例(1)中"参加间谍组织或者接受间谍组织及其代理人的任务的"为"的"字附在两个述宾短语并列形式后构成的"的"字短语；例(2)中"判决宣告以前一人犯数罪的"是由"的"字附在单句形式后构成的"的"字短语，"判决死刑和无期徒刑的"这一"的"字短语，"的"是附着在一个动宾短语之后，而动宾短语的宾语"死刑和无期徒刑"则是个并列短语；例(3)、例(4)中"委托事项违法，委托人利用律师提供的服务从事违法活动或者委托人隐瞒事实的"和"明知自己的行为会发生危害社会的结果，并且放任这种结果发生，因而构成犯罪的"则分别为"的"字附在复句形式和多重复句形式后面构成的"的"字短语。

2. 结构关系多重

由于构成材料复杂，法律文本中的“的”字短语往往包含多种结构关系。例如：

(5)……情节严重或者带领武装部队人员、人民警察、民兵投敌叛变的，处10年以上有期徒刑或者无期徒刑。

(《中华人民共和国刑法》第一百零八条)

(6)应当预见自己的行为可能发生危害社会的结果，因为疏忽大意而没有预见，或者已经预见而轻信能够避免，以致发生这种结果的，是过失犯罪。

(《中华人民共和国刑法》第十五条)

(7)未经国务院有关主管部门许可，擅自进口固体废物用作原料，造成重大环境污染事故，致使公私财产遭受重大损失或者严重危害人体健康的，处5年以下有期徒刑或者拘役，并处罚金……

(《中华人民共和国刑法》第三百三十九条第二款)

例(5)中“的”字短语是由一个主谓短语和一个连谓套兼语的复杂短语组成的并列短语形式加“的”构成的；例(6)中“的”字短语是由一个包含了因果关系的转折复句形式加“的”构成的；例(7)中的“的”字短语是由一个包含了递进、并列关系的因果复句形式加“的” 构成的。

3. 运用形式独特

A. “的”字短语放置在中心语的后面作为限制成分。例如：

(8)外国人在中华人民共和国领域外对中华人民共和国国家或者公民犯罪，而按本法规定的最低刑为3年以上有期徒刑的，可以适用本法……

(《中华人民共和国刑法》第八条)

(9)当事人一方因另一方违反合同受到损失的，应当及时采取措施防止损失的扩大…… (《中华人民共和国民法通则》第一百一十四条)

(10)劳动者有下列情形之一的，用人单位可以解除劳动合同。

(《中华人民共和国劳动法》第二十五条)

(11)当事人对决定不服的，可以申请复议。

(《中华人民共和国诉讼法》第四十七条第四款)

“的”字短语放置在中心语的后面作为限制成分是法律文本中“的”字短语最突出、最大量的用法。以上例句中的“的”字短语都是修饰、限制其前的名词性中心语的。这种“的”字短语都可以挪至中心语前，如“在中华人民共和国领域外对中华人民共和国国家或者公民犯罪，而按本法规定的最低刑为3年以上有期徒刑的外国人”、“因另一方违反合同受到损失的当事人一方”、“有下列情形之一的劳动者”、“对决定不服的当事人”。

法律文本中放置在中心语后面的“的”字短语，突出地强调了被陈述对象的某一类型，表现出特有的语用价值。如果宣读法律文本中此类条文时，“的”字短语作为对中心语的限定部分应读作重音，在中心语和“的”字短语之间必须有语音停顿，如“当事人一方／因另一方违反合同受到损失的”、“劳动者／有下列情形之一的”等。法律文本中大量的用法就是用逗号把中心语和“的”字短语隔开的。例如：

(12)人民法院对查封、扣押的物品，不宜长期保存的，可以变卖，保存价款。

(《中华人民共和国民事诉讼法》第九十三条)

(13)被宣告缓刑的犯罪分子，在缓刑考验期限内犯新罪或者发现判决宣告以前还有其他罪没有判决的，应当撤销缓刑……

(《中华人民共和国刑法》第七十七条)

(14)依法配备公务用枪的人员，丢失枪支不及时报告，造成严重后果的，处3年以下有期徒刑或者拘役。

(《中华人民共和国刑法》第一百二十九条)

例(12)句中后置定语，即“的”字短语“不宜长期保存的”，具有类的概括作用，并突出、强调这类事物并不是所有查封、扣押的物品都可以变卖，而仅指“不宜长期保存的”物品。

B. 以几个结构相同或相似的“的”字短语连用，表示列举或举例。例如：

(15)有下列情形之一的，不追究刑事责任，已经追究的，应当撤销案件，或者不起诉，或者宣告无罪：(一)情节显著轻微，危害不大，不认为是犯罪的；(二)犯罪已过追诉时效期限的；(三)经特赦令免除刑罚的；(四)依照刑法告诉才处理的犯罪，没有告诉或者撤回告诉的；(五)被告人死亡的；(六)其他法律，法令规定免予追究刑事责任的。

(《中华人民共和国刑事诉讼法》第十一条)

(16)国有公司、企业、事业单位的工作人员，利用职务便利，有下列情形之一……(一)将本单位的盈利业务交由自己的亲友进行经营的；(二)以明显高于市场的价格向自己的亲友经营管理的单位采购商品或者以明显低于市场的价格向自己的亲友经营管理的单位销售商品的;(三)向自己的亲友经营管理的单位采购不合格商品的。

(《中华人民共和国刑法》第一百六十六条)

(17)下列行为,以走私罪论处,依照本节的有关规定处罚:(一)直接向走私人非法收购国家禁止进口物品的,或者直接向走私人非法收购走私进口的其他货物、物品,数额较大的;(二)在内海、领海运输、收购、贩卖国家禁止进出口物品的,或者运输、收购、贩卖国家限制进出口货物、物品,数额较大,没有合法证明的。 (《中华人民共和国刑法》第一百五十五条)

例(15)和例(16)并列使用单个“的”字短语,例(17)并列使用两个“的”字短语,组成并列形式的条文。“的”字短语的并列使用,使句式规整,内容周遍,文意谨严。

4. 表义功能特殊

A. 语义容量大。法律文本中的“的”字短语由于结构复杂,往往承载着较大的信息量。例如:

(18)……(一)未经海关许可并且未补缴应缴税额,擅自将批准进口的来料加工、来件装配、补偿贸易的原材料、零件、制成品、设备等保税货物,在境内销售牟利的;…… (《中华人民共和国刑法》第一百五十四条)

(19)(一)单独或者合谋,集中资金优势、持股优势或者利用信息优势联合或者连续买卖,操纵证券交易价格的;(二)与他人串通,以事先约定的时间、价格和方式相互进行证券交易或者相互买卖并不持有的证券,影响证券交易价格或者证券交易量的;(三)以自己为交易对象,进行不转移证券所有权的自买自卖,影响证券交易价格或者证券交易量的……

(《中华人民共和国刑法》第一百八十二条)

(20)行为在客观上虽然造成了损害结果,但是不是出于故意或者过失,而是由于不能抗拒或者不能预见的原因所引起的,不是犯罪。

(《中华人民共和国刑法》第十六条)

以上条文中的“的”字短语分别承载了单重复句和多重复句所包容的信息量,涉及面广、表义严密。

B. 表义精练、概括。法律语言既要求严密,又要求精炼、概括。因此,负载信息量大的语言格式“的”字短语在法律文本中备受青睐。如：

(21)被判处管制、拘役、有期徒刑、无期徒刑的犯罪分子……有下列重大立功表现之一的，应当减刑：(一)阻止他人重大犯罪活动的；(二)检举监狱内外重大犯罪活动，经查证属实的；(三)有发明创造或者重大技术革新的；(四)在日常生产、生活中舍己救人的；(五)在抗御自然灾害或者排除重大事故中，有突出表现的；(六)对国家和社会有其他重大贡献的。

(《中华人民共和国刑法》第七十八条)

(22)对于下列人犯，任何公民都可以立即扭送公安机关、人民检察院或人民法院处理：(一)正在实行犯罪或者犯罪后及时被发现的；(二)通缉在案的；(三)越狱逃跑的；(四)正在被追捕的。

(《中华人民共和国刑事诉讼法》第四十二条)

“重大立功表现”的情况各种各样，但依刑法规定为六类；任何公民都可以立即扭送的“人犯”情况也很复杂，但依刑法规定为四类。这“六类”、“四类”都是通过“的”字短语表达的，表现出“的”字短语极强的概括力。同时，用“的”字短语归类，省去了重复的被分类事物的中心语“罪犯”、“人犯”之类的词语，节省了笔墨，言简意赅。

C. 指代性强。“的”字短语指称对象宽泛，所表示的人或事物常常是无定的，泛指的，甚至是贬义的，很适应法律语言这种特殊的表达需要。因此，法律条文中规定某一类人或事物时多用“的”字短语。例如：

(23)组织、策划、实施分裂国家、破坏国家统一的，对首要分子或者罪行重大的，处无期徒刑或者10年以上有期徒刑；对积极参加的，处3年以上10年以下有期徒刑；对其他参加的，处3年以下有期徒刑、拘役、管制或者剥夺政治权利。

(《中华人民共和国刑法》第一百零三条)

(24)为境外的机构、组织、人员窃取、刺探、收买、非法提供国家秘密……情节特别严重的，处10年以上有期徒刑或者无期徒刑；情节较轻的，处5年以下有期徒刑、拘役、管制或者剥夺政治权利。

(《中华人民共和国刑法》第一百一十一条)

(25)猥亵儿童的，依照前两款的规定从重处罚。

(《中华人民共和国刑法》第二百三十七条)

(26)投敌叛变的，处3年以上10年以下有期徒刑；

(《中华人民共和国刑法》第一百零八条)

例(23)、例(24)中的"罪行重大的"、"积极参加的"、"其他参加的"、"情节特别严重的"、"情节较轻的"等都是无定指的模糊指代;例(25)、例(26)中的"猥亵儿童的"、"投敌叛变的"表示某类犯罪情况,用"的"字短语表示这种含有贬义的指代非常适宜。

(二)法律文本中运用"的"字短语所存在的问题

1.学界对法律文本中"的"字短语运用问题的讨论

随着我国应用语言学的发展,关于法律语言的研究越来越受到人们的关注,近年来,法律语言研究成果累累。"由于'的'字短语的使用,简化和改变了普通的句子组合规律,构成了立法语言特殊的形式上看似'不规范'的反常规表述"(刘红婴 2003:132)。因此,法律文本中"的"字短语的运用问题引起了学者们的注意。例如:

(27)当事人对决定不服的,可以申请复议。

(《中华人民共和国诉讼法》第四十七条第四款)

周晓林(2002:66)认为,例(27)"由'的'字短语充当全句主语。但该条文的主语应为'当事人'。由于'当事人'成为'的'字短语的组成部分,造成了主语残缺。因此,应删去该'的'字短语中的'的',由'当事人'做主语,全句就通顺了"。

董秀芬(2003:121)则认为,例(27)不存在主语残缺的问题,"周文之所以认为以上例子不合法,原因在于没有判断出例中'的'字短语做后置关系小句的这一用法。……在'当事人对决定不服的'这个结构中,中心语是'当事人','对决定不服的'是一个后置的关系小句,这个结构的意思与'对决定不服的那些当事人'基本相同"。

我们把例(27)中"的"字短语的用法看作是法律文本中的特殊用法,是法律语言独特风格的最突出的表现形式之一。

董秀芬(2003:123)把这种"的"字短语看作后置的关系小句,认为"当'的'字短语与中心语之间是限定关系时,如果'的'字短语后置,所构成的复杂名词短语只出现在表示假设的语境中,而不能出现在现实语境中"等看法,我们将另文讨论。

2.我们对法律文本中"的"字短语运用问题的看法

法律语言有它特有的风格,但它毕竟是以民族共同语为基础的,它同样需要遵守民族共同语的语法规则。从语法规范的角度看,现行法律文本中"的"字短语的运用除以上有争议的问题外,还存在值得商榷的地方。

A."的"字短语充当的主语与宾语搭配不当。例如:

(28)国家工作人员利用职务上的便利,挪用公款归个人使用,进行非法活动的,或者挪用公款数额较大,进行营利活动的,或者挪用公款数额较大,超过3个月未还的,是挪用公款罪,处5年以下有期徒刑或者拘役;……

(《中华人民共和国刑法》第三百八十四条第一款)

以上条文中由三个并列的"的"字短语修饰其前的中心语"国家工作人员"而形成的主语与"挪用公款罪"主宾搭配不当。另外,"……是挪用公款罪"和"处5年以下有期徒刑或者拘役"句式杂糅。句子试改为:"国家工作人员利用职务上的便利,挪用公款归个人使用,进行非法活动的;或者挪用公款数额较大,进行营利活动的;或者挪用公款数额较大,超过3个月未还的,是犯挪用公款罪。犯挪用公款罪的,处5年以下有期徒刑或者拘役;……"

(29)为了犯罪,准备工具、制造条件的,是犯罪预备。

(《中华人民共和国刑法》第二十二条第一款)

"犯罪预备"是动词性词语,与之相应的判断句的前部分也应为动词性词语,而"的"字短语充当的主语是名词性的,主宾搭配不当。应将"制造条件"后的"的"删去;另外,现代汉语中表示动作的目的,常用"为(了)……而……"格式,因此可把"为了犯罪"后的逗号删去加上"而"。句子试改为:"为了犯罪而准备工具、制造条件,是犯罪预备。"

(30)犯罪以后自动投案,如实供述自己的罪行的,是自首。

(《中华人民共和国刑法》第六十七条)

同例(29)一样,本条文的"自首"也是动词性词语,"的"字短语的使用造成主宾搭配不当,应删去"罪行"后的"的"字。

(31)本法所称重伤,是指有下列情形之一的伤害:(一)使人肢体残废或者毁人容貌的;(二)使人丧失听觉、视觉或者其他器官机能的;(三)其他对于人身健康有重大伤害的。

(《中华人民共和国刑法》第九十五条)

本条文用致使句形式和"的"构成的"的"字短语表示"重伤"的特征是不合适的。作为一种"伤害"可以说"使人肢体残废或者毁人容貌","使人丧失听觉、视觉或者其他器官机能”,但问题是本条文是在说明何为“重伤”。根据条文所说,“重伤”应该是指“肢体残废或者容貌被损毁”,“丧失听觉、视觉或者其他器官机能”。因此,我们认为“本法所称重伤,是指有下列情形之一的伤害”的表述有问题,“……重伤是……伤害”主宾搭配不当。把“伤害”改为“伤势”更合适些。句子试改为:“本法所称重伤,是指有下列情形之一的伤势:(一)肢体残废或者容貌被损毁;(二)丧失听觉、视觉或者其他器官机能……”或依照其他条文的风格改为:“本法所称重伤,是指伤势有下列情形之一的:(一)……”

(32)前款所称恶意透支的,是指持卡人以非法占有为目的,超过规定限额或者规定期限透支,并且经发卡银行催收后仍不归还的行为。

(《中华人民共和国刑法》第一百九十六条第二款)

该款是对“恶意透支”进行解释,因此,“前款所称恶意透支的”中“的”应删去。

B.“的”字短语充当的主语与谓语搭配不当。例如:

(33)……其中,犯罪较轻的,可以免除处罚。

(《中华人民共和国刑法》第六十七条)

“犯罪”是动词性词语,量刑的应为“罪行”。原句试改为:“……其中,罪行较轻的,可以免除处罚。”

C.“的”字短语充当的主语与动语搭配不当。例如:

(34)纳税人采取伪造、变造、隐匿、擅自销毁账簿、记账凭证,在账簿上多列支出或者不列、少列收入,经税务机关通知申报而拒不申报或者进行虚假的纳税申报的手段,不缴或者少缴应纳税款……

(《中华人民共和国刑法》第二百零一条第一款)

该条款是一个长句,在动词“采取”后有一个限制性的冗长的定语修饰“手段”,由于“手段”前用了“的”字而使表意不明,造成“进行虚假的纳税申报的手段”动宾搭配不当。宜将“的”改为“等”。原句试改为:“纳税人采取伪造、变造、隐匿、擅自销毁账簿、记账凭证,在账簿上多列支出或者不列、少列收入,经税务机关通知申报而拒不申报或者进行虚假的纳税申报等手段,不缴或者少缴应纳税款……”

二、法律文本中“对”字短语的特点及运用

“对”和“对于”是法律条款中使用较多的介词之一。我们把由介词“对”和“对于”同名词性词语构成的介词短语，通称为“对”字短语。

(一)法律文本中“对”字短语的特点

1. 运用形式上的特点

A. “对”字短语后有代词复指“对”所关涉的受事。例如：

(35)对于第三款规定以外的主犯，应当按照其所参与的或者组织、指挥的全部犯罪处罚。 （《中华人民共和国刑法》第二十六条第四款）

(36)对于被胁迫参加犯罪的，应当按照他的犯罪情节减轻处罚或者免除处罚。 （《中华人民共和国刑法》第二十八条）

以上两个条款中，“对于”所关涉的对象“第三款规定以外的主犯”、“被胁迫参加犯罪的”之后分别有代词“其”、“他”复指，表述准确而严谨。王景丹(2001:28)认为，这种复指的用法在文艺语体中很少见到。

B. 由“对”字短语构成“对”字分句并列使用。由“对”字短语构成“对”字分句的并列适于对事物进行分类表述。法律文本中对不同情节的犯罪分子的制裁手段的分类说明通常是用“对”字分句来表示的。例如：

(37)对于危害国家安全的犯罪分子应当附加剥夺政治权利；对于故意杀人、强奸、放火、爆炸、投毒、抢劫等严重破坏社会秩序的犯罪分子，可以附加剥夺政治权利。 （《中华人民共和国刑法》第五十六条）

(38)组织、策划、实施分裂国家、破坏国家统一的，对首要分子或者罪行重大的，处无期徒刑或者10年以上有期徒刑；对积极参加的，处3年以上10年以下有期徒刑；对其他参加的，处3年以下有期徒刑、拘役、管制或者剥夺政治权利。 （《中华人民共和国刑法》第一百零三条）

以上条款中用“对”字分句明晰地表述了不同的犯罪情节分别采用不同的法律手段制裁，体现了法律的公正性。

2. 特殊的表义功能

法律文本按其要求的内容可以分为义务性规范、禁止性规范、授权性规范三类。李孝国(2002:34)曾对《民法》、《刑法》和《劳动法》中的“对”字句进

行了定量的统计，结论是禁止性规范的条文中“对”字句最多。我们所考察的语料也证明了这一点，特别是用“对”字短语构成的无主句在《刑法》条文中最多见。在禁止性规范类法律文本中使用“对”字短语有其特殊的表义功能。

A. 突出受事，强调针对的对象，表现出法律语言的威慑力。刘月华(1983:174)认为“对于“的作用之一是“突出动词的支配对象，通过‘对于’使动作的受事者或处置对象位于动词之前，处于醒目的地位”。法律文本在禁止性规范类条文中“对”字短语往往置于句首，把针对的对象突出在显眼的位置，强调了针对的对象。例如：

(39)对于被判处死刑、无期徒刑的犯罪分子，应当剥夺政治权利终身。

(《中华人民共和国刑法》第五十七条)

(40)……对于应当判处死刑的犯罪分子，如果不是必须立即执行的，可以判处死刑同时宣告缓期2年执行。(《中华人民共和国刑法》第四十八条)

以上条款都在句子的开头醒目地突出了法则针对的对象，显示出一种威严的气势和色彩，表现了法律语言的威慑力。

B. 表述简洁、明确，表现出法律语言的权威性。用“对”字短语强调受事时，施事可出现，也可省略而形成无主句。在法律行为中，尤其是在执法和司法主体实施的行为中，施事是特殊的，确定的，社会全体成员默认的，在语言表述中这种施事可以是隐性的。因此，禁止性规范条文中使用“对”字短语置于句前的无主句，尤其适宜。上文所引《刑法》中大量的条款都省去了施事“司法机关”之类的词语，节省了笔墨，言简意赅，又显示出法律语言特殊的权威性。

法律条文中有时施事是必须出现的，“对”字短语提到句首，减轻了长句的负担，使中心更加明确。例如：

(41)对于不能全部缴纳罚金的，人民法院在任何时候发现被执行人有可以执行的财产，应当随时追缴。……

(《中华人民共和国刑法》第五十三条)

(42)对于公民的申诉、控告或者检举，有关国家机关必须查清事实，负责处理。(《中华人民共和国宪法》第四十一条第二款)

(二)法律文本中“对”字短语运用的规范问题

从语法规范的角度看，现行法律文本中“对”字短语的运用同“的”字短语的运用一样也还存在值得商榷的地方。例如：

1. 滥用介词“对”或“对于”，造成主语残缺

(43)对任何人犯罪，在适用法律上一律平等。

(《中华人民共和国刑法》第四条)

(44)对于一切公民，在适用法律上一律平等，在法律面前，不允许有任何特权。

(《中华人民共和国刑事诉讼法》第六条)

(45)对于被判处管制、剥夺政治权利的罪犯，由公安机关执行。

(《中华人民共和国刑事诉讼法》第二百一十八条)

(46)对于犯罪分子决定刑罚的时候，应当根据犯罪的事实、犯罪的性质、情节和对于社会的危害程度，依照本法的有关规定判处。

(《中华人民共和国刑法》第六十一条)

例(43)介词“对”只能附着在名词等词语前面组成介词短语，不能修饰动词性主谓短语“任何人犯罪”。应删去“对”，或将“对”改为“无论”。试改为：“(无论)任何人犯罪，在适用法律上一律平等。”例(44)应删去“对于”，让“一切公民”作主语。例(45)删去“对于”后，句子主语与谓语搭配还有问题，“罪犯……(被)执行”搭配不当。试改为：“对于被判处管制、剥夺政治权利的罪犯，其应受刑罚由公安机关执行。”例(46)根据条款的语义，主语应是动词性词语“对于犯罪分子决定刑罚”，由于滥用“对于……的时候”造成主语残缺。但从句子的结构来看，“对于犯罪分子决定刑罚……依照本法的有关规定判处”仍然说不通，“……决定刑罚”与“……判处”搭配不当。条款中第二个“对于”也应改成“对”。试改为：“对犯罪分子决定刑罚，应当根据(其)犯罪的事实、犯罪的性质、情节和对社会的危害程度，依照本法的有关规定判处。”

2. “对”字短语不合语法规范

(47)对遗弃家庭成员，受害人有权提出请求，居民委员会、村民委员会以及所在单位应当予以劝阻、调解。

(《中华人民共和国婚姻法》第四十四条第一款)

该条款中句首状语“对遗弃家庭成员”不合语法规范。介词只能与名词性的词语组合成介词短语充当句法成分，“遗弃家庭成员”是动宾结构，为动词性短语，应加上“的行为”，使之成为定中短语，与“对”组合成“对遗弃家庭成员的行为”。再如：

A. 该用“对”而用了“对于”。例如：

(48) 中华人民共和国对于因为政治原因要求避难的外国人，可以给予受庇护的权利。 （《中华人民共和国宪法》第三十二条第二款）

(49) 中华人民共和国公民对于任何国家机关和国家工作人员，有提出批评和建议的权利；对于任何国家机关和国家工作人员的违法失职行为，有向有关国家机关提出申诉、控告或者检举的权利，但是不得捏造或者歪曲事实进行诬告陷害。 （《中华人民共和国宪法》第四十一条第一款）

(50) 对于年老、年幼、患病或者其他没有独立生活能力的人，负有扶养义务而拒绝抚养，情节恶劣的，处5年以下有期徒刑、拘役或者管制。

（《中华人民共和国刑法》第二百六十一条）

在现代汉语中，介词“对”和“对于”都可以标记或介引动作的对象或与动作有关的人或事物，在很多场合二者可以通用，但“对”的使用范围更广泛，能用“对”的地方不一定都能用“对于”（黄伯荣、廖序东，2007：36）。在表达“对象目标”的意思时，只能用“对”而不能用“对于”。以上例句中的“对于”都应改为“对”。例(50)“对于”改用“对”外，该条款还有标点符号使用不当的问题。“对于年老、年幼、患病或者其他没有独立生活能力的人”和“负有扶养义务而拒绝抚养”之间用了逗号隔开，影响了语义的连贯性，给阅读造成了障碍，应删去逗号，改为“对年老、年幼、患病或者其他没有独立生活能力的人负有扶养义务而拒绝抚养，情节恶劣的”。

(51) 对于犯罪分子的假释，依照本法第七十九条规定的程序进行。非经法定程序不得假释。 （《中华人民共和国刑法》第八十二条）

(52) 对于犯罪分子的减刑，由执行机关向中级以上人民法院提出减刑建议书。人民法院应当组成合议庭进行审理，对确有悔改或者立功事实的，裁定予以减刑。非经法定程序不得减刑。

（《中华人民共和国刑法》第七十九条）

以上两个条款中“对于犯罪分子的假释”、“对于犯罪分子的减刑”都因滥用“的”而造成句子主谓搭配不当，可删去“的”；“对于”也应换成“对”，分别改为“对犯罪分子假释”、“对犯罪分子减刑”。

B. “对”或“对于”或“对”字短语语序不当。例如：

(53) 由于犯罪行为而使被害人遭受经济损失的，对犯罪分子除依法给予刑事处罚外，并应根据情况判处赔偿经济损失。

（《中华人民共和国刑法》第三十六条）

(54)人民法院应当对不通晓当地民族通用的语言文字的诉讼参与人提供翻译。（《中华人民共和国诉讼法》第八条第3款）

(55)……人民法院和人民检察院对于不通晓当地通用的语言文字的诉讼参与人，应当为他们翻译。

（《中华人民共和国宪法》第一百三十四条第一款）

例(53)“由于犯罪行为而使被害人遭受经济损失”是后面“犯罪分子”的定语，“对”应提到句首；句中第一个逗号删去，在“对由于犯罪行为而使被害人遭受经济损失的犯罪分子”后加上逗号。另外，现代汉语中，“除……外”后面一般跟有副词“还”，本条款用关联词语“并”不妥。试改为：“对由于犯罪行为而使被害人遭受经济损失的犯罪分子除依法给予刑事处罚外，还应根据情况判处赔偿经济损失。”

关于例(54)，周晓林(2002:66)指出：介词“对”宜改为介词“为”或“给(替)”。介词“对”指示动作的对象；介词“为”则引进动作的受事者。原句可改为“人民法院应当为[或‘给(替)’]不通晓当地民族通用的语言、文字的诉讼参与人提供翻译”。

我们认为，以上对例(54)的改法是可以的，但考虑到法律条文表述上的一致性，如果把“对”字短语提到句前可能更合适些，即原句可改为：“对不通晓当地民族通用的语言文字的诉讼参与人，人民法院应当提供翻译。”与例(54)内容基本相同，例(55)中介词用“对于”，助动词“应当”处于“对”字短语后(“应当”不能出现在“对于”前)，表述合语法，但语义上似欠顺畅。与例(54)同理，此款也以将“对”字短语提到句前充当句首状语为妥，试改为：“对于不通晓当地通用的语言文字的诉讼参与人，人民法院和人民检察院应当为他们翻译。”

C. 该用“对”或“对于”而未用。例如：

(56)以造谣、诽谤或者其他方式煽动颠覆国家政权、推翻社会主义制度的，处5年以下有期徒刑、拘役、管制或者剥夺政治权利；首要分子或者罪行重大的，处5年以上有期徒刑。

（《中华人民共和国刑法》第一百零五条第二款）

(57)组织越狱的首要分子和积极参加的，处 5 年以上有期徒刑；其他参加的，处 5 年以下有期徒刑或者拘役。

(《中华人民共和国刑法》第三百一十七条第一款)

(58)实施家庭暴力或虐待家庭成员，受害人有权提出请求，居民委员会、村民委员会以及所在单位应当予以劝阻、调解。

(《中华人民共和国婚姻法》第四十三条第一款)

例(56)和例(57)两个条款中，主语都是隐性的施事"司法机关"。"的"字短语"以造谣、诽谤或者其他方式煽动颠覆国家政权、推翻社会主义制度的"和并列短语"组织越狱的首要分子和积极参加的"表述的都是条款中关涉的对象，即受事。因此，两条款都应在句首加上介词"对"或"对于"，组成"对"字短语充当句首状语。例(58)居于句首，作为"表对象"的状语必须是"对"字短语，条款中"实施家庭暴力或虐待家庭成员"是动词性并列短语，句子成分残缺。试改为："对(对于)实施家庭暴力或虐待家庭成员的行为，受害人有权提出请求……"

3."对"和"对于"的使用不一致

法律文本中表示动作行为所涉及的对象时，"对"和"对于"往往随意交替。请看：

(59)a. 对组织、领导犯罪集团的首要分子，按照集团所犯的全部罪行处罚。

(《中华人民共和国刑法》第二十六条第三款)

b. 对于自首的犯罪分子，可以从轻或者减轻处罚。

(《中华人民共和国刑法》第六十七条)

(60)a. 对累犯以及因杀人、爆炸、抢劫、强奸、绑架等暴力性犯罪被判处 10 年以上有期徒刑、无期徒刑的犯罪分子，不得假释。

(《中华人民共和国刑法》第八十一条第二款)

b. 对于累犯，不适用缓刑。(《中华人民共和国刑法》第七十四条)

(61)a. 国家对发展教育事业做出突出贡献的组织和个人，给予奖励。

(《中华人民共和国教师法》第十三条)

b. ……国家对于从事教育、科学、技术、文学、艺术和其他文化事业的公民的有益于人民的创造性工作，给以鼓励和帮助。

(《中华人民共和国宪法》第四十七条)

在立法语境下,以上例句中的这种“对”和“对于”的随意交替使用已成为法律文本中的一种表述习惯。在立法语言中,“对”和“对于”可以随意交替使用吗?是否要有所分工?怎么使用最合适?这应进一步探讨。我们同意刘红婴(2003:142)的观点,“‘对’与‘对于’从理论上讲,‘对于’和‘对’本不应该出现互相替代的情况。但由于实际表述中存在,这二者是否在表意能量上有区别,还需甄别。一种情况为‘对’、‘对于’句法功能相同。属于这种情况的,应当趋于一致,使其统一,避免一义二词所造成的不便”。

三、法律文本中其他表达格式表述问题例析

法律文本中除以上所述“的”字短语、“对”字短语的运用存在规范问题外,还有一些与表达格式使用有关的问题值得商榷,略举几例如下:

(62)国家在社会主义初级阶段,坚持公有制为主体、多种所有制经济共同发展的基本经济制度,坚持按劳分配为主体、多种分配方式并存的分配制度。 (《中华人民共和国宪法》第六条第二款)

(63)农村集体经济组织实行家庭承包经营为基础、统分结合的双层经营体制。 (《中华人民共和国宪法》第八条第一款)

“以……为……”是汉语的一种语法格式,例(62)中两个“坚持……为主体……”中都缺少必要的介词“以”。原句试改为:“国家在社会主义初级阶段,坚持以公有制为主体、多种所有制经济共同发展的基本经济制度,坚持以按劳分配为主体、多种分配方式并存的分配制度。”例(63)问题同(62)。原句试改为:“农村集体经济组织实行以家庭承包经营为基础、统分结合的双层经营体制。”

(64)国家帮助民族自治地方从当地民族中大量培养各级干部、各种专业人才和技术工人。 (《中华人民共和国宪法》第一百二十二条第二款)

“挑选”、“选拔”、“选举”等动词前面一般用“从……中”限制,而“培养”、“锻炼”等动词前面则一般用“在……中”限制。原句试改为:“国家帮助民族自治地方在当地民族中大量培养各级干部、各种专业人才和技术工人。”

(65)中华人民共和国公民在年老、疾病或者丧失劳动能力的情况下,有从国家和社会获得物质帮助的权利。

(《中华人民共和国宪法》第四十五条)

在现代汉语中，能进入“在……的情况下”这一格式的只能是谓词性词语，本款中进入“在……情况下”格式的是一个并列短语“年老、疾病或者丧失劳动能力”，其中“年老”是主谓短语，“丧失劳动能力”是动宾短语，它们都是谓词性词语；而“疾病”是名词，夹于其中不合语法规范。单从语法规范的角度考虑，有两种改法：一是将“疾病”改为动宾短语“患病”，与前面的“年老”音节上对应；二是将“疾病”改为动宾短语“患有疾病”，与后面的“丧失劳动能力”音节上对应。但从法律语言的特殊性考虑，改为“患病”不合原句语义。从全句来看，本款中所称“疾病”非指一般所患的病，当指那些长年缠身的各种病痛。法律语言中的“疾病”有其特定的内涵，不得随意用其他词语代替。如此，取第二种改法更为妥当。原句试改为：“中华人民共和国公民在年老、患有疾病或者丧失劳动能力的情况下，有从国家和社会获得物质帮助的权利。”

(66)为了惩罚犯罪，保护人民，根据宪法，结合我国同犯罪作斗争的具体经验及实际情况，制定本法。（《中华人民共和国刑法》第一条第一款）

以上条款中的“犯罪”是动词性短语，不能充当“惩罚”的宾语，也不能与“同”构成介词短语，应在“犯罪”后加上“行为”。原句试改为：“为了惩罚犯罪行为，保护人民，根据宪法，结合我国同犯罪行为作斗争的具体经验及实际情况，制定本法。”

(67)为谋取不正当利益，给予公司、企业的工作人员以财物，数额较大的……（《中华人民共和国刑法》第一百六十四条第一款）

现代汉语中没有“给予……以……”的说法，只有“给……以”格式。原句试改为：“为谋取不正当利益，给公司、企业的工作人员以财物，数额较大的……”

《中华人民共和国刑法》第八章有多个条款用“给予……以”格式。

(68)违反进出口商品检验法的规定，逃避商品检验，将必须经商检机构检验的进口商品未报经检验而擅自销售、使用，或者将必须经商检机构检验的出口商品未报经检验合格而擅自出口，情节严重的，处3年以下有期徒刑或者拘役，并处或者单处罚金。（《中华人民共和国刑法》第二百三十条）

介词“将”只能与名词性词语组合，而“必须经商检机构检验的进口商品未报经检验”和“必须经商检机构检验的出口商品未报经检验合格”都是动词性词语。原句试改为:“将必须经商检机构检验而未报经检验的进口商品擅自销售、使用,或者将必须经商检机构检验而未报经检验合格的出口商品擅自出口。”

(69)正当防卫明显超过必要限度造成重大损害的,应当负刑事责任,但是应当减轻或者免除处罚。（《中华人民共和国刑法》第二十条）

(70)紧急避险超过必要限度造成不应有的损害的,应当负刑事责任,但是应当减轻或者免除处罚。（《中华人民共和国刑法》第二十一条）

以上两条似因果关系不明,可采用“因……而”格式,使因果关系明确。即,“因正当防卫明显超过必要限度而造成重大损害的,应当负刑事责任……”,“因紧急避险超过必要限度而造成不应有的损害的,应当负刑事责任……”

(71)刑罚的轻重,应当与犯罪分子所犯罪行和承担的刑事责任相适应。（《中华人民共和国刑法》第五条）

该条款中并列短语使用不当。句中“承担的刑事责任”前应加上“所”,才能与“所犯罪行”组合成并列短语。原句试改:“刑罚的轻重,应当与犯罪分子所犯罪行和所承担的刑事责任相适应。”

结　语

包括《中华人民共和国宪法》(我国一切法律、法规的母法)在内的种种法律不仅仅规范着国家、政府和公民的行为,同时,其文本也应是汉语言文字方面的范本。研究立法语言及其运用是有重要意义的。不过,研究法律文本的语言跟一般的语言研究不同,这是一件极为严肃的工作。我们只就语言文字方面是否规范提出意见,不考虑法理方面的问题,不改变立法原意。一孔之见仅供完善和修订法律时作参考。关于法律文本中“的”字短语和“对”字短语的运用,我们认为以下问题还有待讨论:在立法语言中,当一个名词前有多重修饰语(定语)时,是每个修饰语后都用“的”,还是可以尽可能少用?在立法语言中,“对”和“对于”是否要有所分工?怎么使用最合适?

第四节 语句评判及修改与语境还原准则

引 言

我们说话，实际是根据表达的需要反复地交叉使用各种表达格式。在一般情况下，在口语交际中，所用语句偶尔有误，听话者不会理会，更不会计较。一旦引起误解，听话者问一句，说话者再说明一下，问题也就解决了。可是在书面上，一旦出现不合适的语句，就会不同程度地影响表达效果。因此，对于书面表达，无论是语法学还是修辞学，对于语句好坏或对错的评判，在其理论研究或教学实践中，都是一个重要的组成部分。正因为如此，我们看到，大学现代汉语教材一般都会有专章或专节安排常见语病示例和病句修改示范，会设有大量语句辨析及改错的练习，要求学生学习现代汉语语法，不仅要从正面掌握句子结构的规律，知道句子应该怎样组织，还应该从反面掌握句子结构的规律，知道句子不应该怎样组织。因此，在讲授现代汉语语法的过程中，教师都会有意识地加强学生发现错误和纠正错误的训练，了解造成病句的原因，更好地培养学生理解语言、运用语言的能力。

事实上，几乎所有的语法教材都有关于修改病句的章节或内容。同样，在中小学语文教学中，辨析同义语句或修改病句往往也是重要的知识点之一；而不论高考或中考，在语文试卷中都会有考核考生辨析语句、“治病救言”能力的试题，而且多是主客观两种题型并举，既考辨析病句的能力，又考修改病句的能力。这就很自然地会提出这样的问题：如何评判语句好坏对错？应该依据什么评判原则？我们看到，长期以来，一般都是孤立地、静态地看待和分析语言问题，而且这种判别思路在语言研究和教学实践中往往占据主导地位。各种涉及语句评判、分析的著述（包括现代汉语，语文教材，指导语文高考的各类书籍、文章等）所罗列的例子无一不是孤立于文本之外、处于静止状态的语句；我们也常常会看到，在有的论著或教材中对一些语句的评判和所作的修改，并不适合语句所在篇章的原意。那么到底应该如何评判语句的好坏对错，应该如何修改病句呢？这是一个值得大家探讨的问题。本节试图从“言语行为”理论的基本观点出发，尝试从“言语行为”的角度讨论关于语句评判和病句修改的问题。

一、“言语行为”理论的启示

20世纪前半叶，在语言学领域盛行逻辑实证主义语言学理论。20世纪50年代，英国哲学家奥斯汀(J. L. Austin)提出的言语行为理论(speech act theory)，就是针对当时盛行的逻辑实证主义语言学理论的。奥斯汀认为，语言研究的对象不应该只是词和句子，而应该是通过词语和句子所完成的言语行为(speech act)，因为语言并不只是对客观世界进行描述的工具，它本身就是一种行为。奥斯汀这一理论具有开创性，但是缺乏系统性。后由美国语言哲学家舍尔(J. Searle，又译为“塞尔”)加以修正与发展，进一步明确所谓“言语行为”实质是指“信息传递的行为”，而且为言语行为提供了语言哲学的理论基础，阐明了言语行为的分类及其原则，并提出了“间接言语行为”理论。具体而言，对于什么是“言语行为”，学界有以下看法：

(英)哈特曼(R. R. K. Hartmann)、斯托克(F. C. Stork)(1981)指出：“所谓言语行为，就是‘按一定规则发出一连串的语音，以便产生有意义的话语。’”

(英)戴维·克里斯特尔(2000)认为：“言语行为，指一种结合人际信递中说话人和听话者的行为来分析话段作用的理论。言语行为不是言语的行为(意指言语)，而是指一种信递行为(发话言行)。其定义参照说话人说话时的意图(即语段的示意语力)和在听话人身上取得的效果(即话段的语效)。”

刘大为(2003:5)认为：“世界由一系列的事件组成，其中有一种事件具有如下的构成：一个发话者出于某种意图构建和发出了一段口头或书面的话语，另有一个或一些受话者接受并理解了这一话语，从而作出与发话者意图一致或不一致的反应，这样的事件就是一个言语行为。从组成世界的一系列事件中去掉这一言语行为事件，剩下的一切就是这一言语行为的语境。”

胡范铸(2006:2,2009:65)则定义为“言语行为是人类行为中使用语言进行交际的行为”，“言语行为就是在一系列语用规则制约下的、交换信息以实现人际互动的行为”。

奥斯汀等言语行为理论的提出和发展，开辟了语言研究的新领域，揭示了许多过去语言研究中所忽略的人类语言的特性和言语交际的规律。言语是一种传递信息的行为，是使用语言进行交际的行为，已经成为大多数语言学者的共识；言语行为理论已经成为语用学中最重要的研究课题之一。

现在大家越来越明确，所谓言语行为是传递信息的行为，是用言语来施行各种语用意图的行为。“人们运用语言进行交际的整个过程实际上就是由一个接一个的言语行为构成的，每一个言语行为都能够体现说话人的意图。任何一句话，在一定的语言环境中都必定实施一定的言语行为；反之，任何一个言语行为都必须通过某句话才能得以实施”(邵敬敏，2007:262)。言语行为是人的具体行为，具体的行为只能发生在现实的语境之中。“使用语言的人们都是在特定的场合，就特定的范围，向特定的对象即在特定的环境中为了特定的目的而进行交际的”(王德春，1983:31)。从这样的角度观察语言，语言在我们的视野中就不再是一个个静态的句子，而是人们在一定语境中的动态的行为过程。人们每说或写一句话，都在完成一个言语任务。语句是发话者实施的某种行为，而不是记录下来的静止不变的符号。

言语行为理论启示人们作这样的思考，“作为言语行为的研究来说，面对一种话语，我们需要做的也许是：首先，确定这是一种什么行为，或者说是这种行为的规定性要素是什么？第二，这一行为决定了其在言语行为上的构成性要素是什么？第三，在充分理解其构成性规则的基础上了解其种种策略性规则。第四，与这构成性规则与策略性规则相应的语言材料上的可能性”(胡范铸，2003:3—4)。

显然，从上述言语行为这一视角思考出发来讨论“语句评判和病句修改”问题，将是一条较为有效的途径。

二、语句评判和病句修改的语用准则

如果站在言语行为理论的立场上，我们首先要明确的是“语句评判”以及通常所说的“病句修改”是什么行为。

“语句评判”是一种什么行为？——语句评判是评判者参与言语创作，立足于说写者的角度，考察原作是否符合语法、语义规范，其采取的言语方式、言语的追求目标与环境因素是否完满和谐的一种评判行为。

“病句修改”是一种什么行为？——病句修改不单是修改者的一种创作行为，也不单是使不合规范的语句变得规范这样一种行为，而是一种通过对原作的修改，使原作的语言既更符合语言的规范也更符合原作者当时的语境，以更有效地实现原作者的意图的行为。

根据“语句评判”与“病句修改”的行为特点，在语用上就可以逻辑地推导出种种准则：语境还原准则、意图还原准则、风格还原准则等等。

所谓语境还原准则，即评判语句、修改病句不能用评判、修改者设想的语境去替换原作的语境，而要首先努力理解原作的语境。

所谓意图还原准则，即评判语句、修改病句不能用评判、修改者自己的意图去替换原作的意图，而要首先努力理解原作的意图。

所谓风格还原准则，即评判语句、修改病句不能用评判、修改者自己的风格去替换原作的风格，而要使评判、修改的语句与原作在风格上保持统一。

实际上，从大的方面说，意图和风格可视为语境的组成部分，这也就是说，我们也可以认为语境还原准则可以涵盖意图还原准则和风格还原准则。基于这样的认识，下文将集中讨论语境还原准则。

三、“语境还原”与语句的评判及修改

语境，即言语行为发生的环境。这是构成言语行为的要素之一。

关于语言现象与语境的关系前人早已注意并强调语境的重要意义。

20世纪30年代初出版的《修辞学发凡》就指出：“修辞以适应题旨情境为第一义。不应是仅仅语辞的修饰、更不应是离开情意的修饰。……凡是成功的修辞，必定能够适合内容复杂的题旨，内容复杂的情境，极尽语言文字的可能性，使人觉得无可移易，至少写说者自己以为无可移易。”（陈望道，1950：19—20）出版于20世纪50年代初的《语法修辞讲话》也列有“词的配合”一节，认为“一个词如果不是生造出来的，它本身是无所谓当或不当的，只有把它放在特定的上下文里，才发生当或不当的问题”（吕叔湘、朱德熙，1952：57）。周礼全（1961：693—694）则从逻辑的角度提出了语言环境的问题：“一个（或一组）语句，常常不是孤立出现的，总是有它的上下文，总是同一些别的语句先后出现。一个（或一组）语句同它的上下文，有着有机的联系。一个（或一组）

语句的上下文,我们叫它做这个(或这组)语句的语言环境。……一个(或一组)语句,总是由一定的人说的,总是在一定的时同与一定的地点说的,总是用一定的声调与姿态说的,总是针对一定的情况说的,也常常是对一定的人说的。这些就构成一个(或一组)语句的客观环境。"由张志公先生(1982:213,221)主编的《现代汉语》第四章中专门开辟了"语义与语言环境",一节,明确指出:语言总是在大大小小的语言环境中使用着的。理解语言和使用语言,都离不开一定的语言环境。口头语言是这样,书面语言也是这样。……因此,分析语言现象,必须把它和它所依赖的语境联系起来。如果离开一定的语境,把一个语言片断孤立起来分析,就难于确定这个语言片断的结构和意义。

语境包含哪些内容,目前还没有一个权威的定论。在通常的情况下,语言学者将"语言环境"和"言语环境"(或称"使用语言的环境")统称为语境。大多数语境研究者认为:语境包括作品的上下文、说话的前言后语、说写者和听读者的身份以及说话和写作的社会环境、文化环境、自然环境、语体环境以及说话者的意图和全文的风格等等。语境支配着人们的言语行为,制约着言语的表达效果。"不仅一句话好不好在很大程度上决定于语言环境,甚至连对不对离开语言环境都很难判断"(张志公,1992 序)。"任何一个言语行为,总是伴随着环境因素。这些因素一方面对言语行为的内容和形式起干预作用,另一方面又起着必不可少的补充作用。对于汉语来说,语境尤为重要"(邵敬敏,2007:260)。因此,遵守语境还原准则,在努力理解原作语境的前提下,对语句的评判、对病句的修改也许会更加准确、更加到位些。

部分教材和论著中,在语句对错优劣的评判和病句的修改方面有一些值得斟酌之处。遵守"语境还原准则",我们试对相关分析提出不同看法。为方便起见,以下行文中凡专家学者的看法,用"……分析"标示,笔者的拙见用"按"注明。

(一)"语境还原"可降低语句的"误诊率"

一个句子是不是有问题,甚至是不是有毛病,作为言语行为中的一个要素,语境对最后判定有重要的影响。所谓病句,这里指的是不合语言规范,即不符合语言的组合规则、不符合客观事物的事理、不符合人们语言习惯的句子。说写者的言语行为要受制于语境，评判者对言语行为的判定也要受制于语境。遵守“语境还原准则”，我们发现有些句子可能是被“误诊”的。例如：

(1)新来的经理同老经理一样，更会体贴职工。

有教材分析：“更”表示程度进一步增加，用于程度比较时。两个经理既然“一样”，就不能用“更”。应将“更”改为“很”。①

按：教材的分析只是单纯着眼于新老经理之间的比较。如果这句话是说话人想用它来比较新老经理在对待职工、对待上级领导，或与领导干部之间的态度，那么句子也是能成立的。如：

(1')新来的经理同老经理一样，更会体贴职工，更为职工说话、为职工办事……

如果在“更……”之前加一个表示转折预期的“但”，即说成：

(1'')新来的经理同老经理一样，但更会体贴职工，更为职工说话、为职工办事……

那就更能接受了。

(2)目前财政困难，有些问题短期内不可能很快解决。

有教材分析：“短期内不可能解决”和“不可能很快解决”意思一样，因此，“短期”和“很快”用在一起共同修饰“解决”，造成了重复，应删去其中的一个。②

按：“短期内”也仍然是一个时段，“短期内不可能很快解决”可以理解为：不能马上解决，但在这个“短期内”的后半段，或这个“短期”结束之前可以解决。“短期内”指时间，而“很快解决”则指办事效率，二者各有所指。现实生活中此类说法不少。如：“汇金网 2012 年 1 月 26 日讯　据媒体周四报导，著名投资人索罗斯在世界经济论坛上表示，英国的经济短期内不会很快复苏。”又如：“预计未来短期之内国际钒铁价格并不会很快止跌……”“进口矿延续跌势　短期内或不会很快反弹。”(钢铁在线，2012 年 7 月 3 日 16:10:57)

(3)夜深人静，想起今天一连串发生的事情，我怎么也睡不着。

有教材分析：“一连串”应移到“事情”之前作它的定语，因为“一连串”才

---

① 黄伯荣、廖序东：《现代汉语》(增订四版)，北京：高等教育出版社，2007 年，第 25 页。

② 黄伯荣、廖序东：《现代汉语》(增订四版)，北京：高等教育出版社，2007 年，第 116 页。

是指“事情”的一个接一个。或者把“一连串”改为“连续”或“接连”，因为“发生”是“原来没有的事出现了”，这个“出现”可以说连续出现或接连出现。①

按：形容词“一连串”表示“一个紧接着一个”，它既可以修饰名词“一连串事情”，强调事情的（静态）接二连三；也可以修饰动词“一连串发生”，强调“发生”（动态）的连续性。“一连串发生”多见于口语，书面语中也不凡实例，请看：“她从一连串发生的事情里，从她和崔海嬴不断接触的感受中，也渐渐意识到这个‘现任书记’的可卑、可厌和可恨。”（竹林《生活的路》，《读书》二十周年合集）“县长想把它脱手，但别人都被这一连串发生的可怕事件吓住了，没有人敢要它。”（箫崖译《厄运汽车》，《奇谈》1990 年第 4 期）“其中一个贵族朝臣的发言……还把最近一连串发生在阿基夫国内的好事（也不知道是不是真的）全都归功在克撒和他那位忠实的助手达硌士身上。”（杰夫·葛伯《兄弟之战》）另，“一连串”修饰其他动词的也有，如：“以后一连串出现的那些‘奇迹’，使得他更坚定了对蓝蓝的信心。”（古龙《圆月弯刀》）

(4)张生勤私扩院基，无偿占用职工劳力盖私房的问题至今仍未获解决，更没有受到任何处分。

有教材分析：句中已有一个动词可以作谓语中心，又加进一个动词作为谓语中心，造成谓语中心多余。“获”是多余的，可删去。②

按：语言运用中常有“问题（没有）得到解决”、“问题（未）获得解决”等说法。此处的“解决”是当名词用的。“仍未获解决”并不存在谓语中心多余的问题。但纵观例(4)全句，这确为一个病句，但不是“多余”，而是“搭配”上有问题。这是一个第二分句省略了主语的递进复句。由于第二分句暗中更换了主语（第一分句的主语是“张生勤……的问题”，第二分句的主语却是“张生勤”），造成“张生勤私扩院基，无偿占用职工劳力盖私房的问题”和“更没有受到任何处分”不能搭配。可见，此句的语病应是主谓搭配不当。把第二分句中的主语添补进去就可以了，即“张生勤私扩院基，无偿占用职工劳力盖私房的问题至今仍未获解决，张生勤更没有受到任何处分”。

(5)有一次我看见小王提着桶从楼上下来，突然一滑，连人带桶滚了

① 黄伯荣、廖序东：《现代汉语》（增订四版），北京：高等教育出版社，2007 年第 116 页。

② 黄伯荣、廖序东：《现代汉语》（增订二版），北京：高等教育出版社，1997 年，第 142 页。

下去。

有文章分析："又是'下来'又是'下去'，这除非自己正站在楼梯中间才能有对象运动方向的这种变化。但要真这样，前面就不该是'看见'而是'碰到'了。"①

按：例(5)这种情景在鳞次栉比的楼房中是完全可能的。我们可以这样假设："我"在二楼或三楼的一个窗口，正对着前面一幢楼房的楼梯，那么，小王"运动方向的这种变化"就尽收眼底了。而且，面对这种情景，"我"只能说"看见"，不能说"碰到"。再说，前面的"下来"和后面的"下去"虽都是"下"，但"来"所表示的趋向，参照点位于终点；"去"所表示的趋向，参照点位于源点。所以说话人用"看见"完全说得过去。

(6)以后，我又走着，坐着，牵着她的衣裳。

（《语文学习》1986年第7期，第31页）

有文章分析：按现在的排列次序，好像'走着'、'坐着'都可以支配宾语'她的衣裳'，不如把它们放到'牵着她的衣裳'的后面，可以避免这种误解。②

按：例(6)中"走着"、"坐着"、"牵着"，是"我"先后的不同动作。"我"先是"走着"，之后又"坐着"，而"坐着"时又"牵着她的衣裳"。这种场景，现实生活中很多见，特别是孩子在有母亲跟随的场合中常有此举动，并不会让人有什么误解。

(7)营庄有二三十家人家，却找不出五个好炕。　（周立波《娘子关前》）

有文章分析："五"宜改为"几"，因为上文并没有说要找五条好炕，只是说敌人设法把砖炕捣毁，这里是说没捣毁的很少，不应该用确数"五"。③

按："几"表示的是个位数二至九之间的不定数目，在小说这个特定的语境中，用模糊、笼统的"几"不足以说明"好炕"的少。作家用了精确、具体的确数"五"，说明当时人们在寻找"好炕"时也许是屈着手指在数的，足见未被敌人捣毁的炕所剩无几。

(8)《两代教授，两种人格》　（《文摘报》1997年3月16日）

---

① 彭庆达：《探清病因，消除语病》，《文科月刊》1986年第7期。

② 彭庆达：《使用并列短语的常见毛病》，《语文月刊》（广州）1989年第5期，第17页。

③ 程瑞君：《中学语文教材中的部分名家作品语言指瑕》，《衡水师专学报》1999年第3期，第93页。

有论著分析:此例是个标题。文中讲的是:半个多世纪前,费孝通教授为学生把成果译成外文,介绍给国际学术界;与此形成对照的是最近某教授竟剽窃学生成果。这是"两个教授、两种人格",标题中说成了"两代教授,两种人格",以偏概全造成语义偏离。①

按:20 世纪 90 年代我国学术界已经存在一些不正之风,并不只是某个教授的问题。在这个大背景下,例(8)作者以费孝通教授的做法与某教授的行为形成鲜明对照,以小见大,批评当前学术界普遍存在的不良学风,突出"两个时代的教授"有"两种不同的人格",是切合社会现实的。这里不只注意上下文狭义的语境,还考虑广义的社会语境。

(9)这里矗立着多少厂矿的烟囱,浓烟弥漫,告诉人新兴的工业是多么发达;街街巷巷熙来攘往的人群,有说有笑,呈现着一种繁荣的景象,欢乐的气氛。 (吴伯箫《难老泉》)

有文章分析:"浓烟弥漫"是令人讨厌的现象,用它来说明工业繁荣的景象不妥。可将其删去或改为"气烟袅袅"之类。②

按:"什么时代说什么话。"《难老泉》)写于 20 世纪 60 年代初,在当时的社会背景下,人们对新兴工业是赞美的,带着赞美的口吻写"浓烟弥漫",无人提出异议。20 世纪 20 年代,郭沫若在《女神 · 笔立山头展望》中更把喷吐浓烟的烟囱比成"黑色的牡丹"、"20 世纪的名花"、"近代文明的严母"。那时人们非常向往大工业,这样抒写烟囱的确是一种激动人心的歌颂。这段话只有联系特定的语境去解读,才能体会作家当年的感受。对特定时代的作品,不能用现在的眼光去挑剔它。今天我们再去歌颂喷吐浓烟的烟囱就严重偏离时代精神,自然与时代格格不入。

(10)我们是上个月才乔迁的。 (转引自《语文建设》2000 年第 11 期)

有论著分析:"乔迁"本应用在他人身上,具有表敬意味,说话人用在自己身上,不合语用规则。③

按:在没有上下文的情况下,例(10)并不能排除是说话人有意打趣,用

---

① 陈一:《现代汉语语误》,哈尔滨:黑龙江人民出版社,2002 年,第 164 页。

② 程瑞君:《中学语文教材中的部分名家作品语言指瑕》,《衡水师专学报》1999 年第 3 期,第 94 页。

③ 陈一:《现代汉语语误》,哈尔滨:黑龙江人民出版社,2002 年,第 183 页。

“乔迁”以诙谐的说法增添情趣。虚拟一个调侃式语境，“乔迁”就不存在语用问题了。

关于脱离语境批评语句的现象，王希杰(1996:313)对两个例句的点评是很能说明问题的，引述如下：对朱德的《母亲的回忆》，有人批评说，“母亲的回忆”是歧义结构：一是他人对母亲的回忆，二是母亲本人的回忆。其实文章后面有作者的名字：朱德。既然是朱德的文章，那么就只能是他对他母亲的回忆，不可能是他母亲的回忆。中学语文课本的编者因此而改变这篇文章的标题，这样做是没有必要的，何况改了之后的题目依然是多义结构。郑远汉在《规范性修辞和语言规范化》中批评《光明日报》上的一个标题《学雷锋的好老师张丽凤》(1982 年 2 月 10 日)说：这“是个歧义的结构，它既可表示‘向雷锋的好老师张丽凤学习’的意思，也可表示‘向雷锋学习(以雷锋为榜样)的好老师张丽凤’的意思。按‘准确’原则，义有两歧，则须排斥，因此判定这个标题是有毛病的。有毛病的就得改，如果要表达的是后一种意思，则可换成‘向雷锋学习的好老师张丽凤’。”这也是孤立地就语言的层次结构而言的，但是在中国的社会文化背景中，一般不会引起读者误解，是不必改换的。

(二)“语境还原”可准确评判语句优劣

骆小所(2010:34)指出“语境作为鉴别、评价修辞的标准，它决定修辞的优劣好坏”。而多年来，中小学语文教学存在的弊病之一就是忽视与语境有联系的活的言语，孤立地、形式主义地讲求修辞，把辞藻华丽、用语花哨当做美。学生们学习了选词择句，学习了许多修辞方法，但却不知修辞价值何在；学生们追求华丽的辞藻、整齐的句式，但却不能根据特定的语境灵活地使用语言。

在我国各大书店的中小学生书籍专柜里，关于指导作文类的精装、平装本大部头书籍琳琅满目。诸如《学生作文妙语　好词好句好段》(北京教育出版社)，《小学生作文　好词好句好段》(延边人民出版社)，《小学生作文指导　好词好句好段》(新疆青少年出版社)等等。许多中小学语文老师总是要求学生抄写、死记离开语境的孤立的“好词好句好段”。而这些“好词好句好段”往往就是些形容词性的词语和运用了修辞格的语句等，这对学生实在是一种误导。所谓“好词好句好段”是相对于语境而言的。如果撇开原作语境，孤立地评判其优劣，得出的结论是片面的，甚至可能是错误的。例如：

(11) A，那时候，天气还很冷，潍河里还在流着冰水，平原上整天价在刮着老黄风。

B，那时候，天气还很冷，潍河里还在流着冰水，平原上整天价在刮着扬天揭地的老黄风。

有教材要求学生比较以上两句在表达上有什么不同。参考答案是：A句"对'老黄风'缺乏具体的描写"。B句"用'扬天揭地'修饰'老黄风'，写出了'老黄风'猛烈的情状，形象而有气势"。①

按：以上分析，显然认为例(11)B句的表达效果更好。单看这两个句子，这样分析是完全正确的，B句把"老黄风"的凶猛状具体化、形象化了。然而"语境还原"后，情形又如何呢？B句引自峻青《秋色赋》原稿。"在刮着扬天揭地的老黄风"后紧接的一句是"人们就在这大风中刨地耕田，生产热情是那么高，干劲是那么足"。联系上下文语境来看，这里的夸张显然是不合适的。风大得要"扬天揭地"，人们还能在"大风"中"刨地耕田"吗？让人不可信。因此，《秋色赋》定稿用的是A句。作家结合上下文语境，调整加工了笔下的句子，使其恰当地适应了语境的特殊要求。可见，在特定的语境中，如实直言的A句真实可信，表达效果更好。这应验了修辞学家所说"任何语言材料，只要在特定的上下文是得体的、和谐的，就是美的、好的。相反，尽管它们本身可能是美的、好的，如果同上下文搭配不上，则是不美的，不好的"（王希杰，1996：318）。也印证了文学家的话"普通的话，在适当的时间、地点、情景中说出来，就能变成有文艺性的话了"（老舍，2004：74）。

(12)据鲁迅先生的朋友说，鲁迅先生对他的小说中的人物，最喜欢的是孔乙己。鲁迅先生为什么最喜欢孔乙己呢？他是以怎样的鬼斧神工之笔来塑造这个苦人儿的形象的呢？你们认真读课文以后，就能得到答案。有人说，古希腊的悲剧是命运的悲剧，莎士比亚的悲剧是主人公性格的悲剧，易卜生的悲剧是社会问题的悲剧，那么，鲁迅写孔乙己悲惨的一生，是命运的悲剧，性格的悲剧，还是社会问题的悲剧呢？我们学完课文以后，可以得到

① 黄伯荣、廖序东主编：《现代汉语（增订四版）教学说明与自学参考》，北京：高等教育出版社，2007年，第206页。

正确的答案。

以上语言片段是特级教师于漪为初中课文《孔乙己》设计的导语。这是语文学界作为典范、样板的一则导语,评价很高,如“这样不围绕课文内容本身,而借课题以外的与课文有关联的某些内容发问,巧设悬念,由远及近,引入新课,不仅过渡自然,而且所述的问题正是学习《孔乙己》的一些本质问题,即塑造孔乙己形象的创作方法和孔乙己这个形象的典型意义”。①

按:孤立地看,这确实是一段非常精彩的导语。但是,如果用于初中课堂(至少是大多数的初中课堂),却算不得“好段”。因为,就一般情况看,初中的学生是不了解“古希腊的悲剧”、“莎士比亚的悲剧”、“易卜生的悲剧”的,更不明白何谓“命运的悲剧”、“性格的悲剧”、“社会问题的悲剧”了。“适境”与否是衡量语用成败,交际优劣的关键参数。从这个角度看,这段导语不切合语境,就是不得体的。这个语用实例告诫我们:“语文评论,应当重视语言环境的定位功能,不可以离开语言环境孤立地评论话语和语言材料。”(王希杰,1996:312)

(13)燕子在空中飞得那样轻快,姿势那样美,像天女飞天一样。

有教材分析:“敦煌壁画上的天女飞天形象确实很生动,很优美。但是一般人都不熟悉敦煌壁画上的天女飞天,尽管比喻打得很新鲜,但不易为人们所理解,产生联想,不是好的比喻”。②

按:事实上,许多作家为了收到特殊的艺术效果,用比喻时并不都是用具体的、通俗的、浅近的事物或道理来说明生疏的、抽象的、深奥的事物和道理的,主要还是依语境而定。如鲁迅《藤野先生》把“头顶上盘着大辫子,顶得学生制帽的顶上高高耸起”的样子比作日本的富士山,相当贴切。富士山当时并不为大多数中国人所熟悉,但文章写的是在日本发生的事,因地设喻,照顾到了典型环境,因而收到了极好的表达效果。如果例(12)是敦煌人说(写)的句子,就是一个很有特色的比喻。而今天,“天女飞天”用作喻体已不需要特定语境了。因为,人们对“天女飞天”、“敦煌壁画”已不再陌生。这是经验语境(包括生活经验的积累,文化视野的开阔,知识网络的构建等等)使然。

---

① 参见郭瑞炜《〈孔乙己〉的十种导入法》,《语文教学通讯》1997年第9期,第16页。

② 伍占坤主编:《现代汉语》,石家庄:河北人民出版社,1985年。

"语境是修辞的基础,语境和话语交际的对象和过程组成一个内在的结构整体,离开了语境就谈不上修辞"(骆小所,2010:34)。

(三)"语境还原"可提高病句修改的质量

如何使一个病句变得正确,改法可以有很多种。不同的改法有不同的语义重点,有不同的表达效果,我们认为只有切合原作语境的才是最佳改法。例如:

(14)他侧着头,做聆听状,目光则直勾勾地向那酒坛。

(《小说林》1991 年第 1 期)

有论著分析:这个例子的后一分句中"向那酒坛"是个介词短语,后面缺少一个谓语中心,根据文意可将最后一个分句改为"目光则直勾勾地向那酒坛望着"。[①]

按:以上改句也还有毛病,存在主谓、状中搭配不当的问题。"目光"不能"望着",更不能"直勾勾地望着",只能是"眼睛直勾勾地望着",严格地说"直勾勾"一般用于修饰近距离的"看",用于远距离的"望"也不妥当。原句用状语"直勾勾",可见"酒坛"在距"他"不远处。结合特定语境,原句试改为:"他侧着头,做聆听状,眼睛则直勾勾地盯向那酒坛。"

(15)甲乙两个足球队比赛,甲队比乙队很优势,最后轻易地战胜了乙队。

有教材分析:"优势"是名词,把名词误用作形容词了。应在"优势"前加"有","比乙队"和"很"也可以去掉。[②]

按:根据教材所言,应在"优势"前加"有",那么改句就是"甲乙两个足球队比赛,甲队比乙队很有优势,最后轻易地战胜了乙队。"这照样还是病句!我们知道,在"比"字句里,要么不用程度副词,如果要用程度副词,只能用表示比较级的相对程度副词"更"(和相当于"更"'的"还"),不能用绝对程度副词"很"、"非常"等,也不能用表示最高级的相对程度副词"最"(北京大学中文系现代汉语教研室,2004:404)。另,在这个语境中,"比乙队"完全是多余的。

① 陈一:《现代汉语语误》,哈尔滨:黑龙江人民出版社,2002 年,第 124 页。

② 黄伯荣、廖序东:《现代汉语》(增订四版),北京:高等教育出版社,2007 年,第 23 页。

因此,这里的"比乙队"和"很"不是"也可以去掉"而是非去不可。

(16)居民积极参加修建自来水工程,把街道打扫得干净整齐。

有教材分析:联合短语"干净整齐"做"打扫"的补语不完全搭配。可改为"打扫得干干净净",或改为"收拾得干净整齐"。[①]

按:联系客观语境来看,对住宅一类的空间,可以说"收拾得干净整齐",而对街道而言,只能是"打扫得干干净净"而无从收拾。因此,例(16)只有前一种改法才是合理的。

(17)我们访问了北山国营农场,慰问了烈士家属,并到烈士陵园举行了献花。

有教材分析:谓语中心多余。"举行"是多余的,"举行了献花"可改为"献了花圈"。[②]

按:将"举行了献花"改为"献了花圈",句子在语法上通顺了,但句子的语义可能与事理不符,即可能不合语境。现实生活中常有在烈士陵园举行敬献鲜花仪式的,或花束、或花篮,未必一定是花圈。我们认为,例(17)"举行了献花"为"宾语中心残缺",可改为"举行了献花仪式"。这样,它与相邻分句中"访问了北山国营农场"、"慰问了烈士家属"结构相同,音节相近,形成语言的形式美。

采用删减的方式修改成分搭配不当的语病是一些现代汉语教材或指导参加各类语文考试的书籍中常见的修改病句法。例如:

(18)参加修建红星渠的劳动大军,响应上级的号召,又快又好地进行施工任务,争取提前完成这项工程。

有教材分析:"进行"是形式动词,要求谓词性宾语,而"施工任务"是名词性宾语,应删掉"任务"。[③]

按:动词"进行"一般要求带动词宾语,而"施工任务"是名词性偏正短语,"进行施工任务"应为动宾搭配不当。如教材所改,删去"任务",让"进行"带

---

① 黄伯荣、廖序东主编:《现代汉语》(增订三版),北京:高等教育出版社,2002年,第148页。

② 黄伯荣、廖序东主编:《现代汉语》(增订二版),北京:高等教育出版社,1997年,第142页。

③ 黄伯荣、廖序东:《现代汉语》(增订四版),北京:高等教育出版社,2007年,第110页。

动词宾语“施工”当然可以，但“进行施工”与状语“又快又好”搭配似乎不合语感。一般“又快又好”多用来修饰“结果”，而不修饰“过程”。试改为“参加修建红星渠的劳动大军，响应上级的号召，认真进行施工，争取又快又好地提前完成这项工程。”

(19)在工厂、农村、学校我见闻了许多英雄，他们都在自己的岗位上，为实现社会主义现代化而忘我地工作着。

有教参分析：原句中名词“见闻”被误用为动词，应该改为“看到”之类的词语。[①]

按：以上改句只强调了“见”，而忽略了“闻”，不合原句语义。“我”是既“看到”也“听到”“许多英雄……工作着”的，才会误用了“见闻”一词。将名词“见闻”改为动词性词语“耳闻目睹”就符合作者原义了。

(20)那就要谴责和依法严肃惩处肇事者，医治和保护受害者的安全和健康。

有教参分析：“医治和保护”（联合短语）中的“医治”与“安全和健康”（联合短语）动宾不搭配。可删去“医治和”三字。[②]

按：如教参所说，改句应改为：“那就要谴责和依法严肃惩处肇事者，保护受害者的安全和健康。”但是，我们发现改句中宾语里的“健康”与动词“保护”仍有动宾搭配不当的问题，试改为：“那就要谴责和依法严肃惩处肇事者，保障受害者的安全和健康。”

(21)气焰嚣张、不可一世的德国法西斯，在人民的铁拳下终于灰飞烟灭，成为人类历史上的一场噩梦。

有教参分析：主语“德国法西斯”与宾语“噩梦”搭配不当。“成为……噩梦”一句可删去，其前的逗号改作句号。[③]

按：以上改句与原句在语义上有了偏差，不宜随意删减。尊重原句语义，

---

① 黄伯荣、廖序东主编：《现代汉语（增订四版）教学说明与自学参考》，北京：高等教育出版社，2007 年，第 155 页。

② 黄伯荣、廖序东主编：《现代汉语（增订四版）教学说明与自学参考》，北京：高等教育出版社，2007 年，第 184 页。

③ 黄伯荣、廖序东主编：《现代汉语（增订二版）教学说明与自学参考》，北京：高等教育出版社，1998 年，第 182 页。

试改为:“气焰嚣张、不可一世的德国法西斯,在人民的铁拳下终于灰飞烟灭。人类历史上的一场噩梦终于结束了。”

(22)同学们用亲切的目光注视着和倾听着这位老作家的发言。

(23)同学们以敬佩的目光注视着和倾听着这位老山英雄的报告。

有文章分析例(22):“谓语是一个联合词组‘注视着和倾听着’,宾语是‘发言’,可以说‘倾听着发言’,不能说‘注视着发言’。例句犯了顾此失彼配搭不当的错误。改正时可删掉联合词组中配搭不当的部分,也可另外选用配搭得当的词语,或改动句子结构。”[①]例(23)有答案为:同学们以敬佩的目光注视着这位老山英雄,倾听着英雄感人的报告。[②]

按:例(22)和例(23)是完全相同的两个病句,只是其中几个词作了更换,但改法却有细微不同。它们常常被用作改病句的示例,也都曾出现在中学语文教材中。改法不外乎以上两种。我们认为这两种改法都不甚妥当。照教材分析例(22)所说,该删的当是“注视着”,然而删去此三字,原句仍有毛病,即修饰语与中心语搭配不当,不能说“用亲切的目光倾听着”,需将“用亲切的目光注视着”删去,全句动宾才搭配得当。但改句语法上没问题了,却未必适合原句产生所依赖的语境,删去了对同学们的表情描写,不符合实际情况。原句既然说要“注视”又要“倾听”,显然“老作家”在作口头“发言”。根据生活经验,面对面地听人说话,总是既听,同时也注视表情的,由此可推得此句中联合词组的运用适合特定的场景,并没有错。同样,例(23)的标准答案也表明毛病出在“联合词组”上,因此改句把联合词组拆开使用,把原来的复句变成了单句。这种改法显然比“删减法”要好,改句基本上符合原义,只是改动大了些,从单句变成了复句。其实例(22)、例(23)的毛病并不在联合词组的使用上,问题在宾语和状语。例(22)去掉“发言”前的“的”字,使宾语由偏正词组变成主谓词组;例(23)把“报告”前的“的”字换成动词“作”,使宾语由偏正词组变成动宾词组,那么“发言”、“作报告”就都既能“倾听”又能“注视”了。状语“用亲切的目光”和“以敬佩的目光”都不能修饰“倾听着”,例(22)如果要

① 全国外语院系《语法与修辞》编写组:《语法与修辞》,南宁:广西人民出版社,1981年,第86页。

② 刘一承、胡清华编:《语文》(福建省面向中等职业教育招收高等职业教育学生入学考试复习指导用书),厦门:厦门大学出版社,2003年。

保留“亲切”，就只能改成复句“同学们用亲切的目光注视着这位老作家，倾听着他发言。”例(23)可直接用“敬佩”作状语，改成“同学们敬佩地注视着和倾听着这位老山英雄作报告。”

(24)沙沙沙的浪声和银光闪闪的海面构成一幅多么好看的图画。

(25)我们听到的是愉快的笑容和欢乐的歌声。

(26)现在，我又看到了那阔别了多年的乡亲，那我从小就住惯了的山区所特有的石头和茅草搭成的小屋子，那崎岖的街道，那在村庄上空弥漫着的含有松叶的香气和牛粪气味相混合的炊烟，那熟悉可爱的乡音，那胶东人特有的幽默和爽朗的笑声。

有教材分析例(24)、例(25)，“海面”可以构成“图画”，但“浪声”则不可。可在“构成”后面加上“一支多么动听的乐曲和”，或把“沙沙沙的浪声和”删去。可以说“听到歌声”，但不能说“听到笑容”。可改成“我们看到的是愉快的笑容，听到的是欢乐的歌声”，或把“愉快的笑容和”删去。① 还有教材分析例(26)，句子的主干为：我看到了乡亲，屋子，街道，炊烟。乡音，笑声。紧缩后，明显地看出动词谓语“看到了”只能和宾语“乡亲”、“屋子”、“街道”、“炊烟”搭配，不能和宾语“乡音”、“笑声”搭配。必须去掉不能搭配的部分，或在后两个宾语前加动词谓语“听到了”。此句的修饰成分没有问题，就不必修改了。②

按：例(24)在“构成”后面加上“一支多么动听的乐曲和”，这是为了“合语法”而强加给原句内容，是违背语境的改法；而删去“沙沙沙的浪声”，改句与原句相比，内容空落了。显然“删减法”也不可取。语境还原，可以改成“沙沙响的波浪和银光闪闪的海面构成一幅多么好看的图画。”同理，例(25)和例(26)也都不宜用“删减法”。将语境还原，只能采用另加动语的改法，即：“我们看到的是愉快的笑容，听到的是欢乐的歌声。”“我又看到了……炊烟；听到了那熟悉可爱的乡音，那胶东人特有的幽默和爽朗的笑声。”

简单地将成分之间不相搭配的部分删去的改法，往往会误导学生：语句

---

① 冯志纯主编：《现代汉语》(下册)，重庆：西南师范大学出版社，1990 年，第 298 页。

② 全国外语院系《语法与修辞》编写组：《语法与修辞》，南宁：广西教育出版社，1997 年第 164 页。

有毛病，只要改通顺了，合语法了，就算完成了修改任务。我们认为，置病句所依赖的语境而不顾，“削足”以“适履”，满足了语法上的通顺，却偏离了原作者的意图。这种病句的“删减式”改法要慎用。

结 语

掌握语言的规则和规范是使用语言的基础，但语言教学更应该注意使学生明白只有切合语言环境的话语才是交际中最有效的，只有结合语言环境才能准确评判修辞价值的高下，从而学会在熟练掌握语言规则的基础上善于根据语境使用语言。

跟语境相关的语言运用问题，我们只涉及一面；刘大为(2000:6)关注的另一面也是我们语言教学中不能忽略的，即：语句意义的清晰、完整、明确、通畅并不等于准确地表达了我们意欲表达的意思。很可能出现这样的情况，孤立地就语面而言语句满足了各项规范的要求，语句意义因而也清楚明白，没有任何理解的困难，是一个语法合格句。但就它所处的语境而言这个句子仍然是个病句。如“……这是一套酒店式管理的公寓(店方每天给他们赠送两瓶蒸馏水)，放在卫生间成房内，以便他们饮用。”“……丁关根主持会议并讲话。他强调指出……把加强和改进思想政治工作为重中之重(抓得很紧很紧)，务求取得明显成效。”这两个例子括弧中的句子孤立地看都是语法合格句，但“给他们赠送”是替他们赠送(给别人)的意思，这个意思与上下文语境的要求显然不一致；“抓得很紧很紧”是扩展形式的情态补语，它是对已经发生的状态的描述，可上下文语境要求的却是一个祈使句，应对未发生的状态作出描述。但如果给它们另外设计一个合适的上下文语境，它们完全可以是语法合格句。

遵守“语境还原准则”，包括“意图还原准则”、“风格还原准则”，要求与原作语境、意图、风格一致，并非语句评判和病句修改的特殊要求，而是行为的一般规则。言语行为理论启示我们，对语言只注重本体性研究是不够的。我们期盼言语运用的研究领域走出更多新的路子，以促进语言学科的全面发展。

第五章

现代汉语表达格式运用的考察

现代汉语表达格式是现代汉语的一个重要组成部分。我们写文说话，实际都是在根据表达的需要反复地交叉地使用着各种表达格式。丰富多彩的表达格式的运用，丰富了现代汉语的组合方式和表现样式。

本章主要考察现代汉语表达格式的语用情况，结合教学实践，阐释作者对部分表达格式的例句和部分表达格式综合运用分析等方面的看法，提出个人意见。

第一节 “NP＋不＋X＋谁＋X”标题分析

引 言

在本书的第二章、第三章我们分别讨论过“NP＋不＋X＋谁＋X”格式的相关问题。近年来，这种假设紧缩式确指反问格式“NP＋不＋X＋谁＋X”越来越受到作者的青睐和读者的认可，用它制作的标题频频出现于书面语。本节我们再专门探讨这种格式作为标题的语形特点、语用意义和修辞特色。

一、“NP＋不＋X＋谁＋X”作标题的语形特点

“NP＋不＋X＋谁＋X”格式既可以独立作单行标题，也可以作多行标题中的正标题或副标题。

(一)单行标题

“NP＋不＋X＋谁＋X”格式作为单行标题，主要有两种情形：一是独立作标题，一是作为标题的一个组成部分。有时格式中用逗号，格式后加句末标点，以问号居多，也用感叹号；有时“X”前后语形不尽相同，多为后面承前省略。下面具体举例说明。

1.“NP＋不＋X＋谁＋X”格式单独作标题。又有两种语形：

A. 中间没有停顿，不用标点，以紧缩单句形式作标题。例如：

(1)咱不当家谁当家　(《宁波大众》1964 年 10 月 25 日)

(2)我不风流谁风流

(王朔《我不风流谁风流》，贵州人民出版社，2005 年)

(3)我不魔鬼谁魔鬼　(《常州日报》2010 年 4 月 3 日)

B. 中间有停顿，用逗号，以复句形式作标题。例如：

(4)洪辉不画，谁画？　(《美术报》2008 年 8 月 9 日)

(5)我们不堵枪眼，谁堵枪眼！　(《党的生活》2003 年第 7 期)

(6)政府不吃亏，谁吃亏了？　(《嘉兴日报》2008 年 3 月 18 日)

2.“NP＋不＋X＋谁＋X”作为标题的一个组成部分。这又有三种情况：

A.“NP＋不＋X＋谁＋X”格式前有另一个名词性成分，其功用是：

a. 作为“NP”的同位语，中间有的有逗号，有的没有逗号。例如：

(7)国产车，你不降价谁降价？　(《中国经济年报》2001 年》

(8)通用汽车公司，你不出血谁出血　(陈放、谢宏《品牌策划》2000 年)

(9)御姐阿黛拉她不彪悍谁彪悍　(《现代快报》2010 年 7 月 28 日)

b. 作为整个标题的话题，中间用冒号分开，“NP＋不＋X＋谁＋X”格式起

概括点明话题主旨的作用。例如：

(10)欧洲杯大预测：我不出线谁出线？

(《云南民族报》2000 年 6 月 15 日)

(11)孩子生殖器：你不保护谁保护

(《农业知识：百姓新生活》2010 年第 6 期)

(12)中国鹰派：军人不亮剑谁亮剑？

(《长江文艺·精品悦读》2011 年第 5 期)

c. 用来指示某新闻人物，中间用冒号分开，“NP＋不＋X＋谁＋X”格式指明那新闻人物具有代表性的话语。例如：

(13)那姐：我不压轴谁压？　　(《合肥日报》2009 年 12 月 22 日)

(14)石油霸王陈同海：“我们不垄断谁垄断”

(《时代商报》2009 年 7 月 27 日)

(15)黄龄：我不演谁演？

(音乐剧《燃情上海》,《天天新报》2010 年 8 月 31 日)

B.“NP＋不＋X＋谁＋X”格式与另一小句构成因果复句，“NP＋不＋X＋谁＋X”格式居后表结果。中间一般用逗号，也有的用空格。例如：

(16)电企贷款“烫手”，银行不接谁接？　　(《南风窗》2008 年第 21 期)

(17)薅羊毛总在一只羊身上 用假币总在一家服装店 你不栽谁栽

(《周口晚报》2011 年 3 月 16 日)

(18)80 多岁了，你不疼我谁疼我　　(《南京晨报》)2005 年 2 月 3 日)

C.“NP＋不＋X＋谁＋X”格式嵌入另一个结构中，作为那结构的一个组成部分。例如：

(19)我不风景谁风景的角落　　(西祠胡同网页，www. XICI. NET)

(20)好一个“我不去谁去?!”　　(《石油政工研究》1996 年第 2 期)

(二)多行标题

“NP＋不＋X＋谁＋X”格式也常与其他语言片断一起构成正副型标题或引正型标题。

1. 单一型，“NP＋不＋X＋谁＋X”格式单独作正标题。

A.“NP＋不＋X＋谁＋X”格式以紧缩单句形式在正副型标题中作正标

题。例如：

(21)“我不入地狱谁入地狱?”

——评“文化大革命”中的周恩来　　(《党史博采》1998 年第 3 期)

(22)“我不带头谁带头”

——福建煤田地质局专家陈文林赴川救灾二三事

(《地质勘查导报》2008 年 6 月 17 日)

B.“NP＋不＋X＋谁＋X”格式以复句形式在正副型标题中作正标题。例如：

(23)我们不担当，谁担当?

——水管工崔炳均安装轧钢机的故事

(《总路线的旗手 大跃进的标兵》1959 年)

(24)“中国人不帮中国人，谁帮中国人?”

——记全国“扶贫状元”香港光彩事业促进会会长庄水莲

(《名人传记》2000 年第 1 期)

C.“NP＋不＋X＋谁＋X”格式以紧缩单句或复句形式在引正型标题中作正标题。例如：

(25)“产销增长 250%

——我不冲谁冲?”　　(《深圳商报》2007 年 1 月 10 日)

(26)湾头塑料厂一位 19 岁的外来妹身患重病。当她求医缺钱、欲哭无泪时，该厂全体干部职工伸出了温暖的手。他们说——我们不帮，谁帮?　　(《宁波日报》1993 年 11 月 24 日)

2. 复合型，“NP＋不＋X＋谁＋X”格式与其他语言片段一起充任标题。

A.“NP＋不＋X＋谁＋X”格式在正标题中居后表结果。例如：

(27)三年磨一剑，我不亮剑谁亮剑

——摄山中学召开中考百日冲刺誓师大会

(南京摄山中学网页，2011 年 3 月 22 日)

(28)“我是公安局长，我不下水谁下”

——南城公安局长黄国平为救出群众数次遇险

(《新法制报》2010 年 6 月 25 日)

(29)面对外来人口，原住民就业压力大

——等人送饭，你不挨饿谁挨饿?　(《苏州日报》2009 年 2 月 10 日)

B.“NP＋不＋X＋谁＋X”格式前半部分在正标题里，后半部分作副标题。例如：

(30)炸楼政府不吃亏——谁吃亏？ (《常州晚报》2008 年 3 月 24 日)

二、“NP＋不＋X＋谁＋X”作标题的语用特点

“NP＋不＋X＋谁＋X”格式作标题，有特别的语用意义。关于这一点，前人也有所论说。苏培成(1984:17)认为这是一种“整个句子的意思对说话人是主动的、自愿的，就包含有‘当然’的意思。对说话人来讲如果是被动的，不得已的，就包含有‘只好’的意思”。刘月华等(1983:511)分析过复句形式的“NP＋不＋X＋谁＋X”格式，认为“在复句中前一分句的谓语用‘不’否定，后一分句为特指问句的形式，全句在于强调前一分句的肯定意思，并含有‘应该’、‘必须’、‘只能’或‘当然’一类的意思。有时包含着表示强调的‘就’的意思”。那么“NP＋不＋X＋谁＋X”格式作为标题具有怎样的语用意义呢？还未见有人论述过。

根据我们的考察，“NP＋不＋X＋谁＋X”格式作为标题，具有如下几种语用意义：

(一)“NP 必须 X”

“NP”或自称或他称，都含“X 非 NP 莫属”的意味。例如：

(31)“我是一名检察干警，我不救人谁救人”

(《检察日报》2010 年 6 月 19 日)

(32)将军李亚洲：“我不冲在前，谁冲在前”

(《人民日报》2008 年 5 月 23 日)

(33)共产党不照顾她谁照顾她？

——饶彰风爱护党外朋友的故事(《中国统一战线》2007 年第 1 期)

(二)“NP 应该 X”

“NP”或自称或他称，都含“那 X，NP 当之无愧”的意味。为了能看出“应该”的依据，有的例子特引部分正文内容(以下类似情况不再说明)。例如：

(34)“咱不掌鞭谁掌鞭！”——评彩色故事片《青松岭》

(《人民日报》1974 年 2 月 9 日)

【正文摘录:"大叔受过苦中苦哇,我知道从哪条道上才能找到甜上甜。要让大车走正路,咱不掌鞭谁掌鞭!"】

(35)我不革命谁革命　　(《新民晚报》2009年5月19日)

【正文摘录:我大吼道:"我是翻身贫雇农,青年团员,打老蒋我就是交通员了,我不革命谁革命? 不取我,算什么革命大学?"】

(36)咱不创先进谁创?　　(《东营日报》2010年5月24日)

【正文摘录:"咱们村的产业发展可是顶呱呱的! 全村发展蔬菜种植的热情一直特别高涨,都是党员带头带得好,咱们不创先进谁创?"支部委员张振起说。】

(三)"NP当然X"

1."NP"为自称时,含有"炫耀、自夸,傲慢、狂妄"等意味。例如:

(37)深圳:我不豪宅谁豪宅　　(《第一财经日报》2005年1月28日)

【正文摘录:在深南大道途经深圳中心区最显要的位置,观澜高尔夫大宅的巨幅广告极尽张扬之能事,让人咋舌的不仅是其价格,还有这些豪宅咄咄逼人的架势。】

(38)石油霸王陈同海:"我们不垄断谁垄断"

(《时代商报》2009年7月27日)

【正文摘录:受贿近2亿元的中石化集团原总经理、中石化股份原董事长陈同海最著名的霸王壮语是:"作为共和国长子,我们不垄断谁垄断?"】

(39)二沙岛拆违追踪 市长震怒归震怒我不抢建谁抢建

(《新快报》2010年7月21日)

【正文摘录:"太猖狂了!"昨日一上班,在二沙岛值守的越秀区城管分局直属一大队的队员再一次被眼前的景象"震"住了——宏达径26号违建别墅又添了新玩意:围墙灯、窗帘、盆景……就是这样一整栋都被定性为违法建筑的别墅,在过去十多天里不仅没有丝毫收敛,装修和抢建反倒愈演愈烈。】

2."NP"为他称时,含有"尊敬、认可"或"嘲笑、否定"等意味。例如:

(40)姚明不伟大,谁伟大?　　(《体坛周报》2010年12月3日)

(41)非典不炫谁炫　　(《万房》2003年第5期)

(42)菜鸟不菜谁菜?　　(《武汉晚报》2007年10月15日)

(43)他不出名谁出名？　　（《半岛晨报》2010年6月21日）

【正文摘录：近日，在朝鲜队当家球星郑大世博客中曝光了一张滑稽照，照片中郑大世嘴咬干明太鱼。两手各持一条干明太鱼，大要 cosplay 日本人气漫画《海贼王》中的三刀流剑客索隆。】

3. 当"X"含有（或为）恶称类名词时，"NP"为他称含有"贬斥、厌恶"等意味；"NP"为自称时，则表现为一种调侃、开玩笑。例如：

(44)李庄他不去嫖娼谁去嫖娼

（凤凰论坛：铿锵杂谈，2010年1月10日）

(45)你不是人渣谁是人渣？

（长沙学院社区首页：校友论坛，2000年7月16日）

(46)到处都是乳房，我不流氓谁流氓

（凤凰论坛：情感杂谈，2010年12月29日）

(四)"NP只能X"

1. "NP"或自称或他称都含"无奈"等意味。例如：

(47)苦海无边，我不渡谁渡——贾平凹病中采访记

（治玲《今日名流》1994年第3期）

【正文摘录：在四川，他（贾平凹）下青川，上乐山，游江油市，拜三苏祠。还在乐山写了一幅对联：上联是"乐山有佛，你拜了他拜"；下联是"苦海无边，我不渡谁渡？"口气是大了点，但可以看出他的无奈和无奈的放达。】

(48)我们不招商谁招商　　（《决策》2008年第2—3期）

【正文摘录：招商引资是一件最艰难的事。……我们唯有诚心待人，甚至忍辱负重、委曲求全……没有事业心和压力感是难以坚持的，当此难事，我们不上谁上，只有干部带头冲锋陷阵。】

(49)你不下课谁下课　　（《中国体育报》2000年5月8日）

【正文摘录：也许风雨过后就会见到彩虹，但是在经历风雨的过程中某些人或某些集团的既得利益必将受损。如此一来，主教练不下课，谁下课？】

(50)他不背黑锅，谁背？　　（《南方都市报》2008年11月15日）

【正文摘录：所有人都明白小牛的问题绝不是德克一个人的原因……但是现在，"得州那么大的麻烦"只能算在德克一个人头上，这就是作为球队当

家球星需要付出的代价，尤其是当这位当家球星还是来自另一个国家。】

2."NP"为他称时，含"轻视，不认可"等意味。例如：

(51)不创新，不成活。央视改版——你不走谁走？

(《大河报》2009年10月10日)

(52)西班牙队不出局，谁出局？ (《人民日报》2004年6月22日)

【正文摘录：西班牙队成为本届欧洲杯赛上又一支为保守付出惨痛代价的强队。……如果西班牙队全力抢先得分，顶多被葡萄牙队追平，仍然不至被动。然而塞斯选择了求稳的办法，只图保证中路密集防守，边角之处任由葡萄牙队小罗纳尔多折腾，真是败笔！】

(53)名师：你不入地狱，谁入地狱？ (《教育科学论坛》2004年第3期)

【正文摘录：但是，名师啊！你不入地狱谁入地狱？因为你们是多少语文老师心中的"神"，不把"神"驱除，如何看得到真正的"人"。】

(五)"NP活该X"

"NP"或自称或他称，都含"自认倒霉、活该"等意味。

(54)有这"爱好"，你不蹲牢谁蹲牢？ (《慈溪日报》2010年12月29日)

(55)选股五不看，你不赔钱谁赔钱 ((赵力行《股道犀锋》2002)

(56)乘客斗劫匪司乘座上观 你不赔偿谁赔偿

(《大河报》2000年4月24日)

"NP＋不＋X＋谁＋X"格式同一般反问句一样，对语境的依赖性很强。作为标题使用，更呈现出一种动态的语用过程，解读也往往依赖于具体的语言环境(正文内容)。同一"NP＋不＋X＋谁＋X"格式在不同的语境下可能会产生不同的语用意义。例如：

(57)危难时刻，我们不冲谁冲？ (《中国青年报》2009年2月12日)

【正文摘录："不管是大灾难还是小灾难，有危险，我们这些消防兵就应该冲上去，要不然老百姓养我们有什么用!"在2月5日"感动中国2008年度人物评选"颁奖晚会现场，获奖者郑州市公安消防支队特勤大队副大队长李隆的话令人动容。】

(58)"产销增长250%

——我不冲谁冲？" (《深圳商报》2007年1月10日)

【正文摘录:良好的业绩加上凯美瑞上市之后的不错表现,广州丰田给凯美瑞在2007年制定了年销售15万辆的计划,“明年中高级车市场没有新款上市,凯美瑞仍然是最新的一款,所以我不冲谁冲?”一向强势的袁仲荣说。】

从以上正文摘录可以看出,例(57)作者根据新闻人物的话语归纳的“我们不冲谁冲?”属“NP应该X。”;例(58)新闻人物的直接引语“我不冲谁冲?”属“NP当然X。”

三、“NP+不+X+谁+X”作标题的修辞特色

陈望道(1932:261)称反问句为“激问”,认为它“在所有的辞格中也是一种奇特的辞法,除了知切情急的特殊情形之外,总是不用它”。张静(1988:490)也持相同看法“反问句都是表示强烈感情或坚决态度的,因此在文章中一般都用于感情激动的地方,很少用做文章的标题,更不大用做全篇或某个段落的开头”。而作为反问句中特殊的一类,假设紧缩式确指反问格式“NP+不+X+谁+X”却在标题世界里频频现身。我们发现报刊标题在两种情形下最容易使用“NP+不+X+谁+X”格式为题:一是作者认为报道的消息或者事件具有引发众人共鸣的吸引力,用“NP+不+X+谁+X”格式可以先把自己的主观情感酣畅淋漓地表现出来;一是作者认为报道的消息或者事件具有某种引人向上的震撼力,用“NP+不+X+谁+X”格式可以直接选择新闻人物充满感性的核心话语,间接地表达自己对事件的看法或者认知。“NP+不+X+谁+X”格式作标题主要具有如下修辞特色。

(一)简洁凝练,鲜活上口,亲和力强

作为“点睛之笔”的标题,在版面上要求醒目,内容上要求有吸引力,语形简短就必然成为标题的必要条件,尤其在当今的读题时代;而以“你”“我”、“他”入题,亲切、自然,像似在不经意间与受众进行着一种互动和交流,提高了标题的亲和力。例如:

(59)郭敬明不红谁红 (《西安日报》2008年12月4日)

(60)意大利,你不回家谁回家? (《东方卫报》2010年6月25日)

(61)你不搞笑谁搞笑? (《当代体育》(足球)2009年第8期)

以上充满生活气息的话语,既能唤起读者注意,又使读者感到亲切有味,

拉近了与读者的距离。例(61)文章介绍的是南非有趣的球员名字和有趣的俱乐部名称,“你不搞笑谁搞笑?”言简意赅,风趣幽默,具备一瞥之间吸住受众眼球的魅力。

(二)重点突显,刺激思考,警醒力强

“NP+不+X+谁+X”格式作标题体现的是新闻事实中那些凝聚新闻价值的话语,反问引起别人的思考,有的并且带有责备、质问或者驳斥的意味,从而激活读者对新闻事实的思考,触发联想,引起认识上的共鸣,凸显新闻的特殊价值。例如:

(62)你不□□谁□□? (《中国青年报·求实篇》)2002年1月5日)

【正文摘录:“你不口口谁口口”是一种思维定势,这种思维定势有着深厚的渊源,并且直到今天依然顽固地占据着一些人的头脑。……不少党政领导的名片上都印有高级经济师……头衔。虽不能说他们都是滥竽充数,但其中有没有“你不口口谁口口”的因素,恐怕谁也不能否认。……给你个大学教授当当简直是委屈了你,因此就“你不教授谁教授”了——果如此,这比从农民嘴里说出来的“你不贫农谁贫农”,难道就高明多少,难道有什么质的不同?】

(63)中石化不喝“天价酒”,谁喝? (《世界博览》2011第9期)

【正文摘录:在腐败与油价之间,真实的经济逻辑是:因为垄断,中石化敢于有高价格,敢于涨价,所以可以承受高成本,可以大肆消费而不惧。】

(64)当这个佛山最具活力的区域被省直管时,依依不舍的市委书记林元和仍以大局为重,勉励上下——这块“硬骨头”,顺德不啃谁啃

(《羊城晚报》2009年8月22日)

【正文摘录:现在的改革开放正处于攻坚阶段……需要啃“硬骨头”。……顺德今天所处的发展地位和所承担的历史使命,决定了顺德比其他地方更迫切地需要破解科学发展难题,也更迫切地需要在建立完善的社会主义市场经济体制方面先行一步,肩负起为佛山市、广东省乃至全国探路的职责,尤其要在……等方面,提供更多的新鲜经验。】

以上标题作者通过“NP+不+X+谁+X”格式作决断有力的反问,传达了自己对新闻事件的态度,表述自己的见解;既可使受众产生强烈的情绪共鸣,更会引起受众的反思。例(62)用符号“口口”以语义留白的形式作引人深

思的表达——在中国有着深厚渊源的思维定势“你不□□谁□□?”与社会生活中提倡公平、反对特权的精神相违背——让人回味无穷。

有时作者为了进一步强化这种反问的力量，还连用“NP＋不＋X＋谁＋X”格式入题。例如：

(65)东贸，你不涨谁涨，我不来谁来。

（焦点房产网：北京东贸国际花园业主论坛，2009 年 12 月 1 日）

(66)联想，你不亏损谁亏损，你不倒闭谁倒闭

（21IC 中国电子网，2009 年 12 月 18 日）

(三)直陈心曲，振聋发聩，穿透力强

“NP＋不＋X＋谁＋X”格式做标题，往往是人物的直接引语，或作者对报道事件的精炼概括。这些标题除了语言简洁、醒目外，还直陈人物心曲，气势恢宏有力，具有警醒、撼人心魄的力量。例如：

(67)“我不冲在前，谁冲在前”　（《江西日报》2008 年 6 月 1 日）

(68)“我们不站出来谁站出来”

——科技“鄂军”在抗击非典前沿搏击

（《人民日报》2003 年 5 月 7 日）

(69)“我不帮她，谁帮她！”

——女民警胡朝霞十四年帮助弃儿的故事

（《宁波日报》2009 年 8 月 19 日）

以上都是以新闻当事人鲜活的话语作题，人物表情动作跃然纸上，绘声绘色，形象逼真。引语隔纸可闻，有“影视同期声”之效，受众似乎能触摸到人物心灵的搏动。“NP＋不＋X＋谁＋X?!”这句再普通不过的话语，表现的是那种顾全大局、甘于奉献的牺牲精神，体现的是强烈的公仆意识。掷地有声的豪言壮语，铿锵有力，不仅为点睛之笔，而且张扬气势，扣人心弦；作者的意旨和倾向也一目了然。

(四)节律鲜明，朗朗上口，可读性强

“NP＋不＋X＋谁＋X”格式中的“X”多为双音节词语，这是语言格式中韵律调节的结果，具体说是双音节作为一个音步优胜的结果（谢英，2011：

90)。"NP＋不＋X＋谁＋X"格式作标题在音步上表现为"二二三"式，七言节律鲜明，铿锵有力，朗朗上口。例如：

(70)法不了之谁了之　　(《学习月刊》2001第6期)

【正文摘录：……话虽这么说，也得具体情况具体分析，撞了打工仔，撞了无事瞎逛逛的平头百姓，当然可以"公平执法"，"严肃执法"，一法了之。若不幸撞倒的是官人、名人，或者是哪个权贵他老爹、或小姨子的舅舅的小外孙，怕就难得摆平了。】

(71)我不大牌谁大牌!!　　(娱乐前线，2004年10月30日)

作者注：在此标题之下，文章介绍的是世界级影星阿诺·施瓦辛格、席尔维斯特·史泰龙、玛丽莲·梦露、费·雯丽、奥黛丽·赫本等。

(72)王宝泉：我不魔鬼谁魔鬼　　(《西藏商报》2010年4月5日)

【正文摘录：中国女排新帅王宝泉让全国媒体见识了什么叫"魔鬼训练"，什么叫"狠"。每天起码8小时的高强度训练，让队员感到了王宝泉的"恐怖"，他用行动告诉队员，我不魔鬼谁魔鬼！】

(73)北京不第一谁第一？　　(腾讯网：腾讯教育，2006年11月20日)

【正文摘录：照说，首都北京好不容易又创造了一个世界第一，我应该欢欣鼓舞、手舞足蹈才对。可是我丝毫也没有感到高兴……】

从正文内容可见，以上例句中的"了之"、"大牌"、"魔鬼"、"第一"分别是"一法了之"、"大牌演员"、"魔鬼训练"、"世界第一"的缩略。

结　语

就我们搜集的语料看，仅在报纸版面，从时政新闻、政策新闻到社会新闻等，"NP＋不＋X＋谁＋X"标题已被广泛应用。语料中还有一些是歌曲、歌谣、戏曲等等用"NP＋不＋X＋谁＋X"格式作题的。例如：

(74)咱不当家谁当家　　(《歌曲》1963年第12期)

(75)咱不参军谁参军　　(《汾州歌谣》，1987年)

(76)咱不写诗谁写诗

(《永保江山万年红》，《旅顺玻璃厂工人诗歌选》，1975年)

(77)你不救我谁救我

(《三滴血·朝山》，《秦腔名家名唱腔精选》，2005年)

随着互联网在全球范围内的飞速发展，人们利用互联网了解新闻，浏览各类资讯已成普遍现象，"NP＋不＋X＋谁＋X"格式也成为网络上能获得更高点击率的首选标题之一，在网络各种文体的标题中使用频率很高，且格式中的"X"更为多彩。例如：

(78)波兰：枪手的经济学"道德罪"——你不S谁去S？

(阿森纳中国网，2008年4月10日)

(79)一个神话的开始《梦回山海》我不OL谁OL

(游久网，2010年7月21日)

(80)我不2B谁2B——贵圈儿太乱了　(豆瓣社区，2010年4月12日)

(81)你不二谁二——读刘心武续写红楼梦有感

(阜阳政府论坛，2011年5月19日)

(82)你不雷人谁雷人　(时光网，2011年3月1日)

(83)拍案陈安苏：你不神马谁神马！

(人民聊吧：黄山，2011年8月3日)

(84)许霆！你不无期谁无期？

(春秋战国全球中文网，2008年2月23日)

甚至有网民用"NP＋不＋X＋谁＋X"格式做网名的。例如：

(85)他不双生谁双生　(XQ论坛，2008年11月8日)

(86)我不二谁二　(天涯微博，2010年1月23日)

今天，用"NP＋不＋X＋谁＋X"格式制作标题能够得到人们更多的青睐和认可，自有其特别之处。其凝练、精干、上口、易记的特点，很能满足各类传播媒体标题创作的需要，非常切合当今强调快节奏、高效率、超浓缩的大众的阅读习惯，且语用效果明显。"NP＋不＋X＋谁＋X"格式是一种很有发展前景的标题模式，具有很强的生命力。

第二节 部分表达格式例句的分析

引言

本节所说“表达格式例句”是指修辞格的例句。

用例的问题从某种意义上说关系到做学问的态度问题，关系到研究的深度问题。我们注意到，最早将用例作为一个问题专门提出来讨论的是王希杰先生。他一直关注修辞学研究和修辞学论著中的例子问题，在他 2000 年出版的《修辞学导论》中专门列出章节“例子和态度”、“体系和例子”，较为系统地阐述了对修辞学论著中例子问题的认识和主张，强调在修辞学研究和修辞学论著中例子的重要性，批评了修辞学论著写作中存在的“轻视、忽视例子，一味地强调理论体系的构建”的现象，把“忽视例子”看成是学风不正的表现。之后王希杰、孟建安（2003：59—65）又以对话的形式再一次讨论了修辞学研究和修辞学论著写作中对例子的重视、借用、收集、解释、评价和运用等问题。再次强调在修辞学研究中例子占有特殊地位，修辞学著作中，观点的证明，体系的建立都离不开例子。

我们认为一些修辞学论著、教材或文章一味沿袭老旧的例子，一味使用早已经失却示范作用的例子作修辞范例等现象，也是学者们对例子不够重视的表现。一些教材和论著选用的例句多出自于 20 世纪 50—60 年代或 80 年代的作品，反映当代生活或思想的例子极少。例如，黄伯荣、廖序东《现代汉语》是一部深受众多高校师生欢迎的好教材。笔者上大学时用的是 1979 年版黄廖本《现代汉语》（曾称“兰州本”）。1991 年 1 月由高等教育出版社出版“增订版”，对原本作了大幅度修订。至 2011 年 6 月“增订五版”问世，该教材先后经过了五次修订，平均四年一次。教材每次修订，主体框架不变，但都调整了部分内容，不断吸收新的科研成果以适应新形势下的教学。（笔者在高校讲授“现代汉语”课程，可以说是伴随着这部教材成长。）如此与时俱进，在同类教材中还属罕见。但遗憾的是，该教材多次修订还是留下美中不足。我们发现，从“试用本”直到“增订五版”，该教材修辞章节还在沿袭老旧的例子，尤其是辞格部分。例子内容陈旧，缺少现代生活气息，而且事过境迁，一些例子已经失却了示范作用。

本节我们以21世纪出版、修订的现代汉语教材(黄伯荣、廖序东《现代汉语》为主)、修辞学论著及发表的文章中有关辞格的例子为例，探讨与现代汉语辞格教学和研究有关的例子问题。

一、现代汉语辞格研究(教学)用例的使用现状

辞格是在一定的语境中临时形成的，其意义是特定语境中的临时义。这种“临时义”会因某种情况而发生变化：如果某些通过辞格造出的新词语，经过人们的反复使用，就不再是临时的，而逐渐有了固定的词义。词义一旦确定下来，就与辞格有了区别。可以不受具体语言环境的制约而独立运用，这就具备了词的资格，取得了词的地位，成为汉语词汇系统的一员。辞格的运用是动态的，动态的东西一旦凝固成静态物，就不再是辞格。

目前几种通行的现代汉语教材，一些新近出版的论著和发表的文章在涉及辞格时，仍然沿用已有几十年历史的老例子。过于陈旧的例子导致了把固定词义误作辞格意义，把词语的普通用法误作辞格用法的现象产生。

(一)关于“借代”的用例

在人们的言语交际活动中，借代是一种最为普遍常见的辞格之一，任何修辞学著作或教材都要提到借代。刘福元(1998:24)认为“借代辞格的建构和解读与语境的关系非常密切；脱离了语境，借代辞格无由建构；同样，离开语境，对借代辞格的解读也无法进行”。黄伯荣、廖序东(2007:192)也在“运用借代要注意的问题”中指出，“借体与本体的关系密切，在上下文里，作者应有所交代，使读者看到借体时，能明白本体是什么”。例如：

(1)“老栓，你有些不舒服么？——你生病么？”一个花白胡子的人说。……花白胡子便取消了自己的话。 (鲁迅《药》)

(2)鸿渐道：“早晨出去还是个人，这时候怎么变成刺猬了！”柔嘉道：“我就是刺猬，你不要跟刺猬说话。”沉默了一会，刺猬自己说话了：“辛楣信上劝

你到重庆去，你怎样回复他？”　　（钱钟书《围城》）

(3)虽然只是搞一些简单训练，但参训学生还是能从“直线加方块”中感受到几分“军味”。

（《高校征兵走向理性化》，《解放军报》2010年3月25日）

以上例句中的“花白胡子”、“刺猬”和“直线加方块”分别指代“一个有花白胡子的人”、“柔嘉”和“军营、部队或部队生活”。这里借体“花白胡子”、“刺猬”和“直线加方块”的运用具有临时性、偶发性，它受到语境（上文“一个花白胡子的人”、“……怎么变成刺猬了！”“我就是刺猬，你不要跟刺猬说话。”和前后的“参训”“军味”）的制约，离开这个特定语境，这种临时指代关系就消失了。

但长期以来，一些论著、教材在说明借代辞格时，总在沿袭老旧的例子（如“诸葛亮”、“红领巾”、“江山”等），而这些老旧的例子中本用作代体的词语随着社会、语言的发展其借代义都已具有了常规性，可以完全脱离语境而存在，不再有“临时性”、“偶发性”特点了，因而早在1973年的试用本《现代汉语词典》（中国社会科学院语言研究所编，商务印书馆出版，以下《现代汉语词典》同）里就已有了借代义义项，即：[诸葛亮]一般用来指称足智多谋的人。[红领巾]指少先队员。[江山]多用来指国家和国家的政权。显然，如今再用这样的例子就混淆了词义和辞格的区别。黄伯荣、廖序东《现代汉语》（增订二版）中所举的大部分借代用例就存在这类问题，随后的“增订三版”、“增订四版”乃至现在的“增订五版”还在以这些用例作为借代的示范。例如：

(4)中国人民中间，实在有成千上万的“诸葛亮”，每个乡村，每个市镇，都有那里的“诸葛亮”。　　（毛泽东《组织起来》）

(5)马之悦鬼着哪，连替中农说几句公道话都是前怕狼后怕虎的，惟恐丢了乌纱帽。　　（浩然《艳阳天》）

(6)江山如此多娇，引无数英雄竞折腰。　　（毛泽东《沁园春·雪》）

(7)你们这一车西瓜，也不必过秤，一百张“大团结”，我们包圆儿了。

（刘绍棠《紫禾妞子》）

(8)向科学技术现代化进军，在本世纪内把我国建设成为社会主义的现代化强国，我们多么需要奔腾驰骋的“千里马”，多么需要无产阶级的“伯乐”啊！[①]

以上例句中的“乌纱帽”和“大团结”、“伯乐”也分别在1978年版《现代汉语词典》和1996年修订3版《现代汉语词典》中有了借代义义项，即：[乌纱帽]比喻官职。[大团结]泛指人民币。[伯乐]比喻善于发现和选用人才的人。这些词语的借代义同样都已经失去了作为辞格的“偶发性”特点，失去了表意上的临时性，而具有了“凝固性”特征，它们在词典中已占有一席之地。例句中，它们是具有特定意义的普通名词的运用，而不再是借代。

除黄廖本《现代汉语》外，还有21世纪发表的文章和出版或修订的教材、论著中也有不少用以上例子说明借代的。其他用作借代的例子也有类似情况。各举一例如下：

(9)这，只是我们从北京力学小学红领巾开展的文明礼貌活动中采撷的几朵小花。……红领巾的文明礼貌活动树立了新的社会风尚，显示出他们的美好心灵，得到了社会的赞扬。（《人民教育》1984年3月31日）[②]

(10)我想，一个作者，用了精炼的，或者简直有些夸张的笔墨——但自然也是艺术的——写出或一群人或一面的真实来，这被写的一群人，就称这作品为“讽刺”。（鲁迅《且介亭杂文二集·什么是讽刺?》）[③]

(11)有些人倒吊起来肚子里滴不出几滴墨水，因为家里有钱，捐了个县丞，县丞虽然微末，究竟是朝廷的命官，磨够了资格，就做了县令，知府，也是有的。（秦牧《愤怒的海》）[④]

(12)至于那一张插图，一目了然，那两个字是另一位文学家的手笔，我觉得倒也无损原意。（鲁迅《集外集拾遗·两封通信》）[⑤]

(13)以文学论，就不怕在旧书堆里讨生活，却将活人的唇舌作为源泉，但文章更加接近语言、更加有生气。（鲁迅《写在“坟”后面》）[⑥]

---

① 黄伯荣、廖序东主编：《现代汉语》(增订五版)，北京：高等教育出版社，2011年，第196～197页。

② 骆小所：《现代修辞学》，昆明：云南人民出版社，2010年，第176页。

③ 吴君主主编：《现代汉语教程》，长沙：湖南教育出版社，2006年，第347页。

④ 骆小所：《艺术语言再探索》，昆明：云南人民出版社，2001年，第272页。

⑤ 吴君主主编：《现代汉语教程》，长沙：湖南教育出版社，2006年，第347页。

⑥ 吴君主主编：《现代汉语教程》，长沙：湖南教育出版社，2006年，第347页。

(14)欲唤扁舟归去,故人言是丹青。　　(黄庭坚《题郑防画夹五首》)①

(15)鲁四凤:"龙井?家里连茶叶末也没有。"　　(曹禺《雷雨》)②

(16)我们都是来自五湖四海,为了一个共同的革命目标走到一起来了。(毛泽东《为人民服务》)③

(17)代干戈为玉帛。④

(18)趁早收起你那鬼算盘。⑤

(19)搞好菜园子,丰富菜篮子。⑥

以上例句中的"笔墨"、"墨水"、"手笔"、"唇舌"、"丹青"、"龙井"、"五湖四海"、"干戈"等在1973年试用本《现代汉语词典》里也都有了借代义义项。(即:[笔墨]指文字或文章。[墨水儿]比喻学问或读书识字的能力。[手笔]亲手做的文章、写的字或画的画。[唇舌]比喻言辞。[丹青]借指绘画。[龙井]指绿茶的一种。[五湖四海]指我国各地。[干戈]泛指武器、比喻战争。另外,"算盘"、"菜篮子"分别在1983年第2版和1996年修订第3版《现代汉语词典》中也已有了借代义义项。(即:[算盘]比喻计划,打算。[菜篮子]借指城镇的蔬菜、副食品的供应。)

顺带需要指出,在各种版本的《现代汉语词典》中如"乌纱帽"、"伯乐"、"唇舌"、"干戈""墨水儿"、"算盘"等一类借代义的义项在释义方面值得商榷,释为"比喻……",易与词的比喻义相混。我们认为,《现代汉语词典》应该统一把词的借代义义项释义中的"比喻"换成"指代"或"指"。如,[乌纱帽]指代官职。[伯乐]指善于发现和选用人才的人。[墨水儿]指代学问或读书识字的能力。[唇舌]指代言辞。[干戈]泛指武器、指代战争。[算盘]指代计划,打算。

其实,以上所举例句有些在20世纪60年代的修辞学论著中就已经不作

---

① 张斌主编:《简明现代汉语》,北京:中央广播电视大学出版社,2000年,第280页。

② 张斌主编:《简明现代汉语》,北京:中央广播电视大学出版社,2000年,第281页;邵敬敏主编:《现代汉语通论》,上海:上海教育出版社,2007年,第299页。

③ 骆小所:《现代修辞学》,昆明:云南人民出版社,2010年,第172页。

④ 傅蔷:《如何识别比喻与借代》,《现代技能开发》2002年第9期,第49页。

⑤ 傅蔷:《如何识别比喻与借代》,《现代技能开发》2002年第9期,第49页。

⑥ 兰宾汉、邢向东主编:《现代汉语》,北京:中华书局,2006年,第278页。

为借代辞格来看。如张弓(1963:120)就曾指出:“本类(指借代—笔者注)里有些辞式,在社会上使用得广泛了长久了,意义凝定了,就成为转义词,就失掉特殊的表达作用。它们就应该算做语义学研究的对象。如:‘以产地代产品’的代替式,像以‘龙井’地名代替龙井地区所出产的‘茶叶’(龙井茶),以‘绍兴’代替‘绍兴酒’。这样的例子,现在应该作为语义学范畴的例证,不能算修辞的现象。”然而,在21世纪的今天,我们还没能注意语言的发展变化,还在沿袭这些老掉牙的用例,这只能给借代辞格的学习和研究带来负面影响。

(二)关于“比喻”的用例

比喻是古往今来最常用的一种语言表达格式。比喻义也是人们最熟悉的一种多义词的义项。“修辞上的比喻是临时打比方。词的比喻义则不同,虽然大都是通过修辞的比喻用法逐渐现成的,但是它已经成为了词义中的一部分了,我们在应用时几乎感觉不到它是一种比喻了”(黄伯荣、廖序东:2007:235)。但是,不少教材中也不乏混淆比喻和比喻义的用例。例如:

(30)鲁迅在一篇文章里,主张打落水狗。他说,如果不打落水狗,它一旦跳起来,就要咬你,最低限度也要溅你一身的污泥。

这也是黄廖本《现代汉语》一直沿用的例句,教材指出“用喻体‘落水狗’来比喻挨了打的敌人”。[①]而“落水狗”也早在1973年试用本《现代汉语词典》中就有了“落水狗”的比喻义义项,即:[落水狗]掉在水里的狗,比喻失势的坏人。又如:

(31)战士的勇敢成了她心中永远抹不去的丰碑。

(32)这个鬼地方,一阴天,我心里就堵上个大疙瘩。

(33)学校里的教师大都是各学校在历次政治运动中被视作包袱的;学生也大都是高考政审不合格或其他原因未能录取的。有的学生自嘲说,这学校是“圣(剩)人教贤(闲)人”。

(34)长城保护了我们,我们也要维护长城。

① 黄伯荣、廖序东主编:《现代汉语》(增订五版),北京:高等教育出版社,2011年,第192页。

有教材分析例(31):"用'丰碑'比喻战士的勇敢,则在刻画出她内心震撼的同时,也强调了'勇敢'的神圣性"。分析例(32):"'大疙瘩'是喻体,直接替代了没有在话语中出现的本体,本体如果参与句法组合,属于常规搭配,而喻体参与句法组合,则为超常搭配"。[①] 该部教材配套的《教学指导》给出的例(33)、例(34)答案分别是:"'包袱'是暗喻……","'长城'比喻中国人民解放军"。[②] 同样,例句中的"丰碑"、"疙瘩"、"包袱"、"长城"在1973年试用本《现代汉语词典》里也都有了比喻义词条,即:[丰碑]比喻不朽的杰作或伟大的功绩。[疙瘩] 不易解决的问题。[包袱]比喻某种负担。[长城]比喻坚强雄厚的力量。

(35)我国今天,四个现代化的流水线遇到了教育的狭窄的"瓶颈",教育的流水线遇到了语文的狭窄"瓶颈"。让我们响应党中央的号召,拿出想象力和创造力来,开宽"瓶颈",使流水线畅通无阻,奔放前进!

(《光明日报》1979年8月30日)

有教材分析例(35):"教育像狭窄的瓶颈一样影响四个现代化的流水线","语文像狭窄的瓶颈一样影响了教育的流水线"都可以说,这都是明喻,所以"瓶颈"是借喻。[③] 同样,"瓶颈"在1996年增补本《现代汉语词典》里也已经有了比喻义词条:[瓶颈]比喻事情进行中容易发生阻碍的关键环节。

(三)关于"仿词"的用例

根据表达的需要,更换现成词语中的某个语素,临时仿造出新的词语,这种辞格叫仿词(黄伯荣、廖序东,2007:199)。例如:

(20)朋友们问我在想什么,是在构思一首诗么?可不要打断我的文思呢!我赶忙说:什么文思,恰恰相反,是在进行一些武思呢!

(柯岩《岚山情思》)

(21)人家有酒瘾棋瘾大烟瘾,什么瘾都说得过去,没听说像你这样有

① 邵敬敏主编:《现代汉语通论》,上海:上海教育出版社,2007年,第295页。

② 邵敬敏主编:《〈现代汉语通论〉教学指导》,上海:上海教育出版社,2008年,第155~156页。

③ 骆小所:《现代修辞学》,昆明:云南人民出版社,2010年,第175页。

"砍"瘾的，往哪儿一坐就屁股发沉眼儿发光……

（王朔《顽主》，中国电影出版社，2004 年）

(22)交友，有"忘年交"之说，它能消除年龄带来的隔阂，变"代沟"为理解；当了官，也不妨提倡"忘官交"，把自己当做普通一员，与群众结成知心朋友，同心，协力，去促进我们的事业。（陈汉忠、赵永林《提倡"忘官交"》）

仿词具有临时或偶发的特点，它对语境有很大的依附性。例句中的"武思"、"'砍'瘾"、"忘官交"只有在特定的语境里才有意义。这种临时仿照的新词语为"偶发词"。仿词有时还加上引号（如"'砍'瘾"）就是用来提示这是因修辞的需要而临时仿照的。仿词和被仿词都加引号的是为了突出这种仿词的构成（如"忘年交"和"忘官交"）。这种临时性的新词语如果脱离了上下文是不成立的、不存在的。通过仿词手段造出的新词语，同上文所说"借代"相同，一旦可以不受具体语言环境的制约而独立运用，有了固定的词义，它就已经具备了词的资格，它的运用就不能再看作辞格用法。例如：

(23)过去，不识字叫做文盲。搞四个现代化，不懂科学技术，就要成为"科盲"，就不能担负起历史赋予我们的新时期的新任务。我们能甘心当"科盲"吗？当然不能。（《神州九亿争飞跃——欢呼全国科学大会胜利闭幕》《人民日报》1978 年 4 月 1 日）

例(23)"科盲"就是仿"文盲"造出来的，说法新鲜，用词简练，启人深思。20 世纪 70 年代末以后出版的教材在介绍"仿词"时多用这个句例。后来人们又仿造出"法盲"等。但事过境迁，这些仿"文盲"而造的"科盲"、"法盲"等在 20 世纪 80 年代已经非常广泛地活跃在人们的口头上，实实在在地进入了大众词汇系统。在 1996 年修订第 3 版《现代汉语词典》里收进了其借代义义项。（即：[科盲]指缺乏科学常识的成年人。[法盲]指缺乏法律知识的人。）语素"盲"已成为一个准词缀，指"缺乏某一领域知识的人"，出现了大量"盲族"新词，如"机盲"、"股盲"、"舞盲"、"车盲"、"路盲"、"诗盲"、"歌盲"、"乐盲"等，还有三音节的"电脑盲"、"运动盲"、"摄影盲"、"英语盲"、"恋爱盲"、"足球盲"、"装修盲"等。这些还没进入词典的"～盲"暂且看作"仿词"还是合适的。但现在还有不少论著和文章[①]，还在用“科盲”“法盲”作仿词的示范例，这就很不适宜了。

胡裕树(1981:448)就曾指出：“一般地说，这种仿照的词语只是临时的修辞手段，离开了特定的语言环境，就不能独立成词。但是，有的临时仿照的说法，经过许多人的使用，已逐渐取得了词的地位。”由仿照而来的词语一旦取得了词的地位，自然就不具备辞格“临时”的特征了。因为“仿照的词语是临时性配合，仅供一用，它要依赖于语境才能存在，是不见于词典的词语”(徐青，2006:303)。

(四)关于“移就”的用例

在一定的语言环境里，让本来没有某种用法的词语，临时具有那样的用法，把修饰甲的修饰语移用去修饰乙。这种辞格叫移就。例如：

(24)她们被幽闭在宫闱里，戴个花冠，穿着美丽的服装，可是陪伴着她们的只是七弦琴和寂寞的梧桐树。(周而复《上海的早晨》)

(25)吴荪甫突然冷笑着高声大喊，一种铁青色的苦闷和失望，在他酱紫色的脸皮上泛出来。(茅盾《子夜》)

(26)敲门声仍然是胆怯的、犹疑的。(王蒙《表姐》)

以上例句中把描写人的词语“寂寞”移用来描写物“梧桐树”；把形容人的心态的词语“胆怯的”“犹疑的”移用来形容“敲门声”；把描写事物的词语“铁青色”移用来描写人的“苦闷和失望”。可见，移就是词语搭配的一种创造性运用，是一种“临时”的语义超常搭配形式，这种搭配形式只能出现在特定语言环境中。因此，移就在具体运用时，就要求移就中作为甲事物的人或物常常是指出现在特定语境中的“人”或“物”。

定中关系式移就格式是语言中最为多见的。这类格式中有些构成定中关系的词语经长期的搭配使用，其修饰语也已有了固定的意义，而一旦不是临时搭配，那么这类格式也不宜再看成移就辞格。例如：

(27)吴淑兰的心，被革命竞赛的热情燃烧着，早已飞回她的队员中去，

① 王京娜、刘诗仙：《仿拟修辞浅谈》，《阅读与写作》2006年第9期，第24页；黄敏正：《汉语仿词教学摭谈》，《广西教育》2006年第4期，第32页。

飞到田野里去了。无论张腊月和她的队员们怎样苦苦劝留，说什么也留不住。

（王汶石《新结识的伙伴》）

(28)燃烧的爱情

(29)“四一二”反革命政变后，贵州也发生了“四一五”反革命事件，白色恐怖笼罩全城。

有文章分析例(27)：例中的“燃烧”本来是指可燃物着火的样子，这里移来形容人的心情被某种情形激动着，达到了非常高涨的地步。[①] 有文章则从认知语言学的角度，利用关联理论的“明示—推理”原则对例(28)、例(29)中的“燃烧的爱情”、“白色恐怖”作移就的关联性推理。文章认为：“燃烧”这个词“首先在我们头脑中形成的意象是‘燃烧’，激活的认知语境是‘火’，火是燃烧的，被火燃烧的是‘树木、房屋、书本’等具体的，看得见的东西。‘爱情’是人的情感，怎能燃烧？于是大脑进一步激活与‘燃烧’相关的语境信息。燃烧的是火，火是炽热的；爱情像火，爱情是炽热的。在这里，作者通过‘爱情’和‘火焰’都具有‘炽热、炽烈’的相似性，而把本应描写实体的形容词移用来描写情感名词，通过‘炽热’这一相关纽带，使读者产生联想，于是，‘燃烧的爱情’也就‘言之有理’，而‘顺理成章’了。”“‘白色’和‘恐怖’在我们的大脑中似乎并不能产生相似或相关的联想，这表明话语的语境效果较弱。根据关联理论：语境效果越大，关联性越强，我们所需付出的努力就越小；反之，语境效果越小，关联性就越弱，我们所需付出的努力就越大。因此，要理解上面的句子就意味着我们必须付出更大的努力，进一步拓展语境，才能使话语和语境之间取得关联，进而最终理解它的含义。看到这句话，我们开始在脑海中建立‘白色’的意象。‘白色’让我们第一时间联想到‘纯洁’，但‘纯洁’与‘恐怖’之间没有关联，因此，我们必须进一步激活‘白色’的相关语境，通过进一步寻找关联点，我们发现，‘白色’在我们的传统文化中，经常与丧事、悲伤、杀戮有联系。在中国传统的丧事中，亲属和吊唁者必须身着白衣或腰系白带，灵堂四周也挂着白色的纸花。反动政府大规模的逮捕，屠杀无疑是给全城带来巨大的悲伤，令人恐怖。因此，‘白色’在这句话中已失去了它的字面意义，与‘恐怖’发生联系的是‘白色’的联想意义。所以，对移就的解读，我们不仅需要激

① 席瑞起：《略谈“移就”与“拟人”之异同》，《现代语文》2006 年第 3 期，第 92 页。

活相关的语言环境,还要激活相关的文化环境。”①

以上分析,从认知语言学的角度看,可以成立,说明一个词语怎么通过隐喻或转喻实现语法化,引申出新义。但是,从修辞学的角度说,实际上“白色”和“燃烧”已不能看作“移就”辞格了,因为其用法早已在人们的反复使用中约定俗成,由“移就”辞格形成了词语的固定意义。在1973年试用本和1996年版《现代汉语词典》中已分别可见“白色”和“燃烧”的引申义项,也早已有了“白色恐怖”词条。请看:

[白色]象征反革命。(1973年版《现代汉语词典》,1996年修订3版《现代汉语词典》改为“象征反动”。)

[白色恐怖]指在反动政权统治下,反革命暴力所造成的恐怖。(1973年试用本《现代汉语词典》)

[燃烧]比喻某种感情、欲望高涨。(1996年修订3版《现代汉语词典》)

“燃烧的爱情”等因为“燃烧”等移就义的固定,已经失去了临时的特殊表达作用,不应再看作辞格。

二、相关教材修订本与辞格例子的选用

根据适应新时期现代汉语学习和研究的需要,有些优秀教材一再修订,但却忽略了例子的适时更换,造成美中不足的遗憾。如黄伯荣、廖序东《现代汉语》的历次修订本中语法部分所用例句都有新面孔,而修辞部分的例子基本几十年一个样。被誉为“有活力、有新思路的”、“适应新世纪要求的一本好教材”(田小琳,2003:33),由邵敬敏先生主编的《现代汉语通论》(2001年初版、2007年第二版)也未能避免辞格例子陈旧的问题,如上文提到的“龙井”、“丰碑”、“疙瘩”、“包袱”等。又如骆小所先生主编的《现代汉语引论》,1999年出版后引起了学界强烈反响,评价很高。如“《引论》不愧为面向21世纪的高校改革教材之一,它以自身独特的理论价值和教学目标肩负着改革的重任。它代表骆小所教授及其他编著者们对现代汉语这门课的创新和反思,它也反映了现代汉语研究的新成果、新水平”,“修辞部分虽然是《引论》中的一章,但它所讲述的理论、分析的现象以及揭示的规律新颖、深刻,具有相当的厚度与

① 罗赛群:《移就的关联性解读》,《韶关学院学报》2005年第7期,第101~102页。

开放性，不论对于教学、科研，还是语言的实际运用都有很高的价值”（宗廷虎、窦丽梅，2000:94）。可是，就是这样一部优秀教材也在辞格例子的选用上留下瑕疵。《现代汉语引论》（修订版）2005 年问世，我们注意到修订版还在沿用初版（1999 年版）中的借代、仿词例句。例如：

部分代整体：

我们都是来自五湖四海，为了一个共同的革命目标走到一起来了。

（毛泽东《为人民服务》）

出产地代本体：

老张在楼外楼刚坐下，服务员便送来了一杯龙井。

类仿式：

解放以来，我们已经大量地扫除“文盲”的工作，取得了显著的成绩。粉碎“四人帮”以后，开始向四个现代化进军的新长征，我们努力扫除“科盲”，普及科学知识。现在看来，我们还面临着一个不可等闲视之的任务，那就是扫除“法盲”（[法盲]缺乏法律知识的人）。

（《文汇报》1979 年 9 月 10 日）

以上用作说明借代、仿词辞格的例句与《现代汉语引论》（修订版）所强调的借代、仿词运用注意事项形成了矛盾，如“运用借代必须注意语境的规定性。所谓语境的规定性，主要指上下文里交代本体，由一定的意义关系或结构关系显示本体。遵守语境规定性这个原则，借代的含义才清楚，不会使人误解”，“仿词毕竟是临时的，在词汇的仓库中没有它的席位。它虽然是一定声音和意义相结合的语言表达形式，但它的意义只有在特定的语言环境中才能被人们所理解，离开产生它的上下文，人们就对它无法理解了，所以，我们运用仿词时，一定要注意语言环境”（骆小所，2005:209，219）。

值得一提的是张斌先生主编的《简明现代汉语》。我们发现，在 2000 年版《简明现代汉语》（中央广播电视大学出版社）中也还有这样的借代例句“欲唤扁舟归去，故人言是丹青”、“鲁四凤：‘龙井？家里连茶叶末也没有’”。而在 2004 年版《简明现代汉语》（复旦大学出版社）就不再有这些借代例句了。教材在修订时能够注意到所用例子的修订，这是值得肯定的。

结　语

本节我们所以要特别讨论当前教学、研究辞格中的部分用例问题，是出于以下考虑：

强调辞格与语境的特殊关系。因为，正如骆小所（1994：：19）所说“修辞格的成立与语境有很大的关系，脱离一定的语境，是不可能成为修辞格的”。教材中很多辞格，如比拟、夸张、拈连、排比等例句的确可以一直使用，它们不受时间、年代的限制。但有些辞格，如以上所述的借代、仿词、移就、比喻等用例就得注意随着教材的修订而更新换代、与时俱进。因为这类辞格存在临时的新造词（新用法）凝固成词（或有新的义项）的现象。

强调修辞用例要注意鲜活。进入21世纪，口语和书面语的运用比以往任何时期都更加频繁，语言生活更加丰富多彩。人们追求语言的鲜活、新异，各种辞格的运用也不断出新。例子是修辞学论著和教材的重要组成部分，在修辞研究中必须重视例子的特殊地位，与时俱进，积极选用贴近时代的、鲜活的例子，并在例子的选用上注意科学、严谨并力求鲜活。修辞学教材更要注意选用那些经得起推敲的例子，以确保例子在教学中充分发挥正面的示范效应。

强调已有的研究成果要注意吸收。上面我们提到，有些辞格已经凝固化，其临时的辞格义已经凝固为词义，甚至已经吸收到《现代汉语词典》里去了，可是有的最近发表或出版的论著或教材仍然将其作为辞格来举例。这说明这些论著或教材的作者在撰写或修订时，不太注意而忽略了已有的研究成果。这是应该引以为鉴的。

结合教学实践，我们谈了以上看法，不知当否？还望论著者、教材编写者及同行们指正。我们衷心希望本节所提到的相关论著和教材再修订时能在例子的更新方面有所注意，使修订本更加完善，更有活力。

第三节 表达格式综合运用结构的分析

引 言

本节所说“表达格式综合运用”是指辞格的综合运用。

辞格的综合运用与分析是辞格研究中的重要课题。不少专著、论文、教材对辞格的综合运用现象进行了描写、说明和论析。早在20世纪50年代末期，学者们就注意到以往辞格综合运用分析中的缺陷，开始从各个不同的角度采取多种方法尝试对辞格综合运用作出科学的分析，有很多真知灼见，出现了一些具有很高实用价值的成果。

最早通过图解方式辨识辞格综合运用的是吴士文、徐国纶（1958:20—24），最早论述辞格综合运用的修辞学专著是张弓先生的《现代汉语修辞学》（1963:207—213）。20世纪80年代是辞格研究的繁荣时期，辞格综合运用的分析问题再一次引起修辞学界的关注。濮侃（1983:429）认为“凡是综合适用辞格的地方，都可以看到语言结构的层次，体会到辞格表意的侧重”，强调对辞格的分析要保持“明确的态度”、要在“明确的结构”中讨论、要看到语言结构的“层次”；吴士文（1986:201—204）则进一步说明辞格综合运用的分析方法，并用框示图解结合线条符号分析法对具体实例作了详尽的分析示范。此后又不断有学者探索辞格综合运用及分析问题，李晋荃（1990:91—94）以文言文本为引例，翔实论述了汉语辞格组合的基本方式，包括连用类两种、套用类一种、合用类三种、兼用类一种。庄关通（1994）提出“辞格群”概念，强调应当从表达一个完整的意思上去考察辞格的类型和功能，并对一个个“辞格群”现象作了具体的分析。许更生（1999:53）从语文教学的角度强调“辞格综合运用分析须分清条理层次”否则“不分内在结构和逻辑顺序的所谓辞格综合运用‘分析’难免是浮光掠影、浅尝辄止的，因而是十分草率和有害的”。黄伯荣、廖序东《现代汉语》（2007增订四版）说明辞格综合运用的类型时加了简易图标注明结构特征，如辞格的连用“□□□”，辞格的兼用“甲乙”，辞格的套用“甲乙”具有很强的直观性，此为这部教材修订的亮点之一。

但时至今日，对辞格综合运用的现象，不同的修辞著作和教材有不同的分析，认识不一，见仁见智。这种情况直接影响到修辞格综合运用分析教学的效果。许更生(1999:53)针对“对于具体辞格运用情况避而不谈”的辞格综合运用分析法“在教学上造成的错觉和负面影响”今天依然存在，“首先，学生会误认为辞格的分析只要知道‘有哪些’‘是什么’就万事大吉了，而不必认真去考虑‘怎么样’合理、艺术地进行组织安排。于是，他们在分析文章的辞格运用时，往往不顾语言文字的内在逻辑关系而‘乱点鸳鸯谱’把漂漂亮亮的一段文字，碎拆下来而不成片断。其次，学生在作文时学习综合运用辞格，他们往往也不去精细严密地考虑辞格间彼此的大小层次、前后顺序等一系列必要的逻辑关系，而只管七零八落地杂凑一些辞格了事”。因此，辞格综合运用的分析问题今天还值得讨论。

本节将在前人研究的基础上，以 20 世纪 80 年代后期以来出版的论著和教材(当前通行的几部现代汉语教材为主)中辞格的综合运用分析实例为语料，尝试从句法结构的角度对辞格综合运用做出我们的分析。为方便起见，以下行文中笔者的拙见仍用“按”注明。

一、辞格综合运用基本类型的分析

辞格综合运用是严格按照一定的语言结构层次构成的一个井然有序的有机整体。修辞学界形成共识的辞格综合运用的基本类型是连用、兼用和套用。郑颐寿、林承璋(1987:215)对这三种综合运用形式的特点有精练的概括，“辞格的兼用，特点是融合；辞格的套用，特点是层次分明；辞格的连用，特点是鱼贯而下”。一些教材、论著中分析的用例非辞格连用、兼用和套用的典型例子，多为你中有我，我中有你的错综复杂的结构形式，作为基本类型的分析示范似无法起到对类型特点印证的作用；有些对错综复杂的综合运用形式的分析实例值得讨论。试作分析如下。

(一)辞格连用的主次问题

例如：

(1)离开渔船，走上堤岸，只见千百条水渠，像彩带似的，把无边无际的田野，划成棋盘似的整齐方块，那沉甸甸的稻谷，像一垄垄金黄的珍珠；炸蕾吐絮的棉花，像一厢厢雪白的珍珠；婆娑起舞的莲蓬，却又像一盘盘碧绿的珍珠。(谢璞《珍珠赋》)

有教材分析为："同类辞格连用。比喻的连用，具体地描绘了'水渠'、'田野'、'稻谷'、'棉花'、'莲蓬'等各不相同的生动形象，引人联想。"[①]

按：例(1)是个复句。第三分句中宾语是个复句形式，它由两个语义片段构成，"千百条水渠……整齐方块"从总体看是拟人，即"水渠"把田野"划成"方块；拟人中又连用了两个比喻，即"水渠""像彩带似的"，"田野"像"棋盘似的整齐方块"；后面的"……像……；……像……；……像……"构成一个语义片段，形成排比，排比由三个比喻句构成；第三个比喻句中"婆娑起舞的莲蓬"又用了比拟。整段文字的辞格结构形式是连用：拟人(第一层次)包含着两个连用的比喻(第二层次)，排比(第一层次)套着比喻(第二层次)，其中一个比喻句又包含着比拟(第三层次)。

(2)总理的轿车开动了，我们的心哪，跟着总理向前，向前……忘记了卸装，忘记了时间，忘记了春寒……许久许久，周总理的音容笑貌，在我脑际萦绕；周总理的谆谆教诲，在我心中回响。

一种意见认为：这是"比拟、反复、排比、对偶的连用。比拟真切写出了多少颗心被牵动，两次反复有深化思想感情的作用，三个'忘记了……'突出了对总理专注的思想感情，对偶则强调了总理给人印象之深。它们有机地强烈地抒发了对周总理炽烈如火的真挚感情"[②]。

另一种意见认为："这个语段中，是反复、排比、对偶的连用。"[③]

---

① 黄伯荣、廖序东主编：《现代汉语》(增订四版)，北京：高等教育出版社，2007年，第221页。

② 黄伯荣、廖序东主编：《现代汉语》(增订四版)，北京：高等教育出版社，2007年，第222页。

③ 汪丽炎：《汉语修辞》，上海：上海大学出版社，1998年，第301页。

按:把例(2)中“我们的心哪,跟着总理向前,向前”看成是比拟与反复连用,似割裂了语义片段。充当主语的“我们的心哪”跟谓语“跟着总理向前,向前”紧密结合,共同构成的比拟是不可分割的完整的结构;从句法层次来看,“向前,向前”是谓语中心,是包含在比拟句中的,为比拟套用反复。整段文字的辞格结构形式是连用:比拟(第一层次)包含着反复(第二层次)、排比、对偶。

(3)那黄河和汶河又恰似两条飘舞的彩绸,正有两只看不见的大手在耍着;那连绵不断的大小山岭,却又像许多龙灯一起滚舞。——整个山河都在欢腾着啊!

一种意见认为:“分号前是明喻与拟人连用,分号后是明喻,破折号后是拟人。”①

另一种意见认为这里是明喻与拈连的连用:“把‘黄河和汶河’当‘彩绸’来写,即用写‘彩绸’的词语‘(被)耍’来写‘黄河和汶河’,正是说了‘黄河和汶河’恰似‘彩绸’,才能说它们被大手‘耍着’;否则,下分句便是主谓不能搭配的病句。因此,该例是拈连而不是比拟(拟人)。”②

按:例(3)是由一个复句和一个单句构成的解说句群。复句中分号前的语言片段共同构成一个比喻,即把奔腾流淌的黄河和汶河比成两条像是有两只看不见的大手在耍着而飘舞的彩绸。把它看成是明喻与拟人或明喻与拈连的连用,就肢解了比喻的结构。整段文字的辞格结构形式是连用:比喻、比喻、拟人。

(4)春分刚刚过去,清明即将到来。“日出江花红似火,春来江水绿如蓝。”这是革命的春天,这是人民的春天,这是科学的春天!让我们拥抱这个春天吧!

一种意见认为:“前两句是对偶,接下来两句是对偶兼比喻,‘这是……’为反复和排比,最后一句是比拟。”③

另一种意见认为:“‘日出江花红似火,春来江水绿如蓝’就兼用了引用、

---

① 黄伯荣、廖序东主编:《现代汉语教学与自学参考》(增订四版),北京:高等教育出版社,2007年,第223页。

② 宋芳彦:《几种修辞格的辨别问题》,《齐鲁学刊》1994年第5期,第44页。

③ 邵敬敏主编:《现代汉语通论》,上海:上海教育出版社,2007年,第299页。

对偶、比喻三个辞格,后面的几句兼用了排比、反复、双关、拟人等四个辞格。”①

按:例(4)是个并列句群。第一句两个并列分句构成对偶;第二句引用,两个并列分句(比喻句)构成对偶;第三句三个并列分句“这是……,这是……这是……”构成排比兼反复;最后一个单句用了比拟。整段文字的辞格结构形式是连用:对偶、引用兼对偶(第一层次)套用比喻(第二层次)、排比兼反复、拟人。

(5)送你一个中秋月饼。第一层是体贴,第二层是关怀,第三层是浪漫,第四层是温馨,中间的夹层是甜蜜;天天都有一个好心情!

(戴菁菁《中秋短信添“新段子”》,京报网,2002 年 9 月 22 日)

有论著分析为:“把祝福比做月饼,然后再继续使用比喻,层层递进,也是比喻的连用。”②

按:例(5)是一个并列句群。第一句是借喻,第二句“第一层是关怀……中间的夹层是甜蜜”构成排比,排比中每一个句子又是借喻。整段文字的辞格结构形式是连用:比喻、排比(第一层次)包含着连用的借喻(第二层次)。

(6)天上的云,真是姿态万千,变化无常。它们有的像羽毛,轻轻地飘在空中;有的像鱼鳞,一片片整整齐齐地排列着;有的像羊群,来来去去;有的像一床大棉被,满满地盖住了天空;还有的像峰峦,像河川,像雄狮,像奔马……

(《看云识天气》)

一种意见认为:“上面是八个比喻的连用,形象地描绘了云的‘姿态万千,变化无常’。这是同类辞格的连用。③

另一种意见认为:“是对同一本体的比喻连用,形象逼真地描绘了云的‘姿态万千,变化无常’,这连排的比喻给人以连绵不断的联想。”④

也有教材只是把例(6)放在“辞格连用”之下,未做分析。⑤

按:例(6)是一个并列句群。第二句先由四个比喻句构成排比,再连用由

① 刘焕辉:《修辞学纲要》(修订本),南昌:百花洲文艺出版社,1997 年,第 397 页。

② 陈汝东:《当代汉语修辞学》,北京:北京大学出版社,2004 年,第 461 页。

③ 葛留青主编:《现代汉语》,北京:地质出版社,1987 年,第 272 页。

④ 宋振华等编:《现代汉语修辞》,长春:吉林人民出版社,1984 年,第 196 页。

⑤ 徐青主编:《现代汉语》(修订二版),上海:华东师范大学出版社,2006 年,第 336 页。

四个比喻短语构成的排比。整段文字的辞格结构形式是连用：排比（第一层次）包含着四个连用的比喻（第二层次）、排比（第一层次）包含着四个连用的比喻（第二层次）。

（二）是辞格套用还是辞格连用？

例如：

（7）这种感情像红松那样，根深蒂固，狂风吹不动，暴雨浸不败，千秋万载永不凋谢。

一种意见认为："此例中，'这种感情像……'是明喻，'狂风吹不动，暴雨浸不败'是对偶兼夸张，是连用（比喻和对偶、夸张连用）中有兼用（对偶与夸张兼用）。这句话用连中有兼的汇用方式表达了人们之间那种亲密无间、至死不渝的深厚感情。"①

另一种意见认为：辞格连用，如"首先是明喻，其次是夸张、对偶兼用"。②

按：例（7）是一个复句。把"感情"比着"红松"，整个句子都是把"感情"当"红松"来写的，比喻中又连用了由两个夸张句构成的对偶"狂风吹不动，暴雨浸不败"和夸张"千秋万载永不凋谢"。整段文字的辞格结构形式是套用：比喻（第一层次）套用了对偶、夸张（第二层次），对偶又包含着夸张（第三层次）。

（8）好！黄山松，我大声为你叫好，
谁有你挺得硬，扎得稳，站得高！
九万里雷霆，八千里风暴，
劈不歪，砍不动，轰不倒！

有教参分析为："第一行是拟人，第二行是排比，后两行是夸张，其中第三行是对偶，第四行是排比。"③

按：例（8）的几行诗句是一个递进句群，整体是比拟；第一行的呼告，第二行的排比、第三行的对偶套夸张、第四行的层递兼夸张为异类辞格连用。整

① 志方：《谈谈辞格的综合运用》，《中文自学指导》1994年第1期，第42页。

② 黄伯荣、廖序东主编：《现代汉语教学与自学参考》（增订四版），北京：高等教育出版社，2007年，第223页。

③ 黄伯荣、廖序东主编：《现代汉语教学与自学参考》（增订四版），北京：高等教育出版社，2007年，第224页。

段文字的辞格结构形式是套用:比拟(第一层次)包含着连用的呼告、排比、对偶、层递兼夸张(第二层次),对偶又包含着夸张(第三层次)。

(9)蒲公英立在路旁,在春风的抚慰下享受着和煦阳光的温暖,看着整天行色匆匆的过客,不免深沉地对朋友嘀咕道:名利追逐何时休,光阴空掷哪里求?

有教材认为:此例是“先是用比拟的方法将蒲公英人格化,然后用对偶的形式表达出它的疑惑”。①

按:例(9)是个并列复句,从大到小看,整个复句用拟人写蒲公英。其中,蒲公英嘀咕的话语“名利追逐何时休,光阴空掷哪里求”,即第四个分句中的宾语,是用对偶形式表达的。整段文字的辞格结构形式是套用:拟人(第一层次)包含着对偶(第二层次)。

(10)美丽的雪山在向世人们诉说着藏胞们美丽的崭新生活,美丽的感人现实,美丽的诱人前景。

有教材分析为:“‘诉说’是拟人,三个‘美丽的……’构成排比兼反复。前后辞格属于连用。”②

按:例(10)是个单句。纵观全局,整句是拟人;排比兼反复“美好的崭新生活,美丽的感人现实,美丽的诱人前景”是宾语中心语,包容在拟人句中,即三个“美丽的……”属于拟人的有机组成部分,不能割裂。整段文字的辞格结构形式是套用:比拟(第一层次)包含着排比兼反复(第二层次)。

(11)它是黑夜的火把,雪天的煤炭,大旱的甘霖。人们含着笑又含着欢喜的眼泪听这首歌。

有教材把例(11)放在“同一辞格连用”下面,未做分析。③

按:例(11)是一个并列句群,第一句连用三个比喻描写“这首歌”,三个比喻句构成了排比。整段文字的辞格结构形式是套用:排比(第一层次)包含着三个比喻(第二层次)。

(12)天上也是皎洁无比的蔚蓝色,只有几片薄纱似的轻云,平贴于空中,就如一个女郎,穿了绝美的蓝色夏衣,而颈间却围绕着一段绝细绝轻的

① 邵敬敏主编:《现代汉语通论》,上海:上海教育出版社,2007 年,第 302 页

② 邵敬敏主编:《现代汉语通论·教学指导》,上海:上海教育出版社,2008 年,第 155 页。

③ 徐青主编:《现代汉语》(修订二版),上海:华东师范大学出版社,2006 年,第 335 页。

白纱巾。 （郑振铎《海燕》）

有论著分析为：这句话中就连用了两个比喻。一个是“几片薄纱似的轻云”，一个是“就如一个女郎，穿了绝美的蓝色夏衣，而颈间却围绕着一段绝细绝轻的白纱巾”。[①]

按：这个语段就是一个比喻格式，本体是“天上也是皎洁无比的蔚蓝色，只有几片薄纱似的轻云，平贴于空中”，喻体是“一个女郎，穿了绝美的蓝色夏衣，而颈间却围绕着一段绝细绝轻的白纱巾。”比喻中又套用了比喻“薄纱似的轻云”。整段文字的辞格结构形式是套用：比喻（第一层次）包含着一个比喻（第二层次）。

（三）是辞格套用还是辞格兼用？

例如：

(13)英雄门第出英雄，英雄来自群众，
光荣人家增光荣，光荣属于人民。

有教材分析为“兼用了对偶、顶真、反复辞格，突出了英雄出自群众，光荣归于人民的观点”。[②]

按：如果说例(13)是顶真和对偶兼用，那么这个句子格式就应该是“英雄门第出英雄，英雄来自群众，群众……××，××……”。同理，如果又兼用了反复，那么从第一句到最后一句必须有相同的词语再现。但例句并非如此。通观全局，从总体看是对偶，这个对偶由两个顶真句构成，两个顶真又分别兼用了反复。整段文字的辞格结构形式是套用：对偶（第一层次）包容着顶真兼反复（第二层次）。

(14)人生有限，知识无穷。当你用汗水敬献她的时候，她和你携手前进；当你用懒惰讨好她的时候，她和你分道扬镳。

有教材分析为：“整句应属对偶兼比拟、中间又含有借代——‘汗水’代‘劳动’，可见，这个句子既有辞格的兼用，也有辞格的套用。”[③]

---

① 张廷远，喻黎：《汉语描写修辞论》，北京：线装书局，2008年，第260页。

② 黄伯荣、廖序东主编：《现代汉语》（增订四版），北京：高等教育出版社，2007年，第222页。

③ 分见邵敬敏主编：《现代汉语通论》，上海：上海教育出版社，2007年，第303页。

按:例(14)是由两个并列复句构成的并列句群,两句都用了辞格,以上分析只涉及第二句。第一句"人生有限,知识无穷"是对偶和对比的兼用;第二句"当你……;当你……"是由两个比拟分句构成的对偶,其中,第一个比拟分句中状语部分的"汗水"借代"劳动"。整段文字的辞格结构形式是连用:对偶、对偶(第一层次)包容着比拟(第二层次),比拟再含着借代(第三层次)。

(15)古时歌谣说:"滟滪大如马,瞿塘不可下;滟滪大如猴,瞿塘不可游;滟滪大如龟,瞿塘不可回;滟滪大如象,瞿塘不可上。"

(刘自羽《长江三峡》)

有论著分析为:"比喻兼引用、排比、反复。"[①]

按:例(15)首先是引用,引用的语言片段是个排比,它们形成两个辞格的兼用;其次,构成排比兼反复的是四个比喻句。整段文字的辞格结构形式是兼用:引用兼排比兼反复(第一层次)套用比喻(第二层次)。

(16)毛竹年年绿,为的是等待亲人,等待当年用竹筒盛水蒸饭、用竹钉竹枪打白匪的红军,等待自己的英雄子弟。 (袁鹰《井冈翠竹》)

有教材分析为:"上例兼用了三种不同的辞格。说毛竹在'等待亲人','等待……红军','等待自己的英雄子弟',这是比拟,同时又是排比。'等待'一词出现了三次,这是反复。上例通过辞格的兼用,表现了井冈山人民对红军的深厚感情。"[②]

按:例(16)是个目的复句,全句是拟人;第二分句中的宾语,三个"等待……"构成的排比兼反复包容在拟人之中。整个句子的辞格结构形式是套用:比拟(第一层次)包容着排比兼反复(第二层次)。

二、关于辞格单用和辞格的综合运用

辞格单用被分析为辞格综合运用,这往往跟比喻辞格有关。在本书第二章第三节关于"A像B,C"式比喻格式的分析中我们也涉及这个问题。例如:

(17)"吹面不寒杨柳风",不错的,像母亲的手抚摸着你。(朱自清《春》)

九年义务教材初中《语文》第一册(2001)练习提示:这一句先说春风"像

---

① 张炼强:《修辞》,北京:首都师范大学出版社,1995年,第228页。

② 葛留青主编:《现代汉语》,北京:地质出版社,1987年,第272页。

母亲的手”，是比喻；又顺着说它能“抚摸”，是拟人。①

另一种意见认为：“‘像母亲的手抚摸着你’比喻与拟人的融合，二者不分主次，语言生动形象。”②

按：例(17)是个比喻句，(中间插入独立语“不错的”)但本体不是“春风”，喻体也不是“母亲的手”。纵观全句，本体为“吹面不寒杨柳风”，喻体为“母亲的手抚摸着你”，即杨柳风吹面不寒的感觉，像母亲的手抚摸着你的感觉。这是两种触觉的相似。这里的“抚摸”，是“母亲的手”的动作。“温暖、轻柔的感觉”是比喻的相似点。因此“抚摸着你”不能看成是游离于比喻之外的拟人。(谢英，2003:87)不过，此句还有引用“吹面不寒杨柳风”，因此这是辞格的综合运用。整个句子的辞格结构形式是套用：比喻(第一层次)包容着引用(第二层次)。

(18)我们同志的思想，我们党的工作，也会沾染灰尘的，也应该打扫和洗涤。 (毛泽东《论联合政府》)

有文章认为：“这段文字中两个比喻之间存在着承接的关系，第二个比喻‘也应该打扫和洗涤’是以第一个比喻‘也会沾染灰尘的’为基础，顺承说下来的。”③

按：例(18)是一个句群中的片段，它上文是“我们曾经说过，房子是应该经常打扫的，不打扫就会积满了灰尘；脸是应该经常洗的，不洗也就会灰尘满面。我们同志的思想，我们党的工作，也会沾染灰尘的，也应该打扫和洗涤。”观察上下文，可以发现这是由一个引喻构成的语言片段，即“我们同志的思想，我们党的工作”不经常进行自我批评，就会受到各种政治灰尘和政治微生物的侵蚀，就像房子需要经常打扫，不打扫就会积满灰尘；脸需要经常洗，不洗就会灰尘满面一样。这里用两个喻体说明一个本体。把脱离了特定语言环境的话语用作辞格综合运用的例句，这显然是不妥的。

(19)我觉得我并不害怕死亡。每一个人都得死亡，人当然理论上都行的，但具体上就有很多悲哀。人之所以是人，就是有感情的东西在里面。你一块儿煤炭呀，燃烧尽，一堆灰就完了，你不要燃烧，没燃透，还叫别人捡煤

① 见九年义务教材《语文》(初中第一册)，北京：人民教育出版社，2001年。

② 朱子政：《〈春〉的修辞方法》，《语文天地》1997年第20期。

③ 张丽媛：《复合修辞格的表现形式》，《辽宁教育学院学报》1994年第1期，第75页。

渣滓。我觉得死是生最大的一个内容。你活着就是为了死。

（戴佩良《爱过才知道》,《网络文摘》1999 年 2 月 5 日）

有论著分析为：作者把自己比作“一块儿煤炭”，是比喻 。然后，以此为基础进一步描写，属于比拟。作者把比喻和比拟连续使用，是为了把道理说得更形象。[①]

按：例(19)的“你一块儿煤炭呀，燃烧尽，一堆灰就完了，你不要燃烧，没燃透，还叫别人捡煤渣滓。”是一个多重并列复句，前后两个“你”(“人”的泛指)都是比作“一块儿煤炭”来写的，只是后一分句承前省略了 。这里只有比喻，没有拟人连用。

(20)等到快日落的时候，微黄的阳光斜射在山腰上，那点薄雪好像忽然害了羞，微微露出点粉色。（老舍《济南的冬天》）

有论著分析为：这一句描绘薄雪在日落时呈现的美丽色彩，像姑娘害羞时泛起一片红晕，白净净的脸色稍稍起了变化，带点儿粉红色。我们着眼于“好像”，是比喻；着眼于薄雪害了羞，是拟人；着眼于露出点粉色，是暮色。所以，这句是比喻、拟人和摹色的复合。[②]

按：例(20)把山腰上因被微黄的阳光斜射而呈点粉色的薄雪当成因害羞，脸上泛起一片红晕的人来写。只用了拟人，是单个辞格的运用。

结 语

本节我们强调辞格综合运用的分析不要跟语法脱节，要注意修辞与语法的联系。

在语言运用中，修辞和语法的关系十分密切。辞格的构成都具有一定的语法结构形式，辞格的综合运用与语言的句法结构有着密切的联系。“修辞和语法本来就存在着密不可分的关系，人们运用语言的过程本来就是一个综合运用修辞和语法的过程”(张炼强，1992：177)。从语言结构的角度来观察和分析辞格综合运用的结构形式，可能更符合内容和形式紧密结合的原则，可能更符合语言的客观实际，对辞格综合运用的语言事实也应该更具有解释力。

---

① 陈汝东：《当代汉语修辞学》，北京：北京大学出版社，2004 年，第 461 页。

② 庄关通：《语言艺术的景点——辞格群》，南京：江苏教育出版社，1994 年，第 59 页。

参考文献

一、汉语辞书、教材

北京大学中文系1955、1957语言班. 现代汉语虚词例释[M]. 北京：商务印书馆，1982.
北京大学中文系现代汉语教研室. 现代汉语（重排版）[M]. 北京：商务印书馆，2004.
常玉钟. 口语习用语功能词典[M]. 北京：北京语言学院出版社，1993.
复旦大学中文系汉语专业. 现代汉语（编印本）[M]. 1976.
黄伯荣、廖序东. 现代汉语（增订三版）[M]. 北京：高等教育出版社，2002.
黄伯荣、廖序东. 现代汉语（增订四版）[M]. 北京：高等教育出版社，2007.
黄伯荣、廖序东. 现代汉语（增订五版）[M]. 北京：高等教育出版社，2011.
胡裕树. 现代汉语[M]. 上海：上海教育出版社，1962.
胡裕树. 今日汉语（教师手册第三册）[M]. 上海：复旦大学出版社，1989.
吕叔湘. 现代汉语八百词[M]. 北京：商务印书馆，1980.
骆小所. 现代汉语引论（修订版）[M]. 昆明：云南大学出版社，2005.
马新国. 西方文论史（修订版）[M]. 北京：高等教育出版社，2002.
邵敬敏. 现代汉语通论[M]. 上海：上海教育出版社，2000.
邵敬敏. 现代汉语通论[M]. 上海：上海教育出版社，2007.
王希杰. 修辞学通论[M]. 南京：南京大学出版社，1996.
武柏索等. 现代汉语常用格式例释[M]. 北京：商务印书馆，1988.
徐青. 现代汉语（修订二版）[M]. 上海：华东师范大学出版社，2006.
（英）戴维·克里斯特尔. 现代语言学词典（沈家煊译）[Z]. 北京：商务印书馆，2000.

(英)哈特曼(R. R. K. Hartmann)、斯托克(F. C. Stork). 语言与语言学词典(黄长著等译)[Z]. 上海:上海辞书出版社,1981.
张斌. 简明现代汉语[M]. 北京:中央广播电视大学出版社,2000.
张斌. 现代汉语[M]. 上海:复旦大学出版社,2002.
张静. 现代汉语[M]. 北京:高等教育出版社,1988.
张志公. 汉语知识[M]. 北京:人民教育出版社,1959.
中国社会科学院语言研究所词典编辑室. 现代汉语词典[M]. 北京:商务印书馆,1973、1978、1983、1996.
周建设. 现代汉语教程[M]. 北京:人民教育出版社,2002.
朱林清等. 现代汉语格式初探[M]. 天津:天津人民出版社,1987.

二、专著

陈望道. 修辞学发凡 [M]. 上海:开明书店,1950.
陈望道. 修辞学发凡(新 2 版)[M]. 上海:上海教育出版社,1997.
陈望道. 修辞学发凡[M]. 上海:上海教育出版社,2001.
陈一. 现代汉语语误[M]. 哈尔滨:黑龙江人民出版社,2002.
陈忠. 认知语言学研究[M]. 济南:山东教育出版社,2006.
丁声树等. 现代汉语语法讲话[M]. 北京:商务印书馆,1961.
冯志伟. 应用语言学综论[M]. 广州:广东教育出版社,1999.
胡裕树、范晓. 动词研究[M]. 开封:河南大学出版社,1995.
黄汉生. 修辞漫议[M]. 北京:书目文献出版社,1983.
老舍. 出口成章[M]. 上海:复旦大学出版社,2004.
李如龙. 福建方言[M]. 福州:福建人民出版社,1997.
刘焕辉. 修辞学纲要(修订本)[M]. 南昌:百花洲文艺出版社,1997.
刘红婴. 法律语言学[M]. 北京大学出版社,2003.
刘德联、刘晓雨. 汉语口语常用句式例解[M]. 北京:北京大学出版社,2005.
刘月华、潘文娱、故韡. 实用现代汉语语法[M]. 西安:外语教学与研究出版社,1983.
陆俭明. 汉语语法语义研究新探索[M]. 北京:商务印书馆,2010.
骆小所. 艺术语言再探索[M]. 昆明:云南人民出版社,2001.

骆小所.现代修辞学[M].昆明:云南人民出版社,2010.
吕叔湘、朱德熙.语法修辞讲话[M].北京:开明书店,1952.
吕叔湘、朱德熙.语法修辞讲话[M].北京:中国青年出版社,1979.
吕叔湘.汉语语法分析问题[M].北京:商务印书馆,1979.
马　真.现代汉语虚词研究方法论[M].北京:商务印书馆,2004.
马新国.西方文论史(修订版)[M].北京:高等教育出版社,2002.
濮侃.辞格比较[M].合肥:安徽教育出版社,1983.
施春宏.语言在交际中规范[M].北京:中国经济出版社,2005.
宋振华等.现代汉语修辞[M].长春:吉林人民出版社,1984.
谭永祥.修辞精品六十格[M].太原:山西人民出版社,1993.
王德春.修辞学探索[M].北京:北京出版社,1983.
王德春、陈晨.现代修辞学[M].上海:上海外语教育出版社,2001.
王建华、周明强、盛爱萍.现代汉语语境研究[M].杭州:浙江大学出版社,2002.
王了一.汉语语法纲要[M].上海:新知识出版社,1957.
王希杰.汉语修辞学[M].北京:北京出版社,1983.
王希杰.修辞学通论[M].南京:南京大学出版社,1996.
王希杰.修辞学导论[M].杭州:浙江教育出版社,2000.
王珏.现代汉语名词研究[M].上海:华东师范大学出版社,2001.
吴礼权.修辞心理学[M].昆明:云南人民出版社,2001.
吴士文.修辞讲话[M].兰州:甘肃人民出版社,1982.
吴士文.修辞格论析[M].上海:上海教育出版社,1986.
姚亚平.当代中国修辞学[M].广州:广东教育出版社,1996.
袁晖.比喻[M].合肥:安徽人民出版社,1982.
詹卫东.面向中文信息处理的现代汉语短语结构规则研究[M].北京:清华大学出版社;南宁:广西科学技术出版社,2000.
张弓.现代汉语修辞学[M].天津:天津人民出版社,1963.
张弓.现代汉语修辞学[M].石家庄:河北教育出版社,1993.
张志公.汉语语法常识[M].北京:中国青年出版社,1953.
张志公.语法学习讲话[M].上海:上海教育出版社,1980.

张炼强.修辞艺术探新[M].北京:燕山出版社,1992.
张卫国.四字语型及其应用[M].北京:中国物资出版社,1989.
张谊生.现代汉语副词研究[M].上海:学林出版社,2000.
赵元任.汉语口语语法[M].北京:商务印书馆,1979.
郑颐寿.比较修辞[M].福州:福建人民出版社,1982.
郑颐寿、林承璋.新编修辞学[M].厦门:鹭江出版社,1987.
郑远汉.辞格辨异[M].武汉:湖北人民出版社,1982.
庄关通.语言艺术的景点—辞格群[M].南京:江苏教育出版社,1994.

三、学术论文

常玉钟.口语习用语略析[J].语言教学与研究,1989(2).
常月华、崔应贤.论何立伟小说语言定居状位的修辞效果[J].郑州大学学报,1994(4).
陈望道.有关修辞学的几个问题[C].陈望道修辞论集,合肥:安徽教育出版社,1985.
程乐乐.论格式及格式教学[J].云南师范大学学报(哲学社会科学版),2007(6).
储泽祥.论语法规范的弹性[J].湖南师范大学社会科学学报,1996(4).
戴耀晶.现代汉语表示持续体的"着"的语义分析[J].语言教学与研究,1991(2).
戴昭铭.语言功能和可能规范[J].语言文字应用 1999(2).
邓根芹.借代辞格和词的借代义[J].常熟高专学报,1999(3).
刁晏斌.试论不与动态助词共现的动词[J].语言科学,2009(6).
董秀芬."的"字短语做后置关系小句的用法——兼评法律文献中"的"字短语的用法[J].语言文字应用,2003(4).
范晓.关于句子的功能[J].汉语学习,2009(5).
冯广艺、马晓红."着"的变异用法[J].修辞学习,1998(5).
高万云.指名性状语的句法、语义、语用分析[J].汉语学习,1993(3).
龚千炎.论几种表示强调的周定格式[J].语法研究和探索,北京:北京大学出版社 1983.

龚千炎、周洪波、郭龙生.发展链:语言规范的本质——兼谈汉语规范化工作[J].语文建设 1991(5).
贺卫国."ABAB 着"格式的初步考察[J].河池学院学报,2009(1).
贺卫国."AABB"着格式探微[J].哈尔滨学院学报,2009(6).
胡范铸.从"修辞技巧"到"言语行为——试论中国修辞学研究的语用学转向"[J].修辞学习,2003(1).
胡范铸.试论新闻言语行为的构成性规则[J].修辞学习,2006(1).
侯友兰."有点"、"有些"和"有的是"[J].吉林师范大学学报(人文社科版),1987(2).
胡德明.反问特有的句法结构[J].合肥师范学院学报,2010(1).
黄大祥.量词为动量的"A_1—量 A_2—量"格式初探[J].河西学院学报,2006(1).
雷友梧.论语义规范场[J].江西师范大学学报,1987(4).
李晋荃.汉语修辞格组合体系[J].苏州大学学报,1990(1).
李晋霞."V 来 V 去"格式及其语法化[J].语言研究,2002(2).
李胜梅.比喻的结构系统[J].修辞学习,1993(4).
李胜梅.喻展:比喻的又一重要成分[J].鞍山师范学院学报,1994(1).
李孝国.法律文本中"对"字句的话语分析[J].修辞学习,2002(4).
李振中.试论现代汉语框式结构[J].甘肃社会科学,2008(5).
刘大为.破格句研究[J].华东师范大学学报(哲学社会科学版),1989(2).
刘大为.语义蕴涵与修饰性成分的移动[J].世界汉语教学,1992(1)
刘大为.从事物性比喻到事件性比喻[J].修辞学习,2002(3).
刘大为.虚拟性语言行为的递归结构—小说、谎言和网上交谈[J].修辞学习,2003(1).
刘大为.语法病句的判定与类型[J].修辞学习,2000(4).
刘大为.从语法构式到修辞构式(上)[J].当代修辞学,2010(3).
刘大为.从语法构式到修辞构式(下)[J].当代修辞学,2010(4).
刘福元.试论语境对借代辞格的制约性[J].修辞学习,1998(2).
刘静敏.与拈连格有关的词语超常搭配[J].语言教学与研究,1998(3).
刘宁生."着"字的特殊意义和用法[J].逻辑与语言学习,1987(2).

刘晓峰."副＋名"结构的语义分析[J].盐城师范学院学报,2002(2).
刘正国.喻体的延伸[J].修辞学习,1991(4).
陆俭明."着(zhe)"字补议[J].中国语文,1999(5).
陆俭明.对外汉语教学与汉语本体研究的关系[J].语言文字应用,2005(1).
陆俭明.全球汉语热背景下的两岸汉语学界合作的内容和思路[J].云南师范大学学报(哲学社会科学版),2011(4).
吕冀平.两个平面,两种性质:词组和句子的分析[J].学习与探索,1979(4).
吕叔湘.现代汉语单双音节问题初探[J].中国语文,1963(1).
马　真.在汉语虚词教学研究中要重视比较的方法[C].汉语国际传播研究论丛,上海:上海三联书店,2012.
孟祥英.汉语待嵌格式研究综述[J].山东教育学院学报,2010(1).
莫彭龄."格式"研究刍议 [J].常州工学院学报,1986(2).
潘建华.口语中的:"N 不 V 谁 V"句式[J].语文学刊,2000(5).
彭小川.广州话的"有得(得)"句[J].暨南学报(哲学社会科学),1996(4).
濮侃.辞格的运用与分析[C].修辞学论文集(第一集),福州:福建人民出版社,1983.
邵敬敏.口语与语用研究的结晶[J].世界汉语教学,1994(2).
邵敬敏、周有斌."宁可"格式研究及其方法论意义[J].语言教学与研究,2003(5).
邵敬敏.汉语框式结构说略[J].中国语文,2011(3).
沈孟璎.近 20 年来汉语语法的新变[J].南京师大学报(社会科学版),2000(3).
石余.谈"有的"和"有的是"[J].唐山师专学报,1985(2).
叔骏."是"的特殊用法议析[J].语言文学,1983(1).
宋玉柱.说"有的"——兼及"有些"[A].语法论稿[C].北京:北京语言学院出版社,1995.
苏丹洁、陆俭明."构式—语块"句法分析法和教学法[J].世界汉语教学,2010(4).
苏培成.谈一种特殊的反问句[J].汉语学习,1984(4).
谭德姿.试谈比喻的喻解[J].山东师范大学学报,1980(4).

唐依力、齐沪扬.多项式NP的语义指向及其做状语的认知理解[J].北方论丛,2010(5).
滕吉海、文斌.比喻的延体及比喻的基本格式[J].语言教学与研究,1984(4).
田小琳.适应新世纪要求的一本好教材——评介邵敬敏主编的《现代汉语通论》[J].语文研究,2003(1).
王建军."有的是"源流探略[J].语言教学与研究,2006(4).
王吉辉.固定格式与固定语[J].南开语言学刊,2008(1).
王景丹.公文语体"对"字句的初步考察[J].修辞学习,2001(1)
王希杰、孟建安.关于修辞学论著中的用例问题[J].浙江树人大学学报,2003(5).
吴士文、徐国纶.汉语句子中的积极修辞现象[J].语文知识,1958(2).
吴忠海.关于"有的是"和"多的是"[J].语文学习和研究,1985(4).
谢瑛.凝练的格式　丰富的语义——试析一种特殊的并列短语[J].山东师范大学学报,1988(增刊).
谢瑛.超常状语及其表达作用[J].南平师专学报,1996(1).
谢瑛.新时期汉语语法AABB重叠式刍议[J].泉州师专学报(社会科学版)1996(3);汉语学习,1998(1).
谢英.黄伯荣本《现代汉语》若干问题探析[J].泉州师范学院学报,2002(1).
谢英.关于"有的+VP"[J].语言研究,2003(3).
谢英.也说比喻的结构[J].漳州师范学院学报,2003(4).
谢英.A像B,C式比喻的结构分析[J].泉州师范学院学报,2003(1)
谢英.《中华人民共和国宪法》语言表述问题例析[J].语文建设,2004(3).
谢英.《中华人民共和国刑法》语言表述问题例析[J].泉州师范学院学报,2004(1).
谢英.拈连辞格的构成与认定[J].修辞学习,2004(5).
谢英.关于语句评判与病句修改的语用准则[J].语言文字应用,2005(1).
谢英.法律文本中"的"字短语的特点及运用问题[J].泉州师范学院学报,2005(1).
谢英.谈"对"字短语在法律文本中的运用[J].宁夏大学学报,2005(2).
谢英.文学语言中一种超常搭配的状中式结构探析[J].泉州师范学院学报,

2007(1).
谢英.《现代汉语辞格研究中的用例问题》[J].泉州师范学院学报,2008(1).
谢英.辞格综合运用结构形式的再分析[J].泉州师范学院学报,2010(5).
谢英."NP+不+X+谁+X"句式的构成及功能[J].集美大学学报,2011(3).
谢英."(已经)V(了)+(正在)V(着)"格式的表意功能和修辞分析[J].当代修辞学,2011(2).
邢福义.现代汉语的特殊格式V地V[J].语文研究,1991(1).
邢福义.说"NP了"句式[J].语文研究,1984(3).
徐枢.谈语义制约和格式实现的条件[J].世界汉语教学,1993(4).
许更生.辞格综合运用分析须分清条理层次[J].中学语文教学参考,1999(7).
杨海明.从《语法修辞讲话》看汉语的发展与规范[J].语文建设,1997(12).
姚亚平.比喻结构的句法分析[J].云梦学刊,1992(2).
姚亚平.比喻结构中的语义交叉搭配[J].修辞学习,1994(1).
殷树林.确指类反问假设复句的结构和意义[J].淮北煤炭师范学院学报(哲学社会科学版),2007(3).
殷树林.现代汉语反问句特有的句法结构[J].湖南科技大学学报(社会科学版),2007(3).
尹世超.试谈主谓词组做状语[J].汉语学习,1983(5).
俞敦雨."爱×不×"式的分析[J].汉语学习,1982(2).
俞士汶.语法知识在语言信息处理研究中的作用[J].语言文字应用,1997(1).
于根元.副+名[J].语文建设,1991(1).
于根元.反问句的某些形式标志[C].语言应用论集,北京:北京广播学院出版社,1999.
张拱贵.语法格式和语汇格式——《现代汉语"格式"初探》序[J].汉语学习,1985(5).
张撝之.现代汉语语法知识讲座——虚词(下)[J].语文教学(上海版),1960(7).
张巨龄.新词酷语的流行和汉语研究的反思[J].语言与翻译(汉文),2005(4).
张黎."着"的语义分布及其语法意义[J].语文研究,1996(1)
张邱林.状位NA主谓短语的入句规约[J].世界汉语教学,2005(2).

张志公.语境研究论文集.序[M].北京:北京语言学院出版社,1992.
赵遵礼."有的是"辨[J].中学语文教学,1984(10).
郑颐寿.关于比喻的四个要素[J].修辞学习,1984(3).
周礼全.形式逻辑应尝试研究自然语言的体意义[C].逻辑问题讨论三集,上海:上海人民出版社,1962.
周荐.《现代汉语词典》中的待嵌格式[J].中国语文,2001(6).
周晓林.行政法律语病例析[J].语言文字应用,2002(3).
朱德熙."的"字结构和判断句[J].中国语文,1978(2).
朱德熙.现代汉语语法研究的对象是什么[C].语法研究和探索(第四辑),北京:北京大学出版社,1988.
朱景松.汉语规范化的成功实践——重读《语法修辞讲话》[J].语言文字应用,1995(4).
朱林清.试析一种句式——关于"已经××了～正在××着"之类格式的运用[M].南京师大学报(社会科学版),1981(2).
祝克懿.繁丰语言风格的要素——联合短语[J].修辞学习,1999(5).
祝克懿.联合短语的繁丰风格特征[J].贵州师范大学学报(社会科学版),1999(4).
宗廷虎、窦丽梅.新的理论新的体系——评骆小所主编的《现代汉语引论》[J].学术探索,2000(3).

后 记

在键盘上敲下最后一个符号,如释重负!

终于把在现代汉语本体研究领域所作的一点探索整理出来了,现以《现代汉语表达格式研究》的面貌呈现,算是对自己这些年来在语言表达格式研究园地所作努力的一个小结。

我与现代汉语表达格式研究结缘是在20世纪80年代。1987年,在山东师范大学中文系现代汉语助教进修班学习时,担任现代汉语语法研究课程的高更生教授对我的一份作业给予了充分肯定。于是,有了我第一篇研究现代汉语表达格式的论文《凝练的格式 丰富的语义——试析一种特殊的并列短语》(载《山东师范大学学报》1988年增刊),迈开了我现代汉语表达格式研究的第一步。

一路走来,捡拾课余时间,积累思考碎片,我跌跌撞撞。庆幸现代汉语表达格式研究没有断线,并一路得到前行者的指引和启发。我的同行和领导林华东教授给我的指教和鼓励最多,这部拙著能够如期出版也得益于他热忱而细心的帮助。林华东教授不仅在全书框架建构、书名等方面提出了宝贵意见,而且还在行政、学术、社会工作繁忙的情况下拨冗为本书题序。更让我感激的是因他的引荐,2002年9月至2003年6月我幸运地成为北京大学中文系的访问学者,做了陆俭明先生的学生。在北大期间写的一篇《关于"有的+VP"》论文初稿,我至今还珍藏着。每每看到初稿上陆老师密密的眉批旁注时,我都心生感激。虽然在北大的学习时间短暂,但是大师学术和人格的双重魅力都让我难以忘怀。有幸的是,至今我还能不断得到陆老师和他夫人马真教授的关怀、督促和鼓励,本书稿也得到二位老师的悉心指导。我斗胆敢请陆老师为拙著写序，学术工作繁忙的陆老师满口答应。老师对学生的扶持和鼓励令我感动不已。

这部拙著能够顺利出版，还要感谢审稿专家的评审意见，感谢泉州师范学院科研处、泉州师范学院学术委员会、泉州师范学院中国语言文学重点学科的大力支持，感谢厦门大学出版社薛鹏志先生的热心帮助。最后，感谢我的家人一如既往的全力支持！

书稿即将付梓，无限感恩之余也心有惴惴。对于现代汉语表达格式研究，我还是一个学生，许多相关学术问题尚待进一步地探索，殷切期待诸位方家批评指正。

谢 英

2012 年中秋节

于泉州世纪巨星

图书在版编目(CIP)数据

现代汉语表达格式研究/谢英著. —厦门:厦门大学出版社,2012.12
ISBN 978-7-5615-4509-6

Ⅰ.①现… Ⅱ.①谢… Ⅲ.①现代汉语-语言表达-研究 Ⅳ.①H109.4

中国版本图书馆 CIP 数据核字(2012)第 302368 号

厦门大学出版社出版发行
(地址:厦门市软件园二期望海路 39 号 邮编:361008)
http://www.xmupress.com
xmup @ xmupress.com
泉州新春印刷有限公司印刷
2012 年 12 月第 1 版 2012 年 12 月第 1 次印刷
开本:787×960 1/16 印张:16 插页:2
字数:250 千字 印数:1～1 000 册
定价:36.00 元